교육공학자가 제안하는

ChatGPT활용

메타버스기반 혁신교수법

허정필 교수

이력

- 경희대학교 교육공학 박사
- 성균관대학교 수학교육학 박사
- 울산대학교 교수학습개발센터 연구교수

수상

- 2021 교육부 그린스마트 미래학교 교수학습설계 최우수상 수상
- 2022 교육부 교과서 아이디어 공모전 교육부장관상 수상
- 2022 교육부 대학원격교육 우수사례 공모전 KERIS원장상 수상
- 2023 행안부 도전 안전사회 아이디어 공모전 우수상 수상

연구 및 활동

- 플립기반 혁신교수법, 메타버스, ChatGPT 주제 특강, 세미나 및 워크숍 강연(전국 50여 개 대학 60회 이상)
- 플립기반 혁신교수법, 메타버스, ChatGPT 주제 학회 논문발표 및 우수사례 게재(20회 이상)
- 2023 KERIS '대학 원격교육 역량강화 영상제작' AI부분 전문가 참여

연락처

E-mail: mathfeel@ulsan.ac.kr
연구실: 052-259-1342

교육공학자가 제안하는

ChatGPT활용 메타버스기반 혁신교수법

허 정 필

교육과학사

Prologue..

제3의 누군가가 먼 미래를 상상할 때 떠올리는 것은 무엇일까요? 아마도 자율주행 차량이 거리를 메우고, 인공지능이 일상의 대부분을 자유롭게 움직이는 모습일 것입니다. 하지만 이 모든 기술적 혁신의 중심에는 교육이 자리 잡고 있습니다. '지식의 전달자'로서의 교육에서 '학습 경험의 설계자'로서의 교육으로 그 패러다임이 급격히 이동하고 있는 이 때, "교육공학자가 제안하는 ChatGPT 활용 메타버스 기반 혁신교수법"은 그 변화의 물결 속에서 교육자들이 나아갈 방향을 제시하는 나침반이 되고자 합니다. 이 책은 총 5개의 Chapter로 구성됩니다.

Chapter 1은 이러한 시대의 변화를 교육의 맥락에서 조망합니다. 미래 교육의 방향을 제시하며, MZ세대가 가지는 특성과 그들이 교육에 대해 갖는 기대를 탐구합니다. 이 장에서는 디지털 네이티브라는 용어가 단순한 레이블을 넘어서, 그들의 학습 스타일과 교육에 대한 접근 방식을 어떻게 혁신적으로 변화시킬 수 있는지를 다룹니다.

Chapter 2는 이러한 이해를 바탕으로 현대 교육이 나아가야 할 길을 제시합니다. 혁신교수법을 수업에 적용하는 다양한 전략과 그 실제 사례들을 소개하며, 교육이 단순히 지식을 전달하는 것을 넘어 학습자의 참여를 유도하고, 생각을 확장하는 활동으로 전환될 수 있는 방법을 모색합니다.

Chapter 3은 가상현실의 한계를 넘어선 메타버스의 교육적 잠재력을 탐색합니다. 메타버스가 제공하는 차원이 다른 학습 환경과 그 속에서 이뤄지는 학습자 간의 상호작용이 어떻게 학습의 효과를 극대화할 수 있는지를 심도 있게 분석합니다.

Chapter 4는 인공지능 기술의 교육적 활용에 초점을 맞추며, ChatGPT를 중심으로 한 대화형 학습이 학습자의 개별적인 요구에 어떻게 부응하며, 교육자의 업무를 어떻게 보조할 수 있는지 구체적으로 살펴봅니다. 여기서는 실제 교육 현장에서의 ChatGPT 활용법과 그에 따른 학습 효과를 상세히 논합니다.

부록 MZ용어정리사전은 이 책을 읽는 모든 세대가 MZ세대와 관련된 용어와 문화를 이해하고, 그들과의 소통을 돕기 위해 마련되었습니다. 이는 학습자들과 더욱 깊은 교감을 할 수 있는 기반을 마련해 줄 것입니다.

본서는 교육자가 변화하는 교육 환경에서 학습자들에게 더욱 의미 있는 학습 경험을 제공할 수 있도록 이끄는 데 중점을 두고 있습니다. 이 책을 통해 여러분이 미래 지향적인 교육 모델을 설계하고 실행하는 데 필요한 통찰력과 영감을 얻기를 기대합니다. 지금 이 순간도 교육의 미래는 우리의 손 안에 있습니다.

2023년 11월 허정필

Table of contents

Session 1
미래교육과 4차 산업혁명

Session 2
혁신교수법 수업적용

Table of contents

Session 3
메타버스 교육활용

Session 4
ChatGPT 교육활용

MZ 세대 용어사전 VOCA 500

Session 1
미래교육과 4차 산업혁명

1. 미래 교육의 변화

2. MZ세대의 특성과 신조어

3. 4차 산업혁명과 AI

1. 미래 교육의 변화

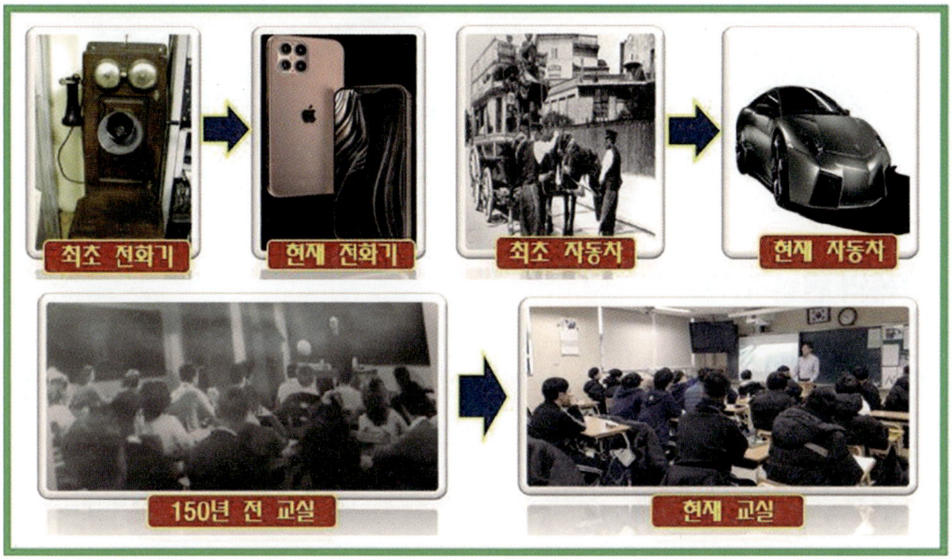

우리는 빠르게 변하는 시대에 살고 있습니다. 위 그림에서 알 수 있듯이 원거리 대화를 위한 세계 최초의 전화기는 유선을 통해 음성을 전달하는 기능만을 가지고 있었으나 현재의 전화기는 스마트 폰으로 불리며 무선으로 음성뿐 아니라 영상과 데이터까지 전달할 수 있어 성능과 기능 면에서 많은 변화가 있었습니다. 또 최초의 자동차로 볼 수 있는 사람을 이동시키는 수단인 말이 끄는 마차도 현재는 전기나 석유를 이용하여 훨씬 편안하고 빠르게 이동시켜주고 있으며 활동 반경도 훨씬 넓어졌습니다.

그러나 교육을 하는 장소인 교실의 모습을 살펴보면 150년 전의 교실의 모습과 현재 교실의 모습은 바뀐 것이 하나도 없습니다. 제임스 두테스텟 미시간대 총장은 '19세기의 의사가 오늘날 외과 병동에 온다면 그는 어떤 일도 할 수 없겠지만 19세기 교사가 오늘날 학교에 온다면 그는 강의실, 단상, 칠판과 수업방식까지 모두 그때와 차이가 없어 수업하는 데 아무런 문제가 없을 것이다'라며 변화하지 않는 교육을 비판하였습니다.

교육의 현실과 변화

오와 열을 맞추어 앉고 말하고 싶으면 손을 들고 말하는 현재 우리의 교실 형태는 사람들이 공장에서 잘 일하도록 훈련시키기 위해 생겨났다고 합니다. 사방이 막혀있는 사각형 공간에서 중간에 밥 시간을 조금 주며 오전 4시간 오후 4시간 하루 8시간 동안 시키는 대로 주어진 내용에 대해 획일화된 생각을 하게 하고 정해져 있는 답을 빠르게 말해 평가하며 1등을 하라고 합니다. 이러한 시스템은 창의성이 전혀 필요없이 정해진 대로 정확하게 오차없이 물건을 잘 만들어 내는 것이 최고의 목표인 공장의 생산인력 운영 시스템과 너무 유사하며 현 실정의 교육방향과는 너무도 맞지 않는 방식입니다.

과학자들은 모든 개개인의 두뇌는 다르다고 하는데 모두에게 다양한 생각을 할 필요 없는 같은 지식만 주입하고 있습니다. 모든 해결 답안을 4개중에서 선택해야 하는 4지 선다형 문제를 개발한 프레드릭 켈리도 자신이 개발했음에도 수많은 생각과 창의적인 해결책이 있는 답안을 정해진 몇 개 중에서 선택하는 표준화 시험은 너무 부실해서 폐기되어야 한다고 했습니다.

최근 의료, 자동차, 페이스북도 개인에게 맞추어 지고 있는데 교육도 학습자 개개인의 핵심으로 들어가서 성취 목표를 미리 정해놓은 경쟁보다는 다양한 개개인의 창의적 의견을 제시하는 협동에 초점을 두어야 하고 수업의 형태도 학습자의 눈높이에 맞는 개인 맞춤식으로 변해야 합니다.

미래학자 앨빈토플러의 경고

제3의 물결이라는 책의 저자로 유명한 미래학자 앨빈토플러는 2001년 김대중 정부시절 당시 한국정보통신 정책연구원의 의뢰로 작성한 110페이지에 달하는 한국 미래전략 보고서에서 한국은 IMF 이후 아주 중요한 선택의 기로에 서 있다고 하면서 일본을 따라 중-하류 산업국가로 전락할 것인지 정보와 지식산업의 플랫폼을 구축하여 앞으로 나아갈 것인지를 신중하게 고민해야 한다고 충고하였습니다. 이 후 한국은 초고속 인터넷 인프라를 구축하며 1999년 35만 명 초고속 인터넷 사용자가 3년 뒤 1000만 명으로 급성장 하였고 바른 선택으로 바이오, 반도체, 정보통신을 선도하는 IT 지식 정보화 초 강대국으로 성장할 수 있었습니다.

그 당시 보고서에는 한국의 교육에 대한 문제점을 지적한 내용도 있었는데 한국의 낙후된 교육환경에 대한 체질개선이 시급하다고 경고하면서 한국은 엄청난 속도로 발전해 온 반면 교육시스템은 정 반대의 길을 가고 있다고 문제점을 지적하였고 '한국 학생들은 하루 15시간씩 미래에 존재하지도 않을 직업을 위해 시간을 허비하고 있다'라는 유명한 말을 남기기도 하였습니다. 그와 함께 대안으로 최첨단 정보지식 환경을 잘 갖춘 장점으로 창의적이고 유연한 마인드를 갖출 수 있는 교육환경을 조성해야 한다고 조언하였습니다.

산업혁명	엘빈토플러	공부의 차원
	제1의 물결 농경사회의 시작(정착하게 되면서 비 식량 생산활동 인구가 생겨나서 인류 기술과 문화발전에 기여)	
1차 산업혁명 증기기관(석탄) 기반의 기계화 혁명 수공업의 종료, 농업을 공업으로 변환	제2의 물결 산업혁명(기계 활용, 발전된 생산능력)	1차원 공부 살아남기 위한 공부: 시험을 통과하기 위한 공부 -암기, 단편적 기억 -답이 없거나 풀기 어려운 문제: 질문, 검색으로 해결 -자기주도 공부가 아닌 시험통과목적의 단편적 공부
2차 산업혁명 전기에너지 기반의 대량생산(컨베이어 벨트) 혁명 석탄에서 석유와 전기로 전환		
3차 산업혁명 컴퓨터 인터넷 기반의 지식정보 혁명 인간의 지식을 대신함	제3의 물결 정보 지식의 사회(부의 근본이 땅, 물건에서 지식, 정보로) -지식을 먼저 획득하고 선제적으로 통제하는 나라가 주도 -개개인도 정보와 지식을 다루는 일을 해야만 생존가능 -1위 애플, 2위 구글, 3위 MS, 5위 페이스북, 7위 삼성 (골드만삭스 85위, 폭스바겐 100위) -권력의 이동(하 폭력, 중 부와 돈, 상 지식)	2차원 공부 이기기 위한 공부: 목표달성(명문대)을 위해 전략적 공부 -답이 없는 문제도 자기주도적으로 고민하여 결정
4차 산업혁명 정보기술 기반의 초 연결 초 지능 혁명 빅데이터, 3D프린터, AI, 사물 인터넷, 로봇공학		3차원 공부 즐기며 깊게 하는 공부: 암기에 목숨 걸지 않고 논지이해노력 -하나의 문제를 깊게 생각하고 모든 해결방법을 생각 -답이 없는 문제를 만났을 때 답을 자기주도적으로 만듦 -즐거움 : 흥미, 호기심, 자기 만족감

산업혁명과 교육의 변화

앨빈토플러가 말하는 제1의 물결은 농경사회의 시작을 말하며 돌아다니며 식량을 구하지 않게 되어 정착이 가능했고 이 때 비 식량 생산 인구가 생겨나 인류 기술과 문화발전에 기여할 수 있게 되었습니다.

제2의 물결은 산업혁명으로 기계를 활용하기 시작하면서 생산능력이 비약적으로 증가하게 되는 시점을 말합니다. 기존의 석탄을 통해 증기기관을 사용한 1차 산업혁명과 전기 에너지를 통해 대량생산의 발판을 마련한 2차 산업혁명까지를 제 2의 물결로 보고 있습니다. 이때의 공부는 1차원 공부인 생존을 위한 공부라고 할 수 있는 시대입니다.

제3의 물결은 정보 지식의 사회를 의미하며 지식을 먼저 획득하고 통제하는 나라가 미래를 주도해 나갈 것이며 권력에 있어서도 하위 개념의 폭력과 중간 개념의 돈보다 더 우위에 있는 상위 개념은 바로 지식이라고 말하고 있습니다. 기존의 컴퓨터 인터넷 기반의 3차 산업혁명과 정보기술의 초 연결 초 지능 혁명인 4차 산업혁명이 여기에 해당하며 공부도 이기기 위한 2차원 공부 즉 답이 있는 문제에서 정해진 답을 빨리 찾는게 중요한 공부가 아닌 즐기며 깊게 하는 3차원 공부인 정답이 없는 문제에서 1등이 아닌 남과 다른 것을 만들어 내는 능력이 중요한 시대로 바뀌어 가고 있습니다.

세계 최고의 혁신 대학 미네르바스쿨

세계 최고의 혁신대학교라고 불리는 미네르바스쿨은 2014년 벤 넬슨이 설립한 스타트업 온라인 대학이며 합격률은 1.9%로 합격률이 5.2%인 하버드 대학과 합격률이 4.7%인 스탠포드 대학보다 입학이 힘든 대학으로 언론에 소개되기도 하였습니다. 이 대학은 최근 ChatGPT가 등장하면서 AI가 하기 힘든 상호작용과 협업 역량, 창의성과 비판적 사고 등을 강조하는 교육철학과 맞물려 다시 주목받고 있는 혁신 대학입니다.

미래에는 문제를 해결하는 것은 AI가 잘 해결할 것이기 때문에 깊이 있는 생각을 통해 어떤 창의적이고 의미 있는 질문을 잘 하느냐가 더 중요한 시대가 될 것이라고 합니다.

따라서 미네르바스쿨의 입학 전형에서의 질문들도 학습자의 축적된 지식을 묻는 내용이 아닌 '기대수명이 30살 이라면 당신은 무엇을 할 것인가?', '왜 지혜로운 노인만 있는가, 젊은이는 지혜로울 수 없는가?', '일본 속담인 당신이 누군가를 싫어한다면 그냥 그렇게 살도록 놔둬라 에 대한 생각을 말해 보시오.' 같은 질문들로 이루어진다고 합니다.

미네르바스쿨의 미래 교육 핵심역량은 세 가지로 첫째는 전 세계를 돌며 문제를 찾고 해결하는 여행과 경험이고 둘째는 소규모 토론 중심으로 수업이 이루어지는 소통과 협업이며 셋째는 원거리에서 효과적 교육이 가능하게 하는 Flipped Learning 기반의 온라인과 소프트웨어 중심 교육입니다.

미네르바스쿨의 학사과정

미네르바스쿨의 학사과정은 1학년 과정만 본교 샌프란시스코에서 운영하며 2학년 이상은 교육적 가치가 있는 엄선된 세계7대 도시의 기업과 사회 현장 속으로 직접 들어가 지역특성에 맞는 과제를 수행하고 비영리단체나 정부기관 등에서 실무 경험을 쌓는 교육을 하도록 설계되어 있습니다.

7개 도시는 미국의 샌프란시스코, 영국의 런던, 독일의 베를린, 인도의 하이데라바드, 대만의 타이페이, 아르헨티나의 부에노스아이레스, 한국의 서울로 현재 470명의 재학생들은 4년간 7개 도시의 기숙사에서 머물며 세계의 현지 문화와 산업을 배우고 체험하는 교육을 하고 있습니다.

이를 통해 국제적 감각은 물론이고 세계 최고의 분야들을 직접 체험하는 살아있는 교육을 하고 나아가 각 도시의 현실적인 문제들을 찾고 창의적 해결책을 제시하는 문제 해결력까지 키우는 것이 미네르바스쿨의 가장 큰 장점으로 볼 수 있습니다.

학비같은 경우는 기존 대학처럼 건물 운영이나 유지에 들어가는 비용이 없어 효과적인 온라인 학습 플랫폼 개발에만 집중 투자하다 보니 상대적으로 저렴한 편이라고 합니다.

미네르바스쿨의 수업 운영 플랫폼

수업 운영은 원거리에서 학습을 해야 하므로 자체 개발한 전용 플랫폼에서 온라인으로 진행하고 있습니다. 한 교수가 20명의 학생을 그룹으로 하여 수업을 담당하고 있으며 학생들은 사전영상학습을 한 후 교육내용 관련 다양한 프로젝트 활동을 수행하여 그 활동 과정과 결과에 대해 온라인 플랫폼에서 화상으로 발표 및 토론하는 Flipped Learning 형태로 진행합니다.

이 전용 플랫폼에서는 위의 그림과 같이 참여도가 높은 학생은 초록색으로 참여도가 적은 학생은 붉은색으로 실시간 표시되기 때문에 교수자는 수업 참여에 취약한 학생들이 토론에 고르게 참여할 수 있도록 유도할 수 있는 장점을 가지고 있습니다.

미네르바스쿨의 배움의 목표인 HC(Habits of Mind and Foundational Concepts) 즉 세상을 살아가기 위해 필요한 능력의 구성요소이자 사고하는 방식을 강화하는 이러한 수업방식을 통해서 단순한 지식의 습득이 목표가 아닌 상호작용을 통한 협업으로 다양한 상황을 경험하고 창의적 사고를 통해 여러 가지 문제해결책을 제시하며 그 결과에 대해 비판적 사고를 할 수 있는 역량을 키울 수 있어 미래 역량을 극대화할 수 있는 효과를 기대할 수 있다고 할 수 있습니다.

한국의 미네르바스쿨 태재대학교

한국에서도 미네르바스쿨과 같은 운영방식의 혁신 대학이 개교를 하게 되었는데 한국판 미네르바스쿨로 불리는 태재대학교 입니다. 2023년 9월 개교 100명 선발을 목표로 하고 있는 태재대학교는 질문과 토론으로 이루어지는 학생 주도의 수업인 Taejae Active Learning을 강조하며 Flipped Learning 형태의 수업으로 운영하게 될 예정입니다.

수업 전에는 영상 학습 및 프로젝트 사전조사활동을 수업 중에는 소그룹 활동 및 토론기반학습(DBL), 프로젝트기반학습(PBL) 등의 상호작용을 통한 협업을 수업 후에는 사후 과제 및 보고서/포트폴리오 평가 그리고 피드백과 성찰이 이루어집니다.

또한 미네르바스쿨과 마찬가지로 1, 2, 3, 8학기는 서울에 있는 캠퍼스에서 운영되지만 2학년 2학기부터 4학년 1학기까지 도쿄, 뉴욕, 홍콩, 모스크바에 각각 1학기씩 체류하면서 글로벌 현장을 체험하고 경험하는 프로젝트 활동 학습을 진행하게 되어 현장중심의 글로벌 경험 학습을 실행하고 있습니다. 이러한 교육시스템을 갖춘 태재대학교가 미네르바스쿨만큼 큰 주목을 받을 수 있을지 지켜봐야 하겠습니다.

미래 교육의 주제

앞으로의 교육은 정해진 지식을 교수자를 통해 학습자가 습득하는 형태를 벗어나서 다양한 문제를 스스로 찾고 창의적으로 해결할 수 있는 능력을 강화할 수 있는 교육을 필요로 합니다. 따라서 이러한 교육을 위해서는 지속 가능하게 문제를 해결할 수 있는 주제가 필요하며 그 주제에 대한 꾸준한 문제해결 활동들을 통해 미래 역량을 강화시킬 수 있는 의미 있는 교육으로 나아가야 할 것입니다.

이를 위해 2015년 UN 총회에서 '경제, 사회, 환경의 균형' 및 '미래 세대와 균형'을 위해 지속 가능한 발전 목표인 SDG(Sustainable Development Goals)를 제시하였고 이는 17개 목표와 169개 세부 목표로 구성되어 있습니다.

따라서 이러한 주제의 다양한 창의 프로젝트 활용 수업을 설계하고 적용하여 학습자들이 문제 해결능력을 강화할 수 있도록 적극적으로 도입해야 할 것입니다.

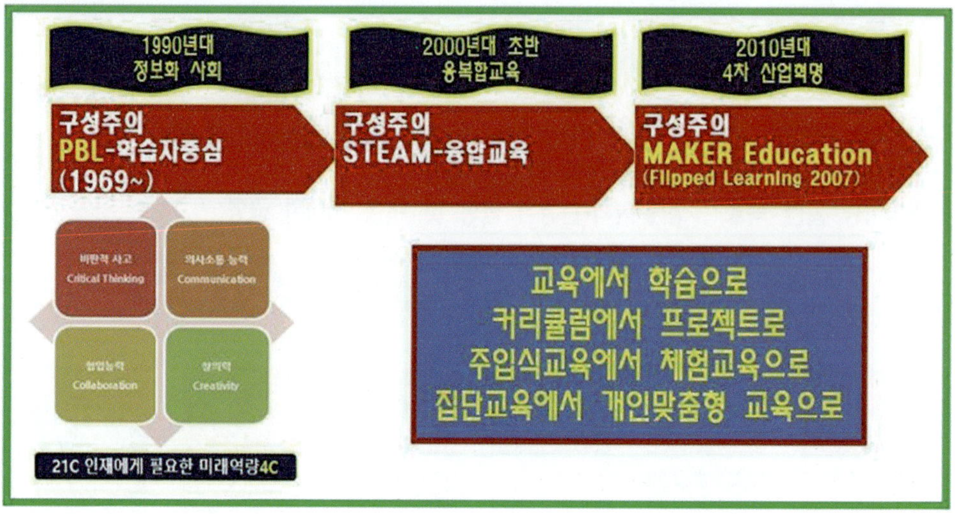

미래의 교육 방향

1990년대 정보화 사회에서는 1969년부터 시작된 구성주의 기반의 학습자 중심 교육인 PBL이 주목받았고 2000년대로 넘어오면서 융복합교육이 강조되며 STEAM 수업이 확산되었습니다. 그러다가 2010년대로 넘어오면서 4차 산업혁명과 함께 Flipped Learning과 MAKER Education과 같은 극대화된 구성주의 적용의 혁신교수법들이 등장하게 되었습니다.

21세기 인재에게 필요한 미래 역량 4C라고 불리는 Critical Thinking(비판적 사고), Communication(의사소통능력), Collaboration(협업능력), Creativity(창의력)가 앞으로 중요한 역량으로 작용하는 만큼 미래의 교육 방향도 달라져야 합니다.

즉 수동적인 교육이 아닌 능동적인 학습으로 커리큘럼대로 배우는 것이 아닌 각자의 역량이 반영되는 프로젝트로 단순 주입식 교육이 아닌 경험을 통한 체험교육으로 획일화된 집단 교육이 아닌 각각의 특성을 고려한 개인 맞춤형 교육으로 바뀌어져야 할 것입니다.

2. MZ세대의 특성과 신조어

(단위: 천 명, 세)

	Z세대	M세대	X세대	베이비붐세대	시니어세대
출생년도 (2020년 기준)	1995~2005년 (14~25세)	1980~1994년 (25~40세)	1964~1979년 (40~56세)	1955~1963년 (56~65세)	1954년 이전 (65세이상)
인구규모	5,969(11.9%)	10,330(20.6%)	13,071(26.1%)	7,022(14.0%)	7,645(15.2%)
평균연령	20.3	33.1	48.5	60.7	74.9
중위연령	21.1	33.7	49.1	61.0	74.0

주: 1. 집계기준은 일반 가구+집단(시설) 가구임.
2. 세대 정의는 출생년도로 구분함.
3. 세대 구분은 경기연구원의 '2020 경기도민 삶의 질 조사'의 연구 결과를 따름.
자료: 통계청, 인구주택총조사 20% 표본조사(2020년)

현재 교육자들이 지향하는 미래 교육의 방향도 중요하지만 현재 학습자를 구성하고 있는 MZ세대들의 특성도 반영하지 않을 수 없는 것이 현실입니다. 따라서 현재 학습자의 대부분을 차지하고 있는 MZ세대의 특성에 대해서 알아보도록 하겠습니다.

먼저 세대 구분을 살펴보면 1954년 이전에 태어난 시니어 세대가 있고 1955년에서 1963년 사이에 태어난 베이비붐 세대가 있으며 본 저자도 해당되는 1964년에서 1979년 사이에 태어난 X세대가 있습니다. 여기까지는 MZ세대와 비교되는 기성세대라고 할 수 있으며 전체 인구의 약 55%정도에 해당합니다.

우리가 MZ세대라고 부르는 세대는 밀레니엄세대인 1980년에서 1994년 사이에 태어난 M세대와 1995년에서 2005년 사이에 태어난 Z세대를 합쳐서 부르는 말로 전체 인구의 약 32%를 차지하고 있는 세대입니다.

이제는 M세대도 최고 연령이 40대에 육박하고 있으며 사실상 학령 인구에 해당하는 중, 고등학생과 대학생은 모두 Z세대라고 볼 수 있습니다.

그리고 Z세대 이후의 세대는 알파 세대로 부르기도 합니다.

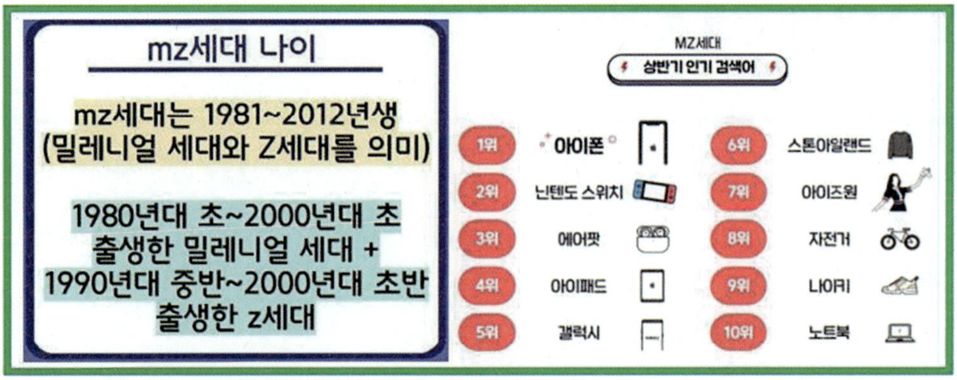

MZ세대의 특성을 살펴보면 다음과 같습니다.

1. 소비 특징: 구독 경제에 대한 관심이 높습니다.
   - 자신의 신념을 표현하는 미닝 아웃 소비를 선호합니다.
   - 플렉스 소비와 중고 거래를 선호합니다.
2. 투자: 영끌 투자와 암호 화폐 투자를 선호합니다.
3. 관심사: 워라밸을 추구하고 액티비티를 선호하며 MBTI에 대한 관심이 높습니다.

이번에는 기존 세대와 비교되는 MZ세대의 차이점을 살펴보면 다음과 같습니다.

1. 소비 특징: 온라인 쇼핑을 선호합니다.
   - 디지털 콘텐츠에 대한 관심이 높습니다.
   - 친환경 제품에 대한 관심이 높습니다.
2. 관심사: 개인의 취향과 개성을 중요시하고 사회적 이슈에 대한 관심이 높습니다.
   - 자기계발에 대한 관심이 높습니다.
3. 소통 방식: 온라인 소통과 실시간 소통을 선호합니다.
   - 멀티태스킹을 선호합니다.

MZ세대의 일자리(Job)

MZ세대들이 선호하는 직장과 싫어하는 직장에 대한 의견을 살펴보면 다음과 같습니다.

(출처 : 사람인)

MZ세대, 가장 입사하기 싫은 기업

1위 : 야근, 주말출근 등 초과근무 많은 기업(31.5%)
2위 : 업무량 대비 연봉이 낮은 기업(23.5%)
3위 : 군대식 문화 등 소통이 어려운 기업(13.1%)
4위 : 연차 등 휴가 사용을 자유롭지 못한 기업(9.9%)
5위 : 친인척 등 낙하산 인사가 많은 기업(5.3%)
6위 : 성장 기회가 많지 않은 기업(4.7%)

MZ세대, 가장 입사하고 싶은 기업

1위 : 자유롭고 수평적인 소통 문화를 가진 기업(23.5%)
2위 : 야근, 주말출근 등 초과근무 없는 기업(17.8%)
3위 : 동종업계 대비 연봉이 높은 기업(16.7%)
4위 : 연차 등 휴가 사용이 자유로운 기업(11.3%)
5위 : 성장 가능성이 높은 기업(8.8%)
6위 : 탄력근무가 가능한 기업(7.4%)
7위 : 정년이 보장되는 기업(7%)

먼저 MZ세대들이 가장 싫어하는 기업에는 1위가 야근, 주말 출근 등 초과 근무가 많은 기업(31.5%)을 지적하였으며 다음으로 2위가 업무량 대비 연봉이 낮은 기업(23.5%)을 선택하여 50% 이상이 초과근무를 하며 낮은 연봉을 주는 기업을 기피한다고 답했습니다.

그 외에도 군대식의 소통이 어려운 기업과 휴가 사용이 자유롭지 않은 기업 그리고 낙하산 인사가 많은 기업 성장 기회가 많지 않은 기업 등의 의견이 있었습니다.

반면 MZ세대들이 가장 입사하고 싶은 기업에는 1위가 자유롭고 수평적인 소통문화를 가진 기업(23.5%)을 2위는 야근, 주말 출근 등 초과 근무가 없는 기업(17.8%)을 선택하여 40% 이상이 자유로운 소통의 초과 근무 없는 직장을 선호한다고 답했습니다.

연봉이 높은 기업(16.7%)은 3위로 2위와 근소한 차이를 보였으며 그 외 답변으로는 연차 등 휴가 사용이 자유로운 기업, 성장 가능성이 높은 기업, 탄력 근무가 가능하고 정년이 보장되는 기업 등을 들었습니다.

이렇듯 MZ 세대들의 직업에 대한 선호도는 많은 희생을 하고서도 높은 연봉을 받는다면 다 감수할 수 있었던 기성세대와는 다른 특징을 보여주고 있음을 알 수 있습니다.

"심심한 사과? 하릴없이?" 충격적인 MZ세대 문해력 수준 [송유리의 1분 뉴스]

매거진 한경

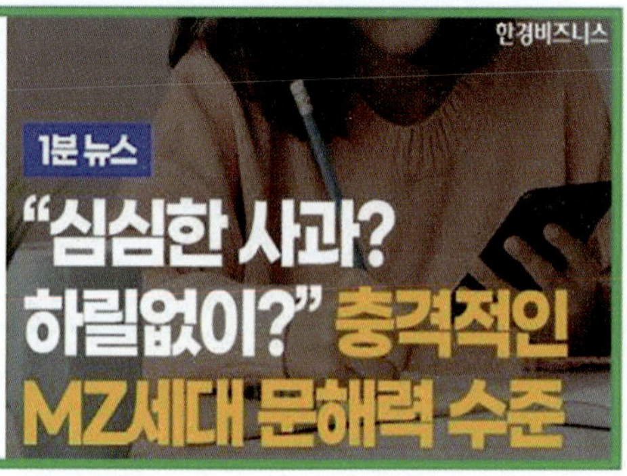

MZ세대들의 문해력 논란

최근 언론에서 MZ세대들의 문해력 수준에 대한 논란이 되는 사건 보도가 있었는데 기성세대가 당연하게 상식으로 알고 있는 용어에 대해서 MZ세대들이 이해하지 못하고 있는 현상에 대한 내용이었습니다.

예를 들어 한 웹툰 작가가 사인회의 예약 오류에 대해 사과하면서 '심심한 사과'라는 표현으로 공지했는데 이 글에 대해 MZ세대는 욕설과 함께 '심심한 사과? 난 하나도 안 심심해', '이 말 때문에 더 화나는데 꼭 심심한이라고 적어야 했나?' 등의 반응을 보여 이 말의 뜻을 이해하지 못하는 헤프닝이 있었고 또 다른 예로는 대학에서 교수가 학생들에게 과제를 내면서 게시판에 '금일 오후 6시까지 제출할 것'이라고 공지하였는데 많은 MZ세대에 속하는 대학생들이 금일을 금요일로 이해해서 기한 내에 과제를 내지 못하게 되어 감점되자 단체 톡 상에서 교수에게 항의하는 내용이 이슈가 되기도 하였습니다.

이러한 일들로 야기된 MZ세대 문해력 수준 논란에 한 전문가는 실제로 문해력을 테스트 해 본 결과 전혀 MZ세대들이 문해력 부족이 나타나지 않았으며 단지 다른 세대간에 서로 자주 사용하지 않는 용어의 차이 때문에 발생한 오해일 뿐이라고 답하기도 하였습니다.

MZ세대들이 기성세대들만이 자주 사용했던 용어를 이해 못하듯 기성세대들도 MZ세대만이 사용하는 용어에 대해서 전혀 알아듣지 못하는 것이 현실입니다.

MZ세대 신조어

최근 MZ세대들이 많이 사용하는 MZ세대 신조어들이 빠르게 만들어지고 또 사라지는 현상이 늘어나고 있습니다. 이러한 신조어의 확산은 기성세대와의 소통에도 많은 장애가 되고 있으며 이는 곧 세대간의 이질감을 키워 학교나 직장에서 서로 협업하거나 대화하는데 큰 문제점으로도 발전할 수 있는 요소가 되고 있습니다. 최근 MZ 용어 몇 가지를 소개하면 다음과 같습니다.

갓생	갓(God)+생(인생)의 합성어로 부지런한 삶을 의미
네카라쿠배당토	네이버,카카오,라인,쿠팡,배민,당근마켓,토스 MZ들의 꿈의 IT직장
당모치	'당연히 모든 치킨은 옳다 ' 의 줄임말로 치킨은 고민이 필요 없다
면까몰	'면접은 까보기 전까지 몰라'의 줄임말로 취준생들이 주로 사용
별다꾸	'별걸 다 꾸밈'의 약자로 MZ세대의 특징을 나타내는 말
알잘딱깔센	'알아서 잘 딱 깔끔하고 센스있게'의 줄임말로 화제가 된 신조어
자만추	'자연스러운 만남을 추구하다'의 줄임말로 MZ의 성향을 표현
헤메코	헤어+메이크업+코디의 합성어로 세 가지를 합쳐서 부르는 말

GH, 경영진과 MZ세대가 함께하는 리버스 멘토링 진행

전자신문 etnews

경기주택도시공사(GH)는 최근 경영진과 MZ세대 직원 간 직접적인 소통과 정서 공감을 위한 리버스 멘토링 프로그램 '신구조화'를 운영했다고 9일 밝혔다.

리버스 멘토링은 기존 멘토링 방식과 다르게 젊은 직원이 멘토가 되고 경영진이 멘티가 돼 상호 이해를 돕는 소통 방식으로 진행했다.

이번 행사에는 강성혁 GH 도시활성화본부장이 멘티로 참여했으며, 20~30대 MZ세대 직원 6명이 참석했다. 이들은 △MZ세대 신조어 및 놀이문화 △MZ세대가 이용하는 다양한 스마트폰 어플리케이션 사용법 △챗GPT 활용법 등에 대한 주제로 대화를 나누며 세대간 화합의 시간을 가졌다.

강성혁 본부장은 "리버스 멘토링의 점진적 확대 시행을 통해 젊은 직원의 목소리를 존중하고, 이를 경영에 적극 반영해 유연한 조직문화 형성 및 조직 역량 제고의 기회로 삼겠다"고 말했다.

수원=김동성 기자 estar@etnews.com

이러한 현상에 따라 많은 기업들은 경영진과 MZ세대 직원과의 멘티-멘토 소통을 위해 기성 세대들과 함께하는 'MZ세대 신조어 및 놀이문화', 'MZ세대가 많이 사용하는 어플 활용법', 'ChatGPT 활용법' 등의 주제로 다양한 소통을 위한 행사를 기획하고 적용하고 있는 실정입니다.

교육 분야에서도 학생들만의 MZ용어를 대부분의 교수자들이 이해하지 못하는 경우가 너무 많으며 표준어가 아니라는 이유만으로 기성 세대인 교수자들이 굳이 그러한 용어를 알려고 하지 않아 학생들과의 소통이 원활하지 않고 더 친해지지 못하는 현상이 많다고 보여집니다. 따라서 본 저자는 교육에서도 교수자들이 MZ들만의 언어에 관심을 가지고 알려고 노력한다면 그들을 이해하는데 큰 도움이 될 수 있으며 MZ세대들도 마음을 여는 데 큰 역할을 할 것으로 생각이 되어 MZ용어들을 수집하였으며 용어를 알고 나서는 그들을 이해하는데 많은 도움이 되었습니다.

본 저자가 수집하여 정리한 500여 개의 MZ용어 설명집이 이 책의 끝에 부록으로 첨부되어 있으니 독자들은 많이 활용하여 세대간 이해에 도움이 될 수 있기를 바랍니다.

MZ세대의 특징과 교육 콘텐츠

미래학자 돈 탭스콧이 쓴 디지털 네이티브 책에서는 디지털 네이티브의 성향에 대해서 언급하고 있는데 그것은 자유, 맞춤화, 감시자, 혁신, 성실성, 속도, 협업, 즐거움 이렇게 8가지가 있습니다. 이러한 성향들이 잘 반영된 것이 바로 유투브 영상이라고 할 수 있습니다. 유투브 영상은 최신정보를 반영하고 있고 상세한 설명과 함께 빠른 전개로 재미있게 잘 구성되어 있어 'MZ세대들의 학습 콘텐츠 표준'이라고 할 수 있습니다.

교수자들이 보통 한번 만들어 몇 학기를 사용하는 학습자료를 아무리 열심히 잘 만든다고 해도 유투버들이 작은 정보도 오랜 시간과 열정을 투자하며 최신정보로 MZ감성에 맞춰 재미있게 만들어 낸 학습영상을 따라가기는 힘들 것입니다.

MZ세대의 특성으로는 멀티 태스킹이 가능하고 쉽게 싫증을 잘 느끼며 양방향 소통과 협업을 중요시하는 성향이 있습니다. 또한 디지털 플랫폼을 선호하며 혁신을 어려워하지 않는다고 합니다. 이러한 성향들은 기존의 단순 지식 전달형 강의 수업과는 상반되는 내용들이 많으며 MZ세대들의 특성을 잘 반영한 수업을 위해서는 소통하고 협업하며 디지털 플랫폼에서 멀티 태스킹을 할 수 있는 Flipped Learning 이나 PBL과 같은 혁신 교수법이 적합하다는 것을 알 수 있습니다. 이러한 수업들은 미래역량과도 잘 맞물려서 MZ세대 학습자들에게 가장 효율적인 수업이 될 수 있을 것입니다.

최고의 온라인교육 콘텐츠 공유

교육에서는 유투브 영상 학습을 통한 개념 이해 이외에도 다양한 적용 및 활용을 위해 전문적인 심화 강의도 필요합니다. 그러나 이미 최고 대학 교수의 강의를 세계 어디서든 들을 수 있는 edx나 Coursera같은 사이트들이 무료로 강의를 제공하고 있어 학습자들은 온라인을 통해 다양한 지식을 효과적으로 습득할 수 있는 환경에서 학습하고 있는 실정입니다.

본 저자는 6개월간의 edx, courser 무료수강권을 지원받아 실제로 두 사이트에서 학부의 수학 교과목들의 강의를 수강하여 보았고 다양한 언어로 번역되어 제공되는 수업을 듣고 과제를 제출하였으며 제출한 과제에 대한 과제 평가를 받은 후에는 위 사진과 같이 수료증도 받을 수 있었습니다. 본 저자는 무료수강권으로 수강하여 수료증을 무료로 발급 받았지만 일반 사용자는 수업은 모두 무료로 들을 수 있으나 수료 후 수료증 발급에는 강좌당 약 6만원 정도의 비용이 발생하게 됩니다.

따라서 이러한 실정에서 볼 때 교수자들은 앞으로 개념 설명을 위해 유투브 영상과 경쟁하지 않고 수업내용 전달을 위해 coursera와 비교되지 않도록 Flipped Learning과 같은 혁신 교수법을 통해 이러한 콘텐츠들을 오히려 효과적으로 잘 활용하며 학습자들의 협업과 소통을 위한 교육에 더 관심과 초점을 둬야 할 것입니다.

MZ세대 특성 반영 게임기반 수업 사례

본 저자는 4차 산업혁명 시대에 인문학도 들에게도 앞으로는 수학적 소양이 필수이고 중요하기 때문에 인문학도들을 위한 교양 교과목인 '인문학도들을 위한 수학세계'라는 교과목을 개발하고 실제로 대학에서 인문학 전공 학생들을 대상으로 교양과목을 개설하여 수업을 진행하였는데 수업을 처음 접한 학생들은 수학이라는 교과목에 대해 기피하는 성향과 수학은 어렵다는 선입견으로 부정적인 생각이 아주 강했습니다.

그러나 상호작용과 협업을 선호하고 혁신적이며 즐거움을 추구하는 MZ세대들의 특성을 잘 반영하여 게임 기반의 상호작용을 통한 팀 협업 프로젝트 활동으로 수업을 설계하였고 학생들이 자기주도적으로 참여하여 이론을 탐구하고 학습하도록 진행하여 실제로 높은 학업성취도와 함께 흥미도에 있어서도 큰 효과를 얻을 수 있었습니다.

또한 이론을 배우고 복잡한 문제를 푸는 기존의 수학이라는 교과목에 대한 수업방식에 대해서도 훨씬 재미있게 학습할 수 있는 방안을 제시하여 기피하는 과목을 관심있고 좋아하는 과목으로 변화시킬 수 있는 가능성도 볼 수 있었습니다.

제 466 호

상 장

금 상
(일반인 부문)

울산대학교
연구교수 허 정 필

위 사람은 2022년 교과서 아이디어 공모전에서 위와 같은 성적을 거두었으므로 이에 상장을 수여합니다.

2022년 10월 25일

부총리 겸 교육부장관
직무대행 차관 장 상윤

MZ세대의 특성을 반영한 교과서

본 저자는 2022년 교육부에서 주최한 교과서 아이디어 공모전에서 MZ세대들의 특성을 반영하고 서책형 교과서의 단점을 보완한 메타버스 적용 교과서 아이디어로 최고상인 부총리 겸 교육부장관상을 수상하였습니다.

시대의 흐름에 따라 교과서도 MZ세대의 성향과 함께 빠르게 디지털화 될 것이라는 예상과 달리 생각보다 변화가 늦어지고 있는 시점에서 서책형 교과서를 유지하면서도 서책형 교과서의 단점을 보완할 수 있는 여러 IT기술을 접목하고 MZ의 특성까지 반영할 수 있는 아이디어 방안을 제시하여 높은 평가를 받았던 사례입니다.

수업의 형태가 미래가 요구하는 역량강화 중심으로 바뀌면 교과서도 그에 맞게 같이 변할 수밖에 없습니다. 단순 지식을 주입하기 위한 설명형 교과서가 아닌 상호작용을 통한 협업을 용이하게 하고 여러 가지 IT기술로 더 효과적인 학습이 일어나가 하며 MZ의 책을 꾸미는 것을 좋아하는 특성을 반영하여 여러 가지의 대안을 제시하였고 그러한 내용들을 고등학교 수학 교과서에 반영하여 공모하게 되었습니다.

다음은 이때 수상으로 '교과서연구'지에 게재되었던 제안 내용을 소개하도록 하겠습니다.

ISSN 1277-1489

교과서 연구
제110호 2022년 겨울

특별기획 2022 교과서 포럼: 새로운 교육과정과 교과서

특별기획 04

주제발표 3

미래역량 강화를 위한 메타버스 활용 교과서*

허정필
울산대학교 연구교수

1. 서론

4차 산업혁명이라는 말은 2016년 스위스 다보스포럼 의장인 클라우드 슈밥이 처음 사용했는데 ICT 융합으로 이루어지는 사람, 사물, 공간을 초연결, 초지능화하여 산업구조나 사회시스템에 혁신을 가져오는 차세대 산업혁명을 말한다. 이러한 급변하는 시대에서 사회가 요구하는 인재상도 변하고 있는데 미래의 인재가 갖추어야 할 역량으로 미래역량 4C라고 불리는 창의성, 협업, 의사소통 능력, 비판적 사고가 강조되고 있다. 이러한 미래역량은 기존의 소통 없는 획일적인 주입식 교육인 강의형 수업방식으로는 강화되기가 힘들다고 볼 수 있다.

4차 산업혁명 시대를 맞아 거의 많은 학교는 미래역량을 강화할 수 있는 교육을 위해 혁신적 교수법을 도입하고 있다. 혁신교수법은 학습자 중심의 자기주도를 강조하는 구성주의에 기반하고 있는데 그 대표적인 교수법으로는 플립러닝(Flipped Learning), 문제기반학습(Problem Based Learning, 프로젝트기반학습(Project Based Learning) 등이 있으며 미래 교육에서 특히 주목받고 있는 메이커교육(MAKER Education)도 혁신교수법으로 조명되며 급속도로 확산하고 있다.

* 2022 교과서 아이디어 공모전 입상작(일반 부문 금상)*

교과서 연구

제110호 2022년 겨울

메타버스는 아바타를 통해 실제와 같은 가상환경에서 교육, 경제, 사회, 과학 등의 활동을 할 수 있는 3차원 공간 플랫폼으로, 가상을 의미하는 그리스어 메타에 현실 세계를 뜻하는 유니버스의 합성어이다. 메타버스는 기술과 적용대상에 따라서 크게 4가지로 분류하고 있는데 구현정보가 외적인지 내적인지, 구현공간이 증강인지 시뮬레이션인지에 따라 획을 나누어 증강현실, 라이프로깅, 거울세계, 가상세계로 구분한다.

코로나19로 인해 비대면 수업이 확산되면서 메타버스의 여러 가지 요소들이 교육적으로 활용되기 시작했고, 단순한 수업 장소를 대체하는 온라인 방식의 수업만이 아닌 오프라인 환경에서도 시행하기 힘든 여러 가지의 활동들을 적용할 수 있는 무한한 장점들로 인해 이제 오프라인 수업이 다시 본격화되고 있음에도 불구하고 그 장점들을 병행하여 수업에 활용하고 있다.

우리가 학교에서 배우는 교과서도 급변하는 시대의 흐름에 따라 빠르게 디지털화가 될 것이라고 예상했던 것과는 달리 변화가 늦어지고 있으며, 이러한 시점에서 서책형 교과서를 유지하면서도 서책형 교과서의 단점들을 보완할 수 있는 여러 IT기술을 접목한 방안을 제안하려고 한다.

먼저, 고등학교 수학 교과를 중심으로 교과서의 모든 문항에 대한 풀이 영상을 수준에 맞게 QR코드를 통해 서책형 교과서의 문제 옆에 제공하고 여러 가지 팀 토론 심화문제들을 제시하고 SNS의 토론방을 활용해서 다양한 문제 해결책을 공유할 수 있도록 하였으며, 2D화면으로만 국한되어 제공했던 그래프나 사진 자료 등의 여러 가지 정보들을 3D를 구현할 수 있는 앱을 연동시켜 단점을 보완하도록 구성하였다. 그리고 교과서 중간에 다른 학문과의 통합된 사고를 할 수 있는 STEAM 관련 문제들과 생활 속 사례들, PBL 팀과제 등을 추가하여 기존의 지식 전달 위주의 구성이 아닌 창의 활동 부분을 많이 편성하였으며 마지막에는 뜯어서 제출할 수 있는 수준별 제출과제와 함께 교수자들의 수업 분석과 보완을 위한 성찰일지 및 단원 테스트지를 첨부하였다.

이번 교과서 구성 제안이 기존의 지식 전달형 교과서의 미래역량 강화에 대한 단점을 보완할 수 있는 대안이 되기를 바라며, IT 최강국인 대한민국만이 가진 인프라를 잘 활용하여 교과서뿐 아니라 교육 전반적으로도 미래 교육 분야에서 세계를 선도해 나갈 수 있기를 기대해본다.

교과서 연구

제110호 2022년 겨울

2. 본론

가. 교과서 제안 배경

이번에 교과서 아이디어로 제안하게 된 배경은 디지털 교과서로의 전환이 빨리 이루어질 것이라는 예상과는 달리 아직은 종이로 된 책을 직접 보고 쓰며 학습해 오던 기존의 정서가 강하게 유지되고 있고 실제로 시험조차도 아직 종이로 된 시험지를 통해 치고 있다. 물론 디지털 교과서의 큰 장점인 다양한 디지털 기술을 활용한 효과적 학습기능들과 간편성 등은 서책형 교과서가 디지털 교과서로 전환해야 하는 이유를 확실하게 보여주고 있기는 하지만 디지털 교과서의 정착을 위해서는 프로그램 개발은 물론이고 학습에 적합한 디바이스 개발 및 보급 등에 대한 예산상의 문제들도 안고 있는 현실이다.

따라서 서책형 교과서의 정서와 디지털 교과서의 장점을 모두 수용할 수 있는 대안으로 서책형 교과서와 이미 보급률이 아주 높은 스마트폰 기기를 결합하여 교과서에 다양한 디지털 기능들을 사용할 수 있는 QR코드를 추가하고 스마트폰으로 이를 스캔하여 학습에 병행 사용함으로써 서책형 교과서의 단점을 보완할 수 있을 것으로 기대하며 제안하게 되었다.

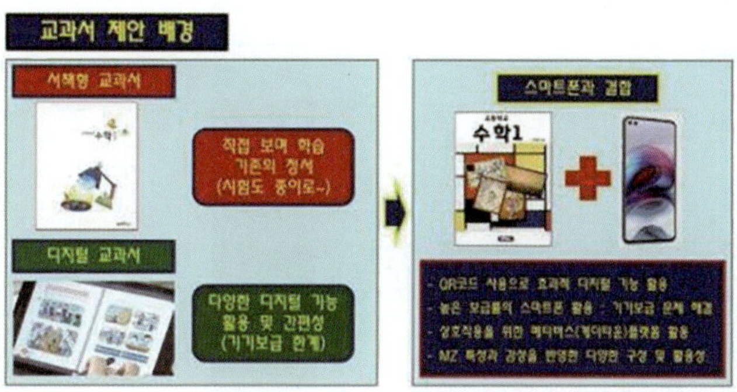

나. 메타버스 활용 교과서 제안 내용

1) 표지 구성

표지는 수학책에 대한 거부감을 줄이고 심미적 효과를 극대화하기 위해 몬드리안의 작품으로 구성하였고, 이 책의 구성에 대한 안내 문구도 추가하였다.

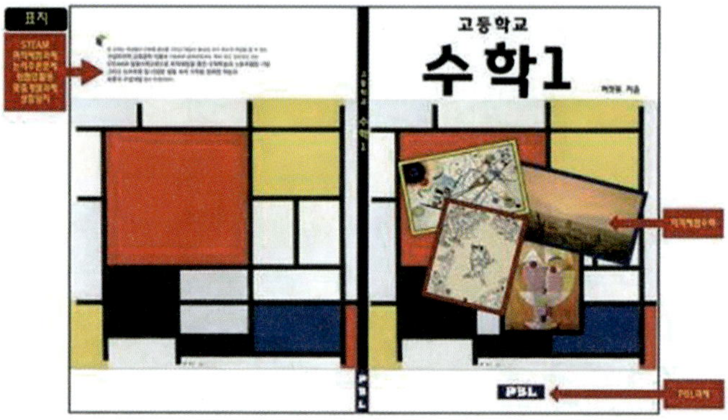

2) 단원 도입

양쪽 라인의 디자인 역시 심미적인 부분을 고려하여 딱딱한 수학책의 이미지를 벗어날 수 있게 디자인하였고, 학습목표 제시 이외에도 단원 제목의 의미에 대한 자세한 설명과 수학자의 명언 등을 추가하여 구성하였다.

3) 미적 체험 및 창의 논리 추론

미술 작품을 통해 예술적 호기심과 함께 숨어있는 수학 이론을 학습하는 활동 과제와 창의논리추론 문제를 제시하고 결과에 대한 토론카페에 QR코드로 참여하고 결과를 공유하였다.

교과서 연구

제110호 2022년 겨울

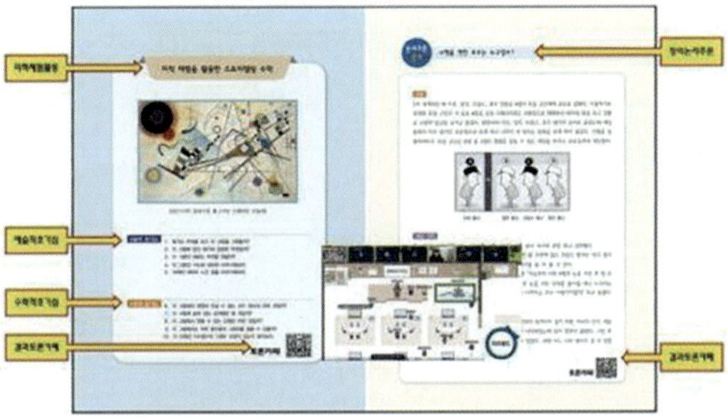

4) 생활 속 단원과 개념 및 확인 문제

왼쪽은 생활 속에서 단원의 제목이 어떻게 사용되고 있는지를 예시하였다. 오른쪽의 본 단원에 들어가서는 이론학습에 관한 확인을 위해 개념퀴즈(카훗) QR코드를 제공하여 개념에 대한 학습관리를 할 수 있도록 하였고, 확인 문제를 풀고 학습자의 눈높이에 맞는 영상학습을 제공하기 위해 일반 풀이와 쉬운 풀이로 구분하여 풀이 영상을 QR코드를 통해 제공하였다.

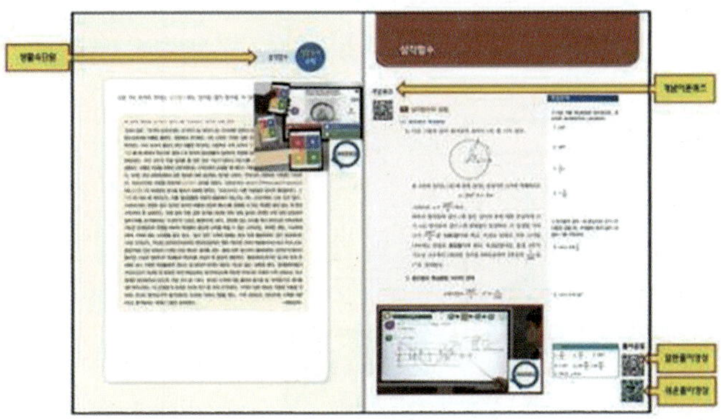

5) 그래프 생성앱 및 수학 이야기

그래프 설명에서는 직관적으로 그래프의 변화를 실시간으로 관찰할 수 있는 증강현실 그래프 생성앱을 QR코드로 제공하고, 또 빈 공간 사이사이에는 단원 관련 흥미 있는 수학 이야기들을 첨부하였다.

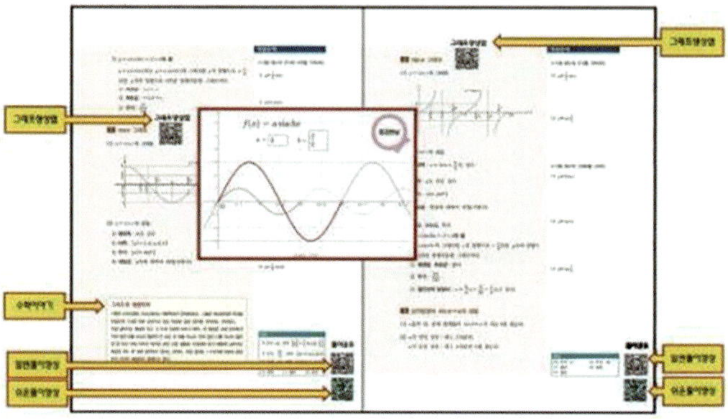

6) 팀 토론과제(PBL)

팀 토론과제에서는 PBL 과제를 제시하고 상호작용을 통한 팀별 협업 활동을 할 수 있게 전용 메타버스(게더타운) 플랫폼을 제공하여 학습자들이 QR코드를 통해 접속하여 주어진 과제해결을 위해 다양한 창의 협력 활동을 할 수 있도록 하였다.(플립러닝 전용 게더타운 강의실을 제공하여 수업의 항상성 유지효과 극대화)

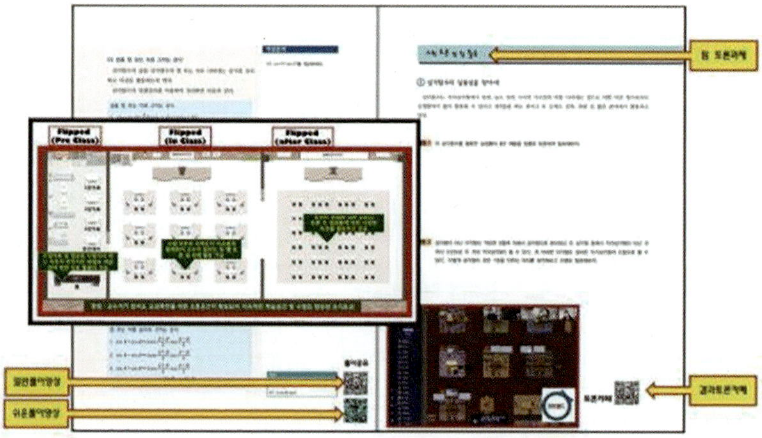

7) 조별 PBL 과제

단원 관련의 재미있는 심화 PBL 문제를 제시한 후 팀별 협업을 통해 과제를 해결하

교과서 연구

제110호 2022년 겨울

게 하고 창의적 문제 해결책을 팀별로 발표하게 하는 활동을 게더타운 플랫폼에서 실시하게 한다. 그리고 해답 제시와 함께 다양한 발표를 듣고 피드백을 주며 결과물에 대해서는 가상현실의 전시관을 메타버스에서 구축하여 체계적으로 관리한다.

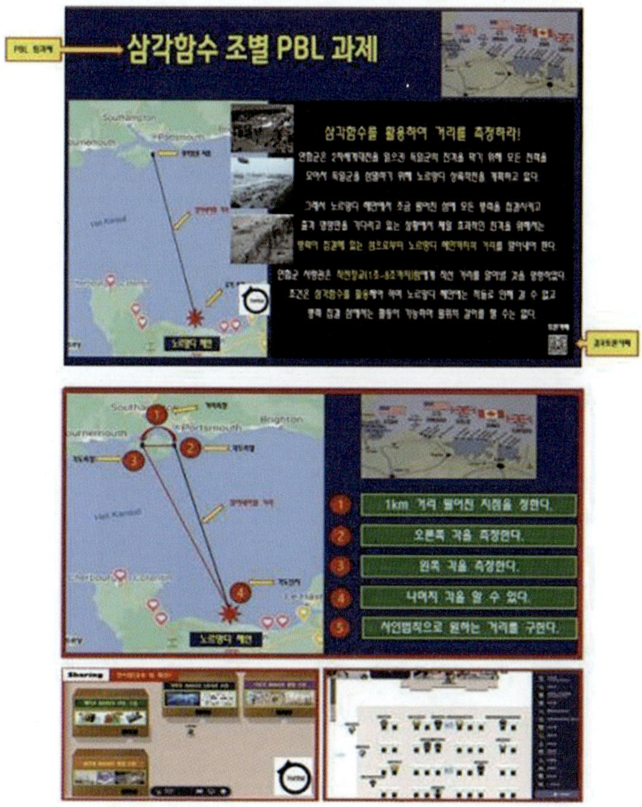

다. MZ세대의 성향을 반영한 부록 구성

1) 학습 리포트 제공

MZ세대들의 성향에 맞는 디자인으로 찢어서 제출할 수 있는 단원별 리포트 문제를 부록에 첨부하여 학습자들이 과제 후 제출할 수 있도록 한다.

부록1

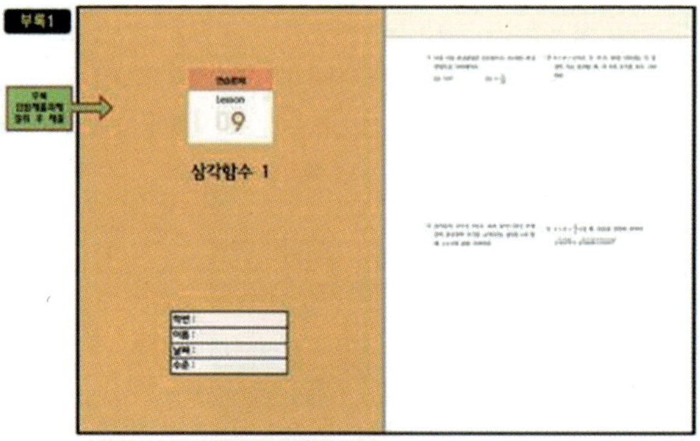

2) 성찰일지 및 단원 테스트지 제공

과제 리포트 끝부분에 성찰일지를 추가하여 학습자들이 이 단원을 학습하면서 배우고 느꼈던 내용 등을 작성하여 자기 성찰을 할 수 있도록 하였고, 단원 테스트도 수준별로 첨부하여 리포트와 함께 풀어서 제출하여 교수자들이 학습자들의 현 학습 진행 상황을 파악할 수 있게 하였다.

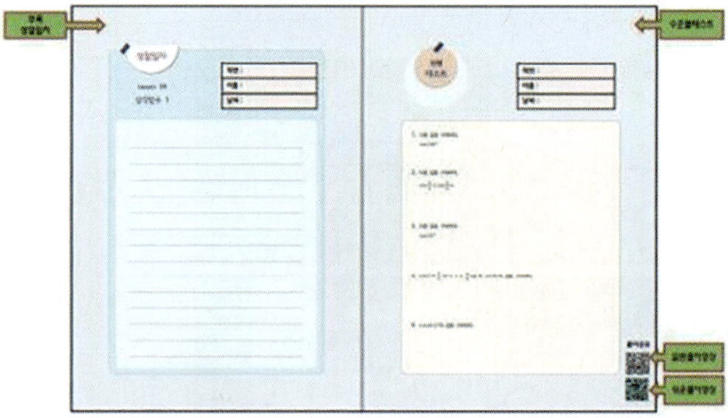

3) 실수, 중요, 어려움 스티커 제공

문제를 풀다가 실수로 틀리거나 어려운 문제 그리고 중요한 문제가 있을 때 보통 펜으로 별표를 치는 등의 표기를 하게 되는데 예쁘게 꾸미는 것을 좋아하는 MZ세대의 특징을 반영하여 캐릭터로 구성된 실수, 중요, 어려움의 스티커를 제공하여 해당 문항에 붙여서 표기함으로써 수학책을 더 깔끔하게 관리할 수 있도록 하였다.

교과서 연구
제110호 2022년 겨울

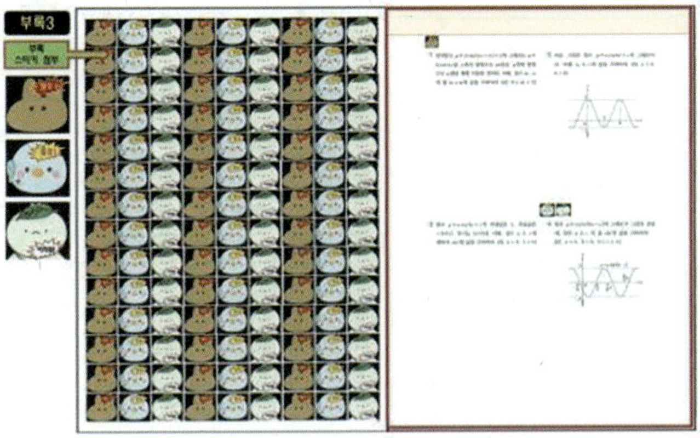

3. 결론

교과서는 수업을 보조하는 하나의 도구이기 때문에 교수법이 먼저 단순 주입식 수업을 탈피하여 미래역량인 창의성, 상호작용, 협업 능력, 비판적 사고력을 강화할 수 있는 혁신교수법의 형태로 개선되어야 교과서도 그러한 교수법에 맞게 바뀔 수 있다.

현재 학습자인 MZ세대의 특성을 고려하고 미래역량에 효과 있는 수업이 되기 위해서 교수자는 지식 전달에 있어서는 훨씬 더 효과 있는 유투브 영상이나 잘 만들어진 우수한 콘텐츠를 활용하고 본 수업에서는 미래역량에 도움이 되는 발표, 토론, 창의활동 등을 잘 수행할 수 있도록 하는 퍼실리테이션의 역할에 더 집중해야 한다.

따라서 교과서에 메타버스의 활용에서도 기술적인 적용에 초점을 맞추기보다는 팀 활동을 공유하고 창의적인 문제해결에 대해서 다른 학습자들과 토론 및 토의를 할 수 있는 상호작용을 통한 협업을 지원하는 등의 좀 더 교육적 효과성에 대한 활용이 강조되어야 하고 이와 더불어 MZ세대들의 정서와 성향 등이 잘 반영된 교과서로 연구 개발되어야 한다.

필자 소개

성균관대 수학교육학박사와 경희대 교육공학박사 학위를 취득하였고 현재 울산대학교 교수학습개발센터에서 메타버스를 활용한 혁신교수법(Flipped Learning, PBL, MAKER)인 메타혁신교수법을 개발 및 적용하는 연구를 활발하게 진행하고 있다.

3. 4차 산업혁명과 AI

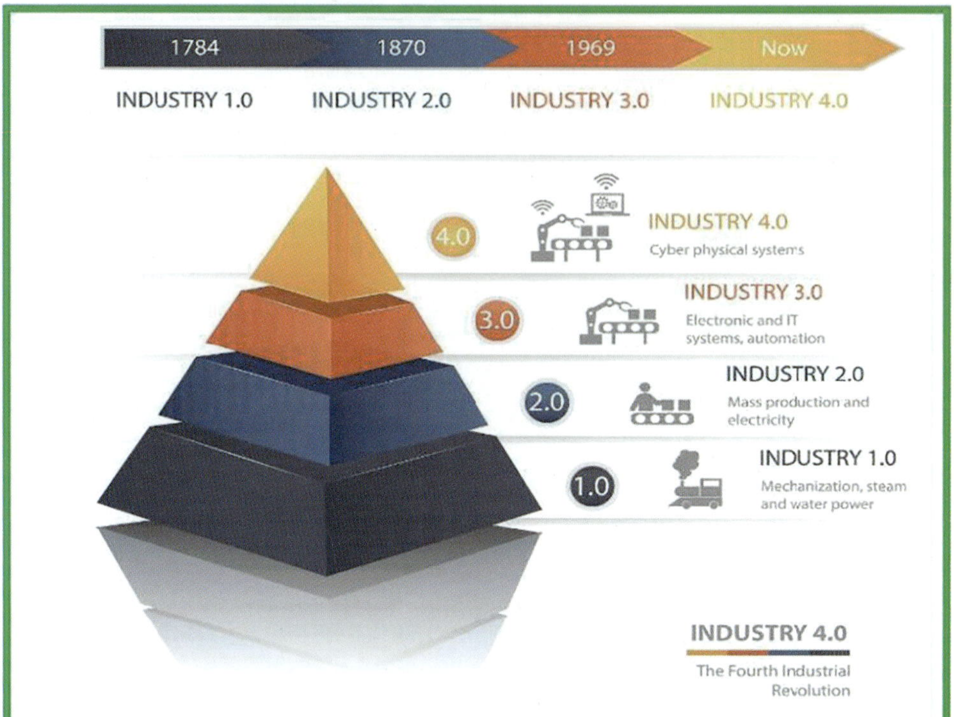

1차 ~ 4차 산업혁명 (출처: 게티이미지 코리아)

4차 산업혁명이라는 말은 ICT 융합으로 이루어지는 차세대 산업혁명으로 2016년 스위스에서 열린 다보스포럼에서 의장이었던 클라우드슈밥이 처음 사용하면서 이슈화 되었습니다. 4차 산업혁명의 5대 주요 기술로는 빅데이터, 로봇공학, 인공지능, 3D-프린팅, 사물인터넷이 있습니다.

4차 산업혁명은 1784년 영국에서 시작된 증기기관의 1차 산업혁명과 1870년 전기를 이용한 대량생산의 2차 산업혁명 그리고 1969년 인터넷이 이끈 컴퓨터 정보화의 3차 산업혁명에 이어 로봇이나 AI를 통해 실제와 가상이 통합되어 사물을 자동적 지능적으로 제어할 수 있는 가상 물리 시스템의 구축을 적용하는 산업의 변화를 의미합니다.

미래의 직업

이 중에서 특히 AI로 불리는 인공지능은 인간의 삶이 편해질 수 있다는 기대와 함께 단순한 일은 빠르고 값싼 AI로 대체될 수 있기 때문에 직업이 사라질 것이라는 우려도 같이 하고 있는 상황입니다. 따라서 앞으로는 인간만이 할 수 있는 분야에 관심을 가져야 합니다.

그러면 AI가 대체할 수 없는 미래의 직업에는 어떤 것들이 있을까요? 제일 먼저 떠오르는 것이 창의성이 강조되는 직업들 즉 그림을 그리거나 음악을 만드는 예술가와 드라마의 대본을 쓰는 작가 그리고 코딩을 통해 프로그램을 만드는 컴퓨터 프로그래머 등을 생각할 수 있습니다.

그러나 현재 AI의 수준은 베토벤의 모든 악보 입력을 통해 비슷한 새로운 음악을 작곡하고 피카소의 작품들을 학습하여 새로운 피카소 느낌의 그림을 그려내며 드라마의 대본도 이전에 없던 주제로 이전과 비슷한 느낌으로 새로운 스토리를 척척 만들어 준다고 합니다. 코딩 프로그램 작업도 아주 복잡한 새로운 프로그램이 아닌 기존에 존재하는 프로그램이라면 ChatGPT 같은 초거대 AI를 활용하여 대화를 통해 쉽게 만들어 낼 수 있는 것이 현실입니다.

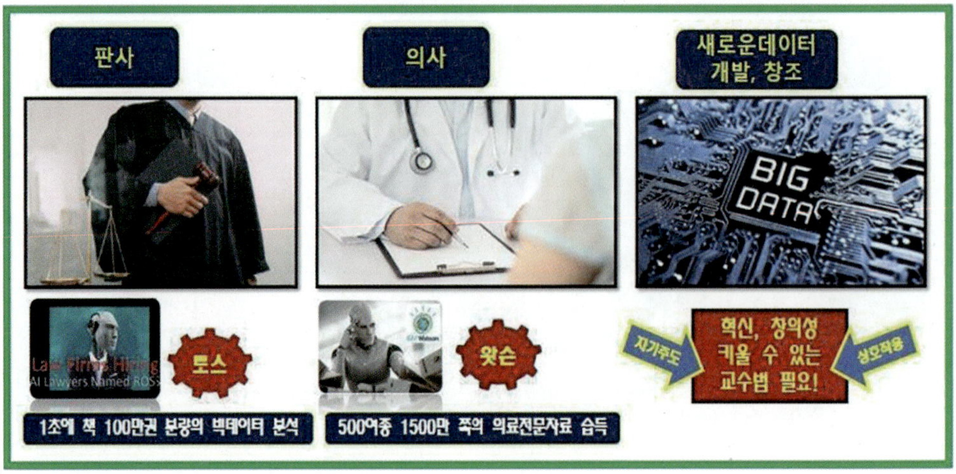

AI가 대체하기 힘든 분야

그러면 AI가 대체 불가능한 직업은 어떤 것일까요? 누구도 장담할 수는 없지만 여러 학자들은 판사나 국회의원 그리고 정신과 의사 등을 말하고 있습니다. 판사는 인간의 운명을 기계에게 맡기지는 않을 것이라는 생각 때문이고 국회의원은 AI가 국회의원을 대신한다는 법안을 국회위원들이 통과시키지 않을 것이라는 이유에서라고 합니다. 그리고 정신과 의사는 AI가 인간의 감정적인 부분까지는 잘 이해하지 못하기 때문에 대체되기 힘들다고 예측하고 있습니다. 실제로 법률 AI인 로스는 1초에 책 100만권 분량의 빅데이터를 분석하는 능력을 가지고 있고 의료 AI로 잘 알려진 왓슨은 500여 종 1500만 쪽의 의료전문자료를 습득하여 인간보다 더 뛰어난 분석력과 정확한 진단으로 능력을 발휘하고 있다고 합니다.

따라서 우리가 앞으로 관심을 가져야 하는 부분은 아무리 AI라 하더라도 기존의 데이터를 학습하여 활동하기 때문에 기존에 없던 새로운 데이터를 개발하고 창조하는 부분입니다. 이를 위해서는 혁신과 창의성을 키울 수 있는 교육이 필요하고 여기에 자기주도와 상호작용 역량이 꼭 필요하다고 할 수 있습니다.

좌뇌 : 3차 산업혁명, 우뇌 : 4차 산업혁명

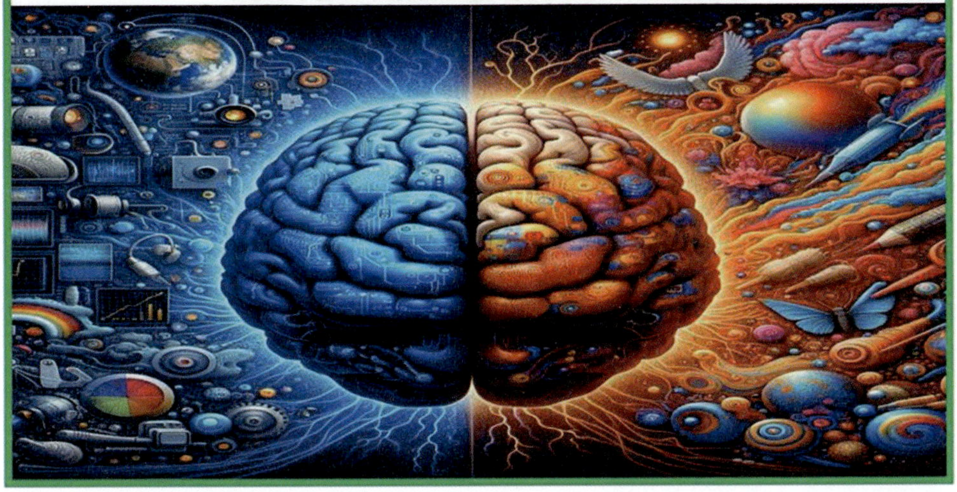

AI와 인간의 지능

인간의 뇌는 좌뇌와 우뇌로 나누어지는데 좌뇌는 논리적이고 분석적이며 언어를 구사하는 능력을 담당하고 있고 우뇌는 창조적이고 예술적이며 시각 정보와 공간 인식 능력을 담당하고 있다고 합니다. 따라서 좌뇌는 AI가 인간보다 훨씬 잘 하는 영역이라고 볼 수 있는 수학이나 과학과 연관성이 높으며 3차 산업혁명 시대에서 중요한 역할을 했다면 우뇌는 AI가 상대적으로 인간보다 못하는 영역을 주로 담당하고 있으며 4차 산업혁명에 적합한 요소들을 담당하고 있다고 할 수 있습니다.

AI의 지능과 인간의 지능을 비교해 보면 1985년에는 AI의 지능은 인간의 지능의 1조 분의 1에 불과했습니다. 그러나 1995년에는 10억 분의 1, 2005년에는 100만 분의 1로 그 폭이 점점 줄어서 2015년에는 1000 분의 1까지 따라왔습니다. 이제 2년 뒤인 2025년이 되면 AI의 지능은 드디어 인간을 추월할 것으로 예상되고 있으며 그로부터 5년 뒤인 2030년에는 AI의 IQ는 약 13000에 도달할 것으로 추정되어 이제는 AI가 잘하는 분야로 인간이 AI와 대결하는 것은 무의미 해졌다고 볼 수 있습니다.

Session 2
혁신교수법 수업적용

1. 혁신교수법 PBL
2. 혁신교수법 Flipped Learning
3. 혁신교수법 MAKER Education
4. 혁신교수법 Action Learning
5. Flipped Learning 기반 혁신교수법 수업설계
6. Flipped Learning 기반 혁신교수법 수업사례

1. 혁신교수법 PBL

구성주의의 개념과 학습

구성주의의 개념을 예시를 통해 알아보도록 하겠습니다. 예를 들어 서로 다른 경험을 가지고 있는 두 학생이 있는데 두 학생에게 '상어'라는 지식을 물어보면 가족들과 같이 아쿠아리움에 가서 직접 '상어'를 보았던 학생은 다양한 종류의 실제 상어의 모습을 떠올리겠지만 그러한 경험이 없는 학생은 책이나 TV를 통해 보았던 전형적인 단 하나의 '상어'그림이나 영상의 모습만을 떠올릴 것입니다. 그런데 두 학생이 소통을 하다가 같이 아쿠아리움을 방문하게 되면 경험이 없었던 학생은 '상어'라는 지식에 대한 새로운 경험을 통해 스스로 지존의 지식을 새롭게 재구성하게 됩니다. 이러한 경험을 통한 지식의 재구성 과정을 구성주의 개념으로 볼 수 있습니다.

예전에는 교수자가 획일화된 지식을 모두에게 똑같이 전수하는 것을 '학습'으로 보았다면 구성주의 학습에서는 학습자가 능동적으로 참여하여 경험을 통해 지식을 재구성하는 것을 '학습'의 개념으로 보고 있다는 데 차이가 있습니다. 따라서 구성주의가 잘 반영되기 위해서는 실질적이고 현실적인 다양한 경험이나 환경에 학습자들을 노출시켜 지식을 재구성할 수 있는 기회를 많이 제공해야 합니다. 이에 교수 설계 방향도 생각이 다른 사람과 자주 소통하고 성찰할 수 있는 기회를 부여하는 형태로 이루어지고 있습니다.

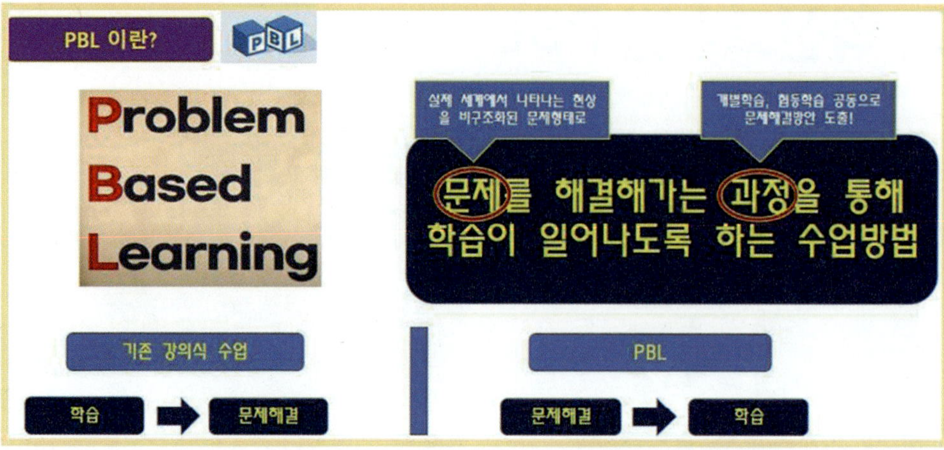

PBL

PBL은 말 그대로 Problem Based Learning의 약자로 문제 기반 학습을 말합니다. 여기서 '문제'는 실제 세계에서 나타나는 현상을 비 구조화된 문제 형태로 제시해야하며 '과정'은 부분적으로는 개별 학습도 있을 수 있지만 원칙적으로는 협동 학습을 통해 창의적 문제해결방안을 도출해 낼 수 있는 과정을 제시했을 때 PBL과제로 볼 수 있습니다.

PBL의 유래는 캐나다 맥 마스터 의과대학의 하워드 바로우교수가 1969년 처음 개발한 것으로 열심히 공부하는 의대생들이 실제 환자 앞에서는 문제해결을 잘 하지 못하는 것을 보고 고민하다 실제 현장에서 요구되는 문제해결능력을 기르기 위해 실제 임상사례를 기반한 수업을 구성하여 적용하였는데 큰 효과가 있어 Problem, based, Learning의 영문 이름의 첫 글자를 따서 줄임말로 PBL로 부르게 되었습니다.

기존 강의식 수업이 학습을 하고 나서 학습한 내용을 얼마나 잘 아는지를 확인하기 위해 문제를 제시했다면 PBL은 문제를 먼저 제시하고 그 문제를 해결해가는 과정을 통해 자연스럽게 학습이 일어나도록 한다는 데 제일 큰 차이가 있다고 할 수 있습니다.

Session2

PBL수업

PBL수업에 대한 전문가들의 의견을 몇 가지 살펴보겠습니다.

미국 하버드대학교 인지 교육학과 교수인 하워드가드너는 PBL수업의 필요성에 대해서 다음과 같이 말했습니다.

“PBL 수업을 받은 적이 없다면 즉 무에서 유를 만들어내고 다른 사람들과 협동하면서 ‘우리가 잘 한 것은 무엇이고 못 한 것은 무엇이지?’, ‘다음에는 어떻게 해야 더 잘할 수 있지?’라고 고민할 줄 모른다면 21세기에 쓸모 없는 사람이 될 것입니다. 학교에서 배울 수 있는 내용이면 컴퓨터도 할 수 있습니다. 우리는 컴퓨터가 못하는 것을 할 줄 알아야 합니다.”

또한 미국의 캘리포니아 교육부의 학생지원부서장인 고든 잭슨도 PBL 수업 방식에 대해서 다음과 같이 언급하였습니다.

“PBL 수업은 아이들에게 공평한 학습 공간을 제공합니다. 즉 평등한 학습 기회를 주는 것입니다. PBL 수업은 아이들의 학업성취도 차이를 줄이고 단순히 학습 내용을 받아들이기 보다는 문제를 직접 해결할 수 있도록 하는 방식으로 가르칩니다.”

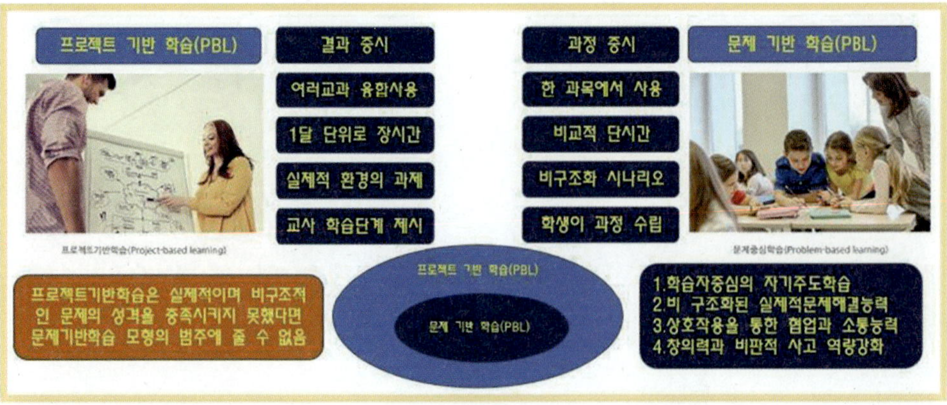

PBL VS PBL

PBL은 PBL(Problem Based Learning)과 PBL(Project Based Learning)로 나누어 집니다. 차이점은 위 그림과 같이 프로젝트 기반 학습은 결과를 좀 더 중시하고 여러 교과 융합 사용이 가능하며 장기간에 걸쳐 실제 과제를 수행하는 특징이 있으며 문제기반학습은 과정을 중시하고 주로 한 교과목에서 단기간에 걸쳐 비 구조화된 시나리오의 과제를 수행하게 됩니다.

한양대의 대표 혁신교수법인 IC-PBL의 PBL은 문제 기반 학습이며 울산대학교의 특화된 교수법인 iF-PBL의 PBL은 프로젝트 기반 학습입니다. 즉 처음 제시하는 문제 자체에 초점을 두느냐 프로젝트 활동 과정 전체에 초점을 두느냐에 따라 문제 기반 학습과 프로젝트 기반 학습으로 구분하게 되고 위 그림과 같이 프로젝트 기반 학습은 실제적이며 비구조적인 문제라는 성격을 충족시키지 못하면 문제 기반 학습의 범주에 들어갈 수 없습니다.

그러나 우리는 두 PBL의 차이점 보다는 공통점에 주목해야 하고 PBL은 학습자 중심의 자기주도학습, 실질적 문제해결능력, 상호작용을 통한 협업 능력, 창의력과 비판적 사고를 강화할 수 있는 미래 역량 강화에 도움이 되는 혁신교수법으로 4차 산업혁명 시대에 적합한 장점이 많은 구성주의 기반의 교수법입니다.

[삶과 앎 그리고 꿈이 있는 교실] JCN 울산교육청 다큐 프로그램 PBL 전문가 자문

Q

Q1. 사회와 환경이 변하면서 학교들도 점차 새로운 교육 방식에 주목하고 있고 이런 교육의 일환으로 학교마다 다양한 수업 방식들이 도입되고 있는 것 같은데요. 어떤 수업 방식들이 있을까요?

A

A1. 4차 산업혁명 시대를 맞아 혁신교수법으로 주목하고 있는 수업방식들이 조명되고 있는데 대표적인 것이 플립러닝, 프로젝트 수업, 메이커교육 등이 있습니다. 이러한 교수법들의 공통점은 자기주도, 상호작용, 협업, 학습자중심을 강조하는 구성주의 철학에 기반을 두고 있다는 점입니다.

플립러닝은 온라인 동영상을 통한 사전 학습 후 오프라인에서는 사전 학습한 내용을 기반으로 심화과제학습을 상호작용을 통한 팀 별 협업으로 수행하여 발표 및 토론으로 수업을 진행하는 역 진행 수업방식으로 수업시간을 가장 효과적으로 운영하는 것이 플립러닝의 철학입니다.

프로젝트 수업은 실제 세계에서 나타나는 현상을 비 구조화된 문제 형태로 제시하고 이 문제를 상호작용과 협업 등으로 해결해 가는 과정을 통해 학습이 일어나도록 하여 단순한 지식을 습득하기보다는 문제해결능력을 가르치는 수업 방법이라고 할 수 있습니다.

이러한 교수법들은 각각 따로 활용하기 보다는 교과목의 특성에 따라 서로 결합하여 운영함으로써 단점을 서로 보완하고 장점이 강화되는 시너지 효과를 내기도 하는데 대표적인 예로서 플립러닝의 단점인 사전 학습을 해오지 않는 문제점을 생활 속의 흥미 있는 주제인 프로젝트 과제를 제시하여 수업참여도를 높이고 동시에 프로젝트 수업의 단점인 진도에 대한 문제를 플립러닝의 사전 동영상 학습을 통해 보완할 수 있는 상호보완적인 효과성이 나타났다는 것에 대한 연구결과들이 많이 발표되고 있습니다.

Q2. 프로젝트 수업은 우리의 삶과 깊숙한 관계가 있는 주제로 수업을 하게 되는데요. 이런 주제로 여러 과목의 지식을 습득하면 어떤 점이 좋을까요?

A2. 아무래도 학습을 이론 위주로 하는 것보다 삶과 깊숙하게 관련된 주제로 하게 되면 흥미 유발 효과도 있고 지식이 어디에 직접적으로 유용하게 활용될 수 있는가에 대해서도 알게 되어 학습에 대한 필요성에 대해 공감할 수 있는 점이 장점이라고 할 수 있습니다.

최근 하버드대보다 들어가기 힘든 미래 혁신 대학으로 급부상하고 있는 미네르바 스쿨의 수업 운영방식을 보면 입학 첫 학기를 제외한 7개 학기를 교육적 가치가 있는 세계 7대 도시에서 기숙사 이동수업을 하며 기업과 사회현장속으로 직접 들어가 특성에 맞는 프로젝트 과제를 수행하고 실무경험을 쌓아서 그 결과에 대해서 온라인으로 발표하고 토론하는 수업을 진행합니다.

이러한 프로젝트 활동을 통해 국제적 감각은 물론 세계 최고 분야들을 직접 체험하고 문제를 해결하는 살아있는 교육을 하고 발표와 토론을 통해 비판적 사고, 창의성, 상호작용을 통한 효과적인 의사소통 능력을 키우는 것이 미네르바 스쿨의 교육 철학이며 이러한 예시가 프로젝트 수업의 장점을 잘 보여주고 있습니다.

Q3. 프로젝트 수업을 도입하는 학교들이 점점 늘어나는 추세인가요?

A3. 급변하는 시대가 요구하는 인재상에 맞는 교육개혁의 필요성에 따라 울산광역시와 같이 시 차원에서 도입하는 사례가 많이 있습니다. 특히 서울시 교육청에서는 이미 2018년부터 5개년 계획으로 과정 중심의 미래형 창의 프로젝트 교육인 '서울 형 메이커 교육' 중장기 발전 계획을 수립하여 추진해 오고 있습니다. 메이커 교육은 최신 디지털 기기활용능력까지 갖추면서 창의적 창작활동을 통해 문제해결을 하는 훨씬 더 발전된 프로젝트 수업으로 볼 수 있는데 결과물을 공유하고 개방하여 소통과 실천을 강조하는 사회적 의미까지 더해지면서 미래 혁신교수법으로 주목받고 있습니다.

따라서 울산광역시에서 올해 프로젝트 수업 활성화 정책을 시행함에 있어서도 기존의 프로젝트 수업을 단순히 적용 확산하는 정책에 그쳐서는 안되며 교육 트렌드의 변화에 따라 교과의 특성이나 학교의 여건을 잘 고려하여 3D-프린터 등 디지털 기기를 활용하는 메이커형 프로젝트 수업, 이론 진도가 부족할 수 있는 교과에 대해 보완할 수 있는 플립러닝형 프로젝트 수업, 가상의 복합적인 문제를 창의적으로 해결할 수 있는 문제기반학습형 프로젝트 수업, 지역 문제에 직접 참여하여 해결하는 지역문제 참여형 프로젝트 수업 등 다양한 유형을 체계화해서 프로젝트 수업을 운영해야 합니다.

특성/유형	지역문제참여형 (L형) Local	MAKER창의활동형 (M형) Maker	협력토론발표형 (C형) Collaboration	지식이론탐구형 (R형) Research
활동 장소	울산내 현장방문활동	MAKER SPACE	학교 내 교실	학교 내 교실
주 적용 교과	사회, 영어, 역사, 윤리	과학, 수학, 기술, 미술	국어, 한문, 법과 사회	수학, 과학, 정보, 컴퓨터
PBL 문제개발	지자체 지원 및 공모	교수자 전문가 협력 개발	교수자 개발 및 전문가 검토	교수자 단독 개발 & 교수자 전문가 협동 개발
정책적 지원	우수 성과 포상 지속적 연계 발굴 지원	MAKER SPACE 확산 및 운영	우수 사례 집 발간 시상 및 개선	교육과정과 연계한 개발지원

Q4. 프로젝트 수업으로 인해 학생들의 집중도 및 참여도 등에 어떤 영향을 미치게 되나요?

A4. 뇌에 대한 연구에서 나타난 논문에 의하면 일방적인 강의를 듣는 시간은 TV를 보는 시간처럼 자신의 능동적인 생각이 크게 없어서 많은 학습자들의 뇌가 멍한 상태라는 점이 밝혀졌습니다. 프로젝트 수업은 실제 상황의 문제를 발견하고 정의한 후 스스로 주제를 설정해 다양한 상호작용을 통한 협동학습활동과 깊이 있는 탐구 과정을 거치며 창의적으로 비구조화된 문제를 해결해 나가는 학습자 중심의 학습법입니다.

따라서 참여도가 낮았던 학생들도 흥미 있는 주제와 협동 학습을 통한 역할분담 등으로 고른 참여를 실현할 수 있는 효과가 있고 정해진 단순한 답을 찾는 활동이 아닌 상호작용을 통해 창의적인 문제해결을 제시하는 과정에서 수업에 대한 집중과 몰입이 극대화 될 수 있는 장점이 있다는 사실은 많은 연구결과들을 통해 알려져 있습니다. 이러한 것이 프로젝트 수업의 특징이라고 할 수 있습니다.

Q5. 프로젝트 수업이 앞으로 성공적으로 자리 잡기 위해 가장 중요하게 생각해야 할 부분은 무엇일까요?

A5. 프로젝트 수업이 성공적으로 자리 잡기 위해서 가장 중요한 것은 세 가지로 볼 수 있는데 첫째는 프로젝트 수업에 대한 바른 이해와 필요성에 대한 공감이고 둘째는 제대로 잘 구성된 프로젝트 수업 설계, 셋째는 강한 실천 의지와 확산을 위한 우수사례공유라고 할 수 있습니다. 먼저 프로젝트 수업은 서로의 부족한 점을 이끌어 주며 학생들 스스로 발전하도록 돕는 학습법입니다.

프로젝트 수업의 장점은 여러 과목을 융합하여 학습할 수 있다는 것과 흥미를 높일 수 있다는 점, 학생들이 직접 참여하여 문제를 해결하는 법을 배운다는 점입니다. 학생들이 무언가 새로운 것을 배우기를 원한다면 한 방식으로 가르쳐서는 안됩니다. 개념을 통한 능동적인 방법, 상호적인 방법, 실무적인 방법 등 다양한 방법으로 가르쳐서 다양한 관점을 볼 수 있는 역량을 키울 수 있는 프로젝트 수업과 같은 학습법이 꼭 필요합니다.

다음으로 사실 제일 어려운 부분이 프로젝트 수업을 잘 설계하는 부분인데 교과와의 연계성이 있는 생활 속의 주제를 다루고 있는지, 단순한 프로젝트 과제가 아닌 비구조화된 형태의 과제로 창의적인 아이디어를 도출해 낼 수 있는 주제인지, 협업과 상호작용을 통해 비판적인 사고를 할 수 있는 활동인지를 잘 고려하여 설계해야 합니다. 프로젝트 수업이 실패하는 가장 큰 비중을 차지하는 이유가 바로 부실한 설계에서 시작되기 때문입니다.

그리고 마지막으로 프로젝트 수업이 잘 설계되기 위해서 전문가의 도움을 받을 수도 있지만 모든 수업에서 다 도움을 받아 설계하기에는 한계가 있고 따라서 좋은 수업 설계를 위한 가장 좋은 대안은 강한 실천 의지로 수업을 직접 경험하고 발견된 문제점을 보완해 나가면서 동시에 우수한 프로젝트 수업의 사례를 공유하고 확산하는 것이라고 볼 수 있습니다.

Q

Q6. 프로젝트 수업이 장점도 많지만, 아직까진 시험적으로 운영되는 부분이 많아서 주의할 점도 있을 것 같거든요. 어떤 점이 있을까요?

A

A6. 제일 중요한 포인트가 프로젝트 수업에 대한 부정적인 선입견을 바로잡는 것입니다. 선진국에서 프로젝트 수업을 도입하고 효과가 크다고 해도 왠지 믿음이 가지 않는 이유는 과거 혁신적이지 않던 일반 프로젝트 활동수업에서 경험했던 무임승차하는 학습자 문제,

리더십의 부재로 인한 졸속적인 마무리, 활동 내내 교사의 적절한 지도 없이 방치된 학생에 대한 중압감, 활동수업으로 인해 이론 학습이 부실했던 경험 등의 부정적인 기억들 때문입니다. 프로젝트 수업의 바른 운영을 위해서는 교과와 연계된 흥미있는 주제 선정, 과제 수행 시 고른 역할 분담, 창의적인 문제해결을 할 수 있는 비구조화된 문제 제시, 공정한 평가를 위해 루브릭 기반의 교수자 학습자가 모두 참여하는 평가체계, 수업의 개선을 위한 성찰과 설문결과 반영 등을 고려하여 수업을 잘 설계해야 합니다.

미국 스탠포드 대학교의 수학, 과학 과목 프로젝트 수업 사례연구와 국내의 프로젝트 수업 적용 연구 등 수많은 연구결과들은 제대로 설계된 프로젝트 수업의 효과성에 대해 잘 보여주고 있는 근거로 볼 수 있습니다.

Q

Q7. 해외에선 이미 프로젝트 수업을 활발하게 운영하고 있는 것으로 아는데요. 그런 사례들을 참고했을 때 우리의 프로젝트 수업이 앞으로 나아갈 방향은 무엇일까요?

A

A7. 잘 정착하여 효과적으로 운영되고 있는 수많은 해외 프로젝트 수업 사례와 같이 우리나라에서도 이러한 프로젝트 수업이 잘 자리 잡기 위해서는 먼저 프로젝트 수업에 대한 필요성 인식과 함께 이러한 수업이 가능할 수 있도록 입시에 대한 정책 변화가 뒷받침 되어야 할 것입니다. 미래 교육을 위한 IT관련 교육 인프라가 세계 어느 나라보다도 잘 갖추어져 있는 최고의 여건에도 불구하고 그것을 제대로 활용하지 못하는 우리나라의 안타까운 현 교육 운영체제에서 우리는 우리나라가 짧은 기간 급성장해올 수 있었던 동력인 중요한 교육 분야에서 앞으로 나아가야 할 교육의 방향에 대해서 교육정책관련자, 교육 연구자, 교사, 학생, 학부모 모두가 미래에 진짜 필요한 교육은 어떤 것인지를 진지하게 고민해봐야 할 중요한 시점이라고 생각합니다.

2. 혁신교수법 Flipped Learning

Flipped Learning

Flipped Learning은 말 그대로 거꾸로 학습이라는 의미로 온라인을 통해 사전 학습 을 한 뒤 오프라인 수업에서는 교수자와 학습자가 함께 발표 및 토론 등의 내용으로 수업을 진행하는 역 진행 수업 방식입니다.

Flipped Learning의 시작은 2007년 미국 콜로라도주의 우드랜드파크 고등학교의 화학 교사인 존 버그만과 아론샘즈가 처음으로 창시하였습니다. 작은 시골에 있는 우드랜드파크 고등학교는 학생들의 집과 학교의 거리도 멀고 학생들이 여러 가지 마을의 행사들로 수업에 늦게 오는 일이 잦았습니다. 그래서 그러한 학생들을 위해 수업의 이론 내용을 영상으로 미리 제작하여 사전에 제공하게 되었고 본 수업에서는 좀 더 의미 있는 심화 과제 해결 및 발표 토론 등으로 수업을 진행하였더니 학업성취도에서 큰 효과를 얻게 됩니다. 따라서 이러한 효과적 수업의 형태를 널리 알리기 시작한 것이 Flipped Learning의 유래라고 할 수 있습니다.

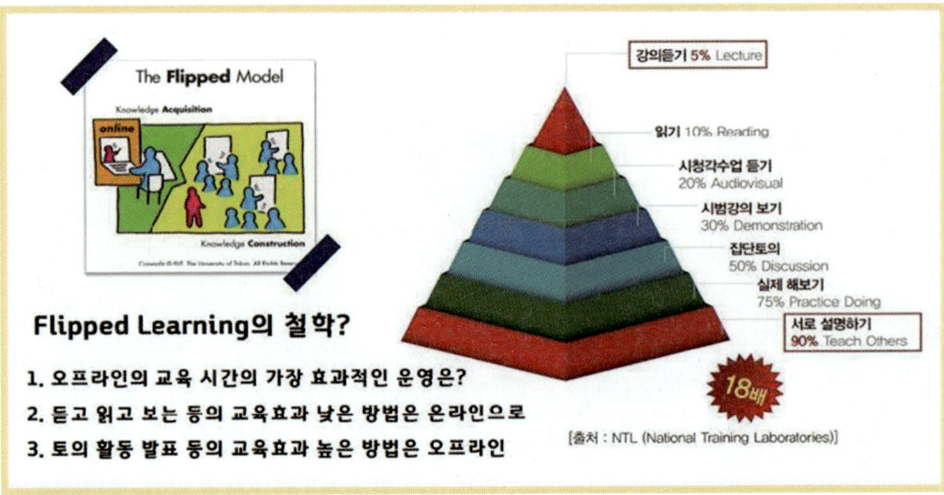

Flipped Learning의 철학

Flipped Learning의 철학은 오프라인 수업시간을 가장 효과적으로 운영 하자는 데 있습니다. 교육의 효과성에 대한 연구결과를 보면 강의 듣기와 읽기 시청각수업듣기 등의 기존수업에서 오프라인 시간에 주로 하던 형태는 효과성이 낮은 반면에 서로 설명하기 실제로 해보기 집단 토의 등의 방법은 교육적 효과가 최대 18배까지 높게 나타난다는 것을 알 수 있습니다. 따라서 교육효과가 비교적 낮은 듣고 읽고 보는 것은 사전 온라인 학습으로 보내고 교육효과가 높은 토의 활동 발표 등을 오프라인에서 하여 효율적으로 수업을 진행하자는 것이 Flipped Learning의 철학이라고 할 수 있습니다.

Flipped Learning의 오해

Flipped learning 수업을 보통 블랜디드러닝과 자주 혼동하기도 합니다. 블랜디드러닝은 온 오프라인 수업이 단순히 결합된 수업으로 두 가지 형태의 수업 내용에 대한 연관성이 없어도 무관하지만 Flipped Learning은 온라인 사전 학습 후 사전 학습한 내용을 기반으로 한 훨씬 심화된 내용이나 과제를 상호작용 중심의 협업교육으로 진행하는 부분을 충족해야만 한다는 차이점이 있습니다.

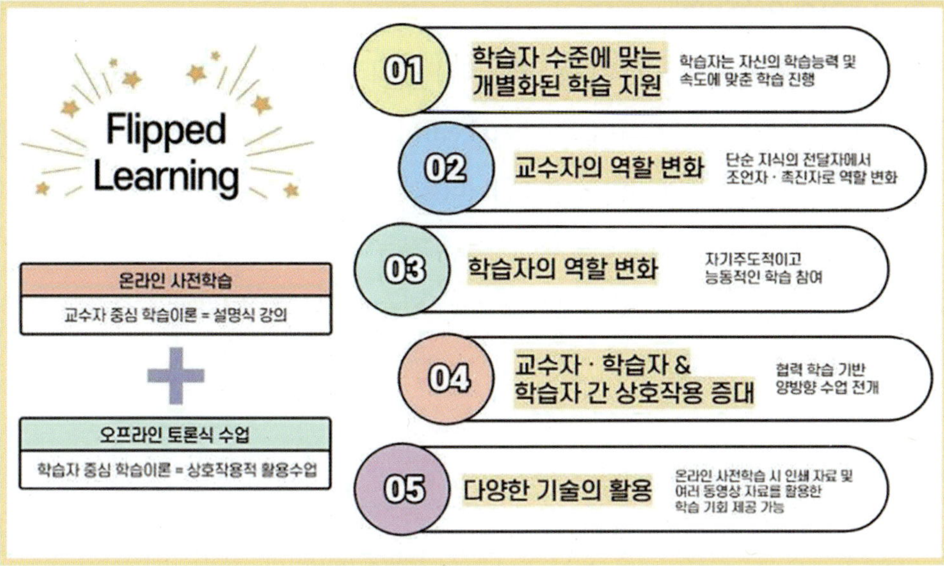

Flipped Learning의 특징

Flipped Learning의 특징을 살펴보면 다음과 같습니다.

1. 학습자 수준에 맞는 개별화된 학습의 지원

기존 전통적인 강의식 수업에서는 한 명의 교수자가 몇 십 명의 학생들에게 '동일한' 수업 목표와 내용을 '똑같은' 수업 방법과 속도로 획일적이고 가르치고, 지식전달에만 초점이 맞춰져 있어 학생들의 개별화된 학습을 지원하는데 문제가 발생되었고 이러한 이유로 기존 강의식 수업에서 학습자는 개인별로 학습 속도를 조절하는 기회가 차단되었습니다.

반면, Flipped Learning에서 학습자는 교실 밖에서 사전 지식을 습득할 때에 테크놀리지를 활용하여 자신의 학습능력과 속도에 맞게 학습할 수 있고, 교실 안에서도 자신의 이해도, 학습능력과 속도에 맞추어 스스로 과제를 해결할 수 있습니다. 이때 교수자는 순회하면서 학습자를 개별적으로 지도합니다.

Flipped Learning과정에서는 학습자들의 학습 자율권이 보장되고 학습자들이 자신만의 학습 속도에 따라 학습을 수행하도록 촉진됩니다.

2. 교수자의 역할 변화

교수자의 역할은 지식을 전수하는 전달자가 아니라 학생들의 학습에 도움을 주는 조언자나 촉진자가 됩니다. 특히, Flipped Learning에서는 교과 내용과 수업 설계의 전문성을 보유한 교수자의 역할이 강조됩니다.

성공적인 Flipped Learning을 위해서 교수자는 심층적인 학습을 촉진하는 사전 학습 활동과 교실 수업 활동을 설계하고, 사전 학습과 교실 수업의 연계 전략이 사용할 수 있어야 하기 때문입니다.

3. 학습자의 역할 변화

이에 따라 수업의 주체로 학습자가 강조됩니다. 전통적인 강의식 수업의 수동적인 학습자와는 달리 Flipped Learning에서의 학습자는 교실 안팎에서 자기 주도적이고 능동적으로 학습에 참여합니다.

학습자는 교실 밖에서 제공되는 테크놀리지 기반의 온라인 컨텐츠를 스스로 학습하고, 교실 안에서는 학습자 중심의 다양한 학습 활동과 심화 학습을 수행합니다. Flipped Learning의 과정에서는 학습자의 능동성, 주도성과 책임감이 강조되며, 학습자에게는 전체 학습 과정을 스스로 통제하는 능력이 필요합니다.

4. 교수자와 학습자, 학습자 간 상호작용이 강조

전통적인 수업에서 교수자와 학습자, 학습자 간의 상호작용이 제한적이었다면, Flipped Learning에서는 활발한 상호작용이 이루어집니다. 기존의 강의식 수업이 교실 밖으로 이동한 결과, 교실 안 수업시간에서 협력 학습 기반 학습자 중심의 활동이 활발하게 이루어지는 환경을 조성할 수 있기 때문입니다.

따라서 협력 학습 기반 학습자 중심 활동을 교수자가 제대로 설계하여 실행하면 교수자와 학습자 간 상호작용뿐만 아니라 학습자 간 상호작용 또한 증진됩니다. 또한, 교수·학습 전달 방향이 변화하고 있는데 전통적 강의식 수업이 한 방향으로 전달되었다면 Flipped Learning에서 교수·학습은 양방향으로 이루어집니다.

Session2

5. 다양한 기술의 활용

교실 밖에서 제공되는 선수 지식은 학습과 관련된 기술과 매체를 통해 제공됩니다. 교실 밖에서 사용되는 매체는 인쇄 자료뿐만 아니라 온라인 학습을 위한 교수 동영상, 기존의 웹 사이트에 존재하는 다양한 강의 동영상을 활용할 수 있습니다.

이처럼 기존의 강의 진행방식과 Flipped Learning을 비교해보면 학습의 주체, 학습이 진행되는 절차, 운영방법, 교수자의 역할, 학습자의 역할, 교수자-학습자 또는 학습자 간 상호작용, 교수·학습 전달 방향, 수업방식과 내용 등에서 차이가 있음을 볼 수 있습니다.

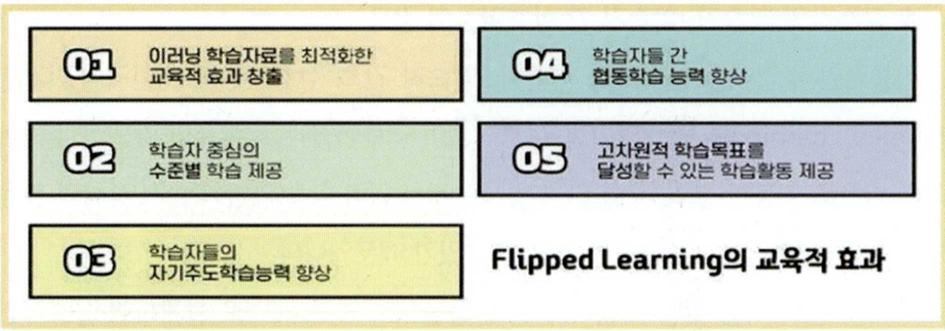

Flipped Learning의 교육적 효과

Flipped Learning의 교육적 효과를 살펴보면 다음과 같습니다.

1. 이러닝 학습자료를 최적화하여 활용함으로써 교육적 효과를 가져올 수 있습니다.

- 이러닝의 장점은 언제 어디서나 학습을 진행할 수 있는 장점이 가장 큰 특징이며 Flipped Learning에서 사전/사후로 제공되는 이러닝자료는 본 수업을 지원하는 최고의 수업 자료로 볼 수 있습니다.
- 이론과 실습으로 구성된 수업의 경우 실습 후에도 반복적으로 이론 동영상 강의를 수강할 경우 반복학습을 활용으로 인해 지식의 체계화에 도움이 됩니다.
- 밀레니엄 세대의 특징 중 하나인 정보화 기기의 손쉬운 사용은 이러닝 자료의 활용도가 더욱 높아질 것으로 기대됩니다.
- OER(Open Education Resource), MOOC 등의 자료를 활용하면 교수자가 직접 제작하지 않아도 양질의 사전 학습용 이러닝 자료를 대체할 수 있어 유튜브, TED 등의 강좌도 활용 가능합니다.
- 이러닝 교육자료 활용만이 아니라 이러닝을 탑재하고 있는 학사관리시스템(LMS)의 지원을 받을 수 있습니다. 공지사항, 자료실, Q&A 등의 시스템을 활용하여 학습자와의 상호작용으로 학습자에게 다양한 지원이 가능합니다.

2. 학습자 중심의 수준별 학습을 제공할 수 있습니다.

- 학습 전/후 제공되는 이러닝 자료를 통해 다양한 수준의 학습자료를 제공할 수 있을 뿐만 아니라, 강의실 내 활동에서 교수자의 강의식 설명이 배제되어 있기 때문에 많은 시간을 할애하여 학습자의 수준에 맞게 퀴즈나 토론 그리고 팀 활동 등을 수행할 수 있습니다.
- 교실 내 활동에서 팀 수준에 맞게 팀 과제를 부여한다거나, 개인 수준에 맞게 난이도 별로 다양한 문제풀이를 제공하여, 수준별 학습 활용이 가능합니다.

Session2

3. 학습자들의 자기주도학습능력을 향상시킵니다.

- 이러닝 수강 및 강의실 활동 위주 수업 방식은 학습자 중심의 수업 방식이므로 자연스럽게 학습자의 자기주도성이 향상되는데, 이때 교수자는 학습자가 수행해야 할 책무의 범위를 규명해 주고, 목표를 성취할 수 있도록 조력자의 역할을 수행해야 합니다.
- 특히 본 수업에서는 학습자들이 다양한 학습 활동에 능동적으로 참여하고, 타 학습자들과 상호작용을 수행하면서 학습 주체의 역할을 수행하게 됩니다.
- 실제 학교와 교실에서 실험을 통해 보여준 프로그램에서 학습자들은 학습의욕이 자극되어 왕성한 활동력을 보여주었고 기대치를 넘는 변화를 보여주었습니다.
- 이러닝 수강 시 개인이 학습 속도에 맞추어 학습을 수행하기 때문에 학습속도에서도 개인이 자기 조절이 가능합니다.
- 학습자들이 토론, 문답, 문제 풀이 등의 학습 활동에 참여하면서 자신이 모르는 것을 스스로 인지하게 되는 등 다양한 메타인지를 향상시켜 자기주도력을 향상시킬 수 있습니다.

4. 학습자들의 협동학습 능력이 향상됩니다.

- Flipped Learning은 학습자 개별학습 후 강의실에서 팀 협동 학습을 진행하는 것이 보편적입니다. 타인과의 협업을 통해 학습하는 협동 학습 역량은 학습자가 가져야 할 핵심역량 중 하나이다. 협동 학습 참여가 많을수록 협동 학습능력은 향상됩니다.
- 기존 수업방식과 달리 협업과 학습자 참여가 많아지게 되므로 지식전달위주가 아닌 소통 중심의 학습으로 소통을 지향하는 학습 문화 형성에도 이바지할 수 있습니다.

5. 고차원적인 학습목표를 달성할 수 있는 학습활동을 제공합니다.

- 블룸의 지식의 체계의 분류에서는 지식, 이해, 적용, 분석, 종합, 평가의 단계를 거쳐 지식의 체계와 난이도가 상승하는 것으로 보고했습니다. 이전 수업방식의 경우 지식, 이해, 적용의 하위 차원의 강의 내용으로 강의의 비중이 높고, 분석, 종합, 평가의 경우 시간 제약으로 인해 다루는 비중이 작거나 사후 과제로 대체하는 경우를 볼 수 있습니다.
- Flipped Learning의 경우 사전학습으로 저 차원의 학습 활동을 수행하고, 고차원의 학습 활동을 강의실 내에서 수행하기 때문에 강의실 내 수업의 질 개선과 함께 고차원의 학습 내용 접근이 가능합니다. 또한, 사후 과제의 경우보다 더 창의적인 과제를 요구하더라도 고차원 학습을 경험한 학습자들의 과제 성공률이 높을 것입니다.

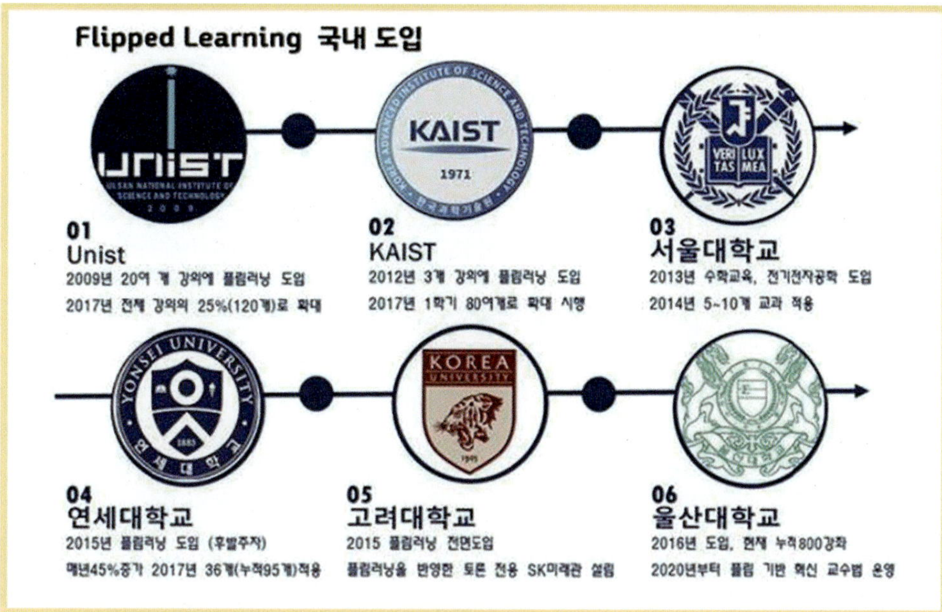

Flipped Learning의 국내 도입 현황

Flipped Learning의 국내 도입은 2009년 UNIST에서 처음으로 20개 강좌에 Flipped Learning 수업을 적용하였고 그 이후 2012년에는 KAIST에서 3개 강의에 도입하였으며 2014년에는 서울대학교에서 수학교육과와 산업공학과의 2개 강좌에 시범으로 도입하며 본격적으로 전국적으로 확산되기 시작하였습니다.

2015년에는 연세대가 Flipped learning을 도입하였고 도입 이후 빠르게 확대 되기 시작했으며 같은 해 2015년 고려대에서도 토론 전용관 설립을 발표하며 Flipped Learning을 도입하였습니다. 본 저자가 연구하고 있는 울산대학교도 그보다 조금 늦었지만 다음 해인 2016년에 8강좌를 시범 운영하며 Flipped Learning을 처음으로 적용하게 되었고 매년 꾸준하게 적용 강좌 수가 증가하고 있습니다.

이렇듯 Flipped Learning 수업은 많은 대학에서 PBL과 함께 미래 혁신교수법으로 주목받으며 대표적인 혁신적 교수법으로 빠르게 확산되고 있습니다.

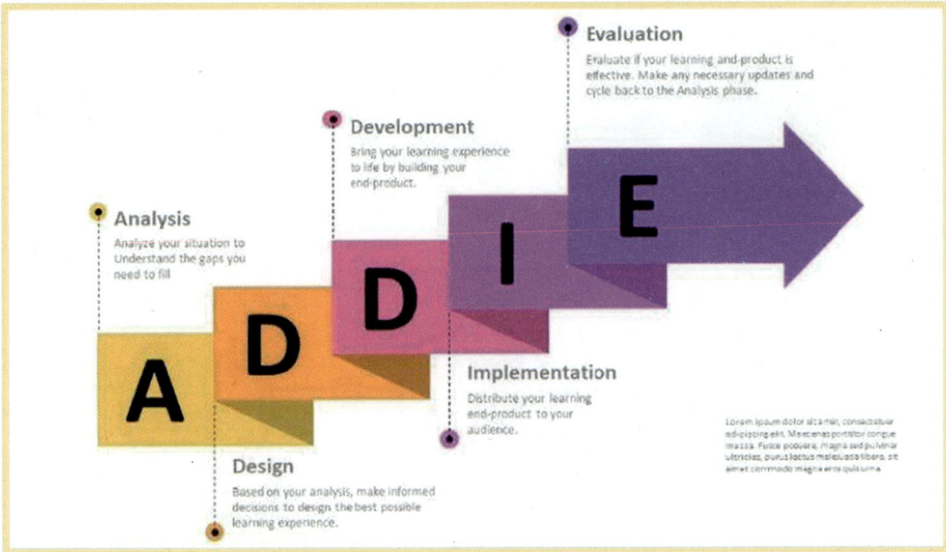

Flipped Learning 수업 모형(ADDIE)

Flipped Learning의 수업 모형으로는 ADDIE모형을 가장 많이 사용합니다. A는 분석(Analysis)을 의미하며 요구 분석, 학습자 분석, 환경 분석 등을 하는 단계입니다. D는 설계(Design)를 의미하며 강의계획서와 수업지도안 등을 설계하는 단계입니다. 두 번째 D는 개발(Development)을 의미하며 사전 학습용 영상 개발, 수업자료 및 평가자료 개발 등이 이 단계에 해당합니다. I는 실행(Implementation)을 의미하며 수업을 운영하는 단계입니다. 마지막으로 E는 평가(Evaluation)를 의미하며 수업 과정 평가를 통해 질적 관리를 하는 단계입니다.

이 모형 이외에도 ASSUR모형, Dick & Carey모형 등 많이 알려진 모형들이 많이 있으며 이 중에서 교과목의 특성에 잘 맞는 적합한 모형을 선택하여 활용하기도 하지만 최근 여러 대학이나 기관에서는 학습자의 수준과 환경 그리고 여러 가지 특성을 고려하여 자체적으로 자신에게 맞는 맞춤식 Flipped Learning 모형을 직접 개발하여 더 효과적으로 적용하는 사례가 많이 있습니다.

중앙경찰학교 Flipped Learning 수업모형

Flipped Learning 수업 모형(POLICE)

본 저자가 직접 수업 모형을 설계한 사례를 소개하겠습니다. 우리나라의 간부가 아닌 모든 경찰 공무원들은 경찰로 임용되기 전에 중앙경찰학교에서 총910시간의 교육을 이수해야만 합니다. 따라서 중앙경찰학교에서는 경찰 임무를 수행하는데 필요한 다양한 교육들을 짜여져 있는 프로그램에 따라서 학습 및 실습을 하도록 커리큘럼이 짜여져 있습니다. 그런데 문제는 실제로 여기서 교육받은 경찰요원들이 각 소속 경찰서나 지구대에 배치된 후에 실제 현장에 투입되었을 때 중앙경찰학교에서 배우지 않았던 새로운 복합적인 사건에 대해서는 효과적으로 대처하기가 힘든 경우가 많이 있다는 점입니다. 따라서 본 저자는 중앙경찰학교의 요청에 의해 기존의 교수 요원에 의한 일방적으로 지식전달형과 단순실습형으로 적용했던 수업의 형태를 자기 주도적이고 복합적인 상황대처 능력을 강화하기에 더 적합한 Flipped Learning으로 전환하기 위해 Flipped Learning 수업에 대한 특강 및 수업 모형을 개발하게 되었습니다. 현장 경험과 다양한 상황대처 능력이 월등하게 뛰어난 교수요원들은 이론 강의보다는 현장에서의 노하우를 다양한 상황의 실습을 통해 전달하는 것이 더 효과적일 것입니다.

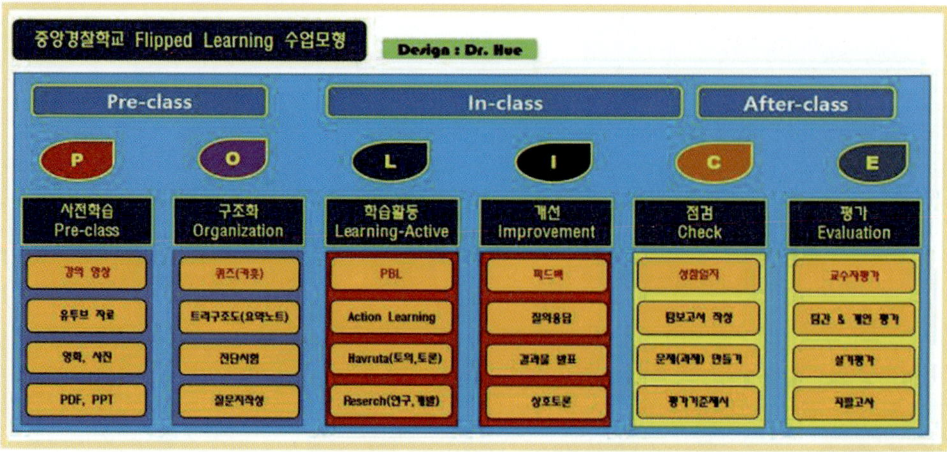

위 그림은 중앙경찰학교의 교육 상황에 맞게 설계한 POLICE모형입니다. 먼저 경찰에 대한 기본 역량 교육은 서로 능력을 경쟁하는 것이 아닌 모두가 목표를 달성해야 하는 형태의 교육이어야 합니다. 그리고 혼자 사건을 해결할 수 없는 경우가 많기에 상호작용을 통한 협업형이어야 하며 실제 사건들은 다양한 여러 사건들이 복합적으로 결합되어 발생할 수 있기 때문에 복합적 문제해결력을 강화하는 교육이어야 합니다. 그리고 모든 경찰들은 자신만의 차별화된 전문 분야가 따로 있기 때문에 표준화 교육이 아닌 개별 교육과 함께 차별화된 평가 체계에 대한 개발이 필요합니다. 이러한 부분들을 반영하여 6단계의 키워드로 구성된 모델이 POLICE모형입니다.

P는 사전 학습(Pre-Class)를 의미하고 O는 구조화(Organization)을 의미합니다. 즉 사전 영상 학습을 한 후에 그 내용들에 대해서 구조화 해서 정리하고 숙지하는 단계로 볼 수 있습니다. 다음으로 L은 학습활동(Learning-Active)을 의미하고 I는 개선(Improvement)을 뜻합니다. 즉 다양한 복합적 문제해결 중심의 본 학습활동을 하고 난 후 보완점에 대해서 개선을 하는 단계로 볼 수 있습니다. 그리고 C는 점검(Check)를 의미하고 E는 평가(Evaluation)을 뜻하는데 앞 단계에서의 개선이 잘 이루어졌는지를 점검하고 결과를 평가하는 단계입니다.

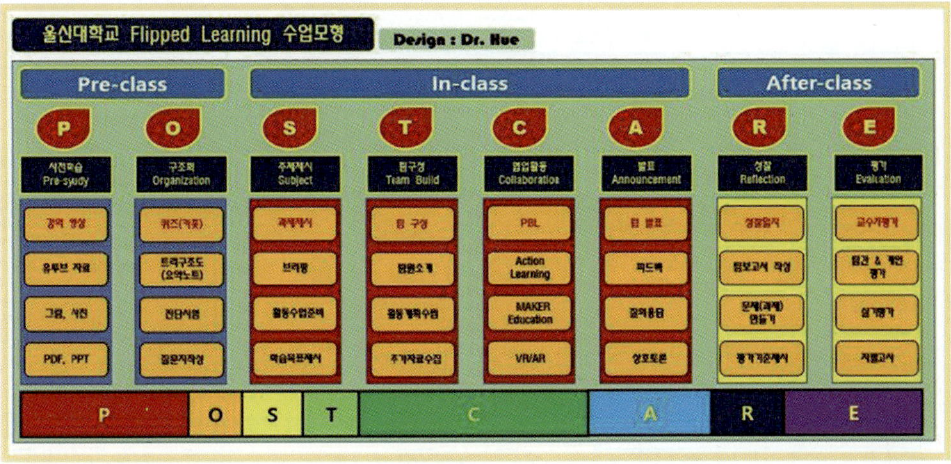

울산대학교 Flipped Learning 모형(POSTCARE)

본 저자는 울산대학교에 맞는 수업 모형인 POSTCARE을 직접 개발하여 2020년부터 본격적으로 적용 및 운영해오고 있습니다. POSTCARE모형의 가장 특징적인 부분은 Flipped Learning이라는 수업의 틀 안에서 본 활동 수업을 교과목의 특성에 적합한 형태로 나누어 PBL의 P형, Action Learning의 A형, MAKER Education의 M형, VR/AR 활용의 V형 이렇게 4가지 유형으로 운영한다는 점입니다.

먼저 사전학습단계는 P(사전 학습)단계와 사전 학습을 확인하고 구조화 하는 O(구조화) 이렇게 2단계로 구분하고 본 수업에서는 S(주제 제시)단계에서 과제를 제시하고 T(팀 구성)단계에서 활동을 위한 팀을 구성하며 C(협업 활동)단계에서 수업의 특성에 맞는 4가지 교수법으로 협업 활동을 하고 마지막 A(발표)단계에서는 결과물에 대한 발표 및 피드백을 통한 공유를 진행합니다. 사후 학습 단계는 R(성찰)단계와 E(평가)단계로 구분되는데 성찰단계에서는 성찰일지 작성 및 보고서 작성 등이 이루어지고 평가 단계에서는 지필고사 이외에도 학습자와 교수자가 모두 참여하는 활동과 활동결과물에 대한 평가도 같이 이루어집니다.

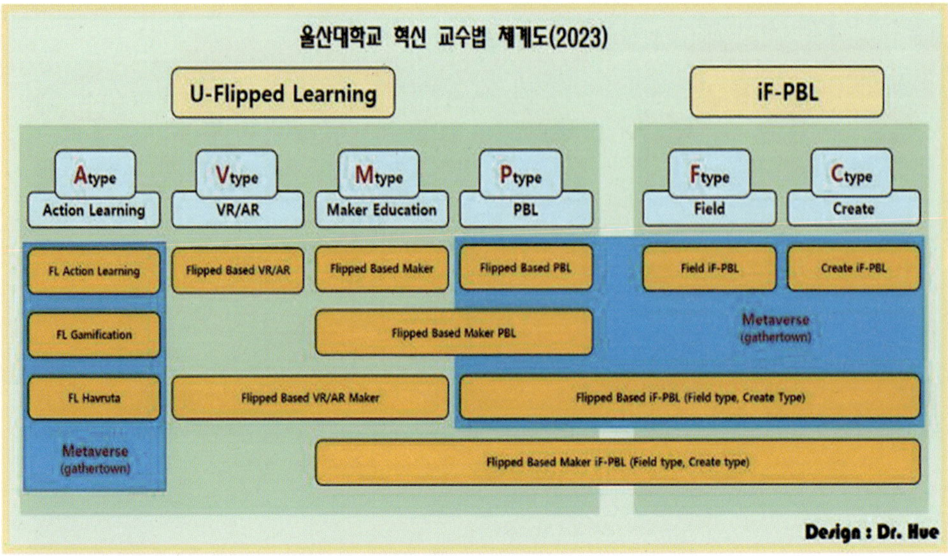

울산대학교 혁신교수법 체계도

울산대학교 혁신교수법은 Flipped Learning과 iF-PBL 두 가지로 구분하여 운영하고 있습니다. 먼저 Flipped Learning은 2020년부터 활동 수업의 유형에 따라 Action learnin의 A형, Maker Education의 M형, 그리고 PBL의 P형으로 나누어 운영하였고 2021년 VR/AR활용의 V형을 추가하여 총 4가지 유형으로 운영하고 있습니다. 그러다가 2022년부터는 코로나로 인해 온라인 혁신교수법의 원활한 상호작용을 위해 메타버스 게더타운 플랫폼을 1회 이상 필수적용하도록 규정하여 운영하고 있습니다. iF-PBL은 PBL과제의 유형에 따라 실제 기업의 문제로 팀 활동 수업을 진행하는 Field형과 가상의 창의 PBL 과제를 제시하는 Create형으로 나누어 운영을 지원하고 있습니다. iF-PBL 역시 메타버스 게더타운 플랫폼을 적극 활용하여 온라인 상호작용을 통한 팀 협업 활동을 적극 권장하고 있습니다.

또한 유형별 팀 활동 지원을 위해 혁신교수법만을 지원하기 위한 용도로 VR 장비(Oculus Quest2)와 3D-프린터를 구축하고 요청 시 장비 사용 교육과 함께 활용을 지원하고 있습니다.

위 사진은 울산대학교 Flipped Learning 전용 강의실입니다. 팀 활동을 원활하게 할 수 있도록 테이블 구조로 되어 있으며 각 테이블마다 컴퓨터와 큰 화면 그리고 벽에 보드판을 제공하고 있고 유형에 따른 지원으로 V형을 위한 오큘러스 퀘스트2 장비와 M형을 위한 3D프린터 장비도 구축하여 필요시 지원하고 있습니다.

위 사진은 울산대학교 MAKER SPACE인 material library로 Flipped Learning M형 수업에서 3D프린터 이외에 3D스캐너나 레이저 조각기 등의 장비가 필요 시 정밀한 작업을 위해 장소를 예약한 후 사용할 수 있게 병행 지원하고 있습니다.

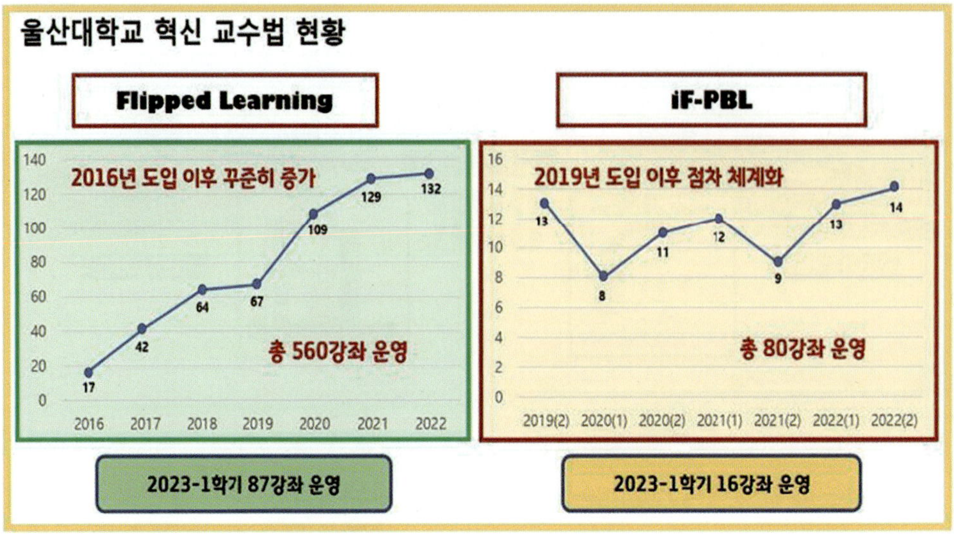

울산대학교 혁신교수법 현황

울산대학교는 2016년 Flipped Learning을 처음 시범 도입하여 지금까지 누적 650여 강좌를 운영하였고 산학협력에 강점이 있는 울산대학교의 특성을 반영한 울산대형 iF-PBL을 2019년 2학기 시범 도입하여 현재까지 누적 100여 강좌를 운영해 오고 있습니다.

Flipped Learning 교수법은 위 현황에서 알 수 있듯이 매년 꾸준하게 강좌 수가 증가하고 있으며 지속적인 운영을 위해 개발비 지원을 1회성에 그치지 않고 재 개발비를 지원하는 등 혁신교수법으로 정착할 수 있도록 꾸준하게 지원해 오고 있습니다.

iF-PBL은 개발비 이외에도 학습자들을 위한 PBL 활동비가 추가로 지원되기 때문에 교육위원회의 심의를 거쳐 엄선하여 지원하고 있어 위 현황과 같이 강좌 수는 10여 강좌를 유지하고 있습니다. 이 교수법은 양적인 성장보다는 실제 기업의 문제를 다루는 Field 형이 증가하는 등 질적으로 많은 성장을 가져오면서 매 학기 창의적이고 우수한 사례들로 발전하며 울산대학교의 대표적 혁신교수법으로 잘 정착하고 있습니다.

3. 혁신교수법 MAKER Education

MAKER 등장 배경

디지털 제조기술의 발달로 3D 프린터 대중화!
소품종 대량생산에서 다품종 소량생산으로~

4차 산업혁명 수단 "메이커" 강조!
스티븐 잡스와 같은 창의적 인재필요

MAKER의 시작

현대 시대에는 많은 직업들이 있고 다양한 분야에서 발명가가 아니더라도 직업과 무관하게 자신에게 필요한 무언가를 발견하고 만들어 내는 사람들이 많이 있습니다. 이렇듯 MAKER란 창의력과 상상력을 바탕으로 한 아이디어로 기존에 없던 생활에 필요한 새로운 물건을 구상하고 설계하여 만들어내거나 창조하는 사람을 말합니다.

MAKER가 주목받기 시작한 것은 디지털 제조기술이 발달하면서 기존에는 고가의 제품이었던 3D프린터가 이제는 10만원대의 제품이 있을 정도로 가격이 저렴해졌고 또 공공기관 등 많은 곳에 누구나 사용할 수 있도록 3D프린터가 많이 비치됨으로써 이제는 손쉽게 3D프린터를 사용할 수 있는 대중화가 이루어지기 시작했기 때문입니다. 그리고 다양한 사람들의 개성과 기호를 반영한 제품을 생산하기 위해 소 품종 대량생산에서 다품종 소량생산체제로 산업의 구조가 바뀌기 시작한 것도 또 하나의 이유라고 할 수 있습니다. 그러면서 4차 산업혁명의 수단으로 불리는 'MAKER'가 강조되기 시작했고 혁신의 아이콘인 스티븐 잡스와 같은 창의적 인재의 필요성이 중요해지면서 MAKER 운동으로 이어지게 됩니다.

MIT Media Lab

MAKER운동

MAKER 운동은 누구나 새로운 아이디어로 새로운 물건을 창조하고 사회와 문화적 기반에서 융합의 가치를 실현하는 의미를 갖는 것으로 많은 장점과 함께 주목받으며 확산되기 시작했습니다.

메이커 운동이 처음 시작된 곳은 2001년 미국 메사추세츠공과대학교(MIT)의 디지털 테크놀러지를 이용한 표현과 커뮤니케이션의 교육과 미래를 연구하기 위해 설립한 미디어랩(Media Lab)에서 학생들이 좋은 아이디어만 있다면 언제든지 직접 제작해 볼 수 있도록 다양한 장비와 함께 제공한 제작 공작소 '팹랩'이라고 볼 수 있습니다.

그 이후에도 꾸준하게 창의적인 제작에 대한 높은 관심과 지원이 이어져오다 국가의 정책 차원에서 강력하게 확산하게 된 계기는 미국은 2014년 6월 18일 오바마 대통령이 '전국 MAKER의 날' 선포 이후 큰 유행이 되었고 중국은 2012년 리커창 총리가 '창객 교육'이라 불리는 MAKER 교육의 창의성이 중국경제의 지속적 생산 엔진이 될 것이라며 강조했으며 독일도 2012년 '메이크 라이트'라 불리는 연방교육연구부 하이테크전략 지원정책을 발표하며 MAKER Education의 적극적인 지원을 시작하고 난 이후부터라고 할 수 있습니다.

MAKER Education 의 오해

MAKER Education에 대한 오해로 MAKER는 '물건을 잘 만드는 기술'이라고 생각하기 쉽습니다. 그러나 MAKER의 본질은 잘 만드는 기술이 아니라 창의적인 아이디어나 설계에 있습니다. 우리는 보통 지인들의 옷이나 신발을 보면서 흔히 "어디 MAKER야?"라는 말을 많이 합니다. 이 질문의 의미는 그 옷이나 신발을 누구 손으로 만들었어?라는 뜻이 아니라 제품을 디자인하고 만들어낸 회사를 MAKER로 지칭하는 것입니다. 스페인에 있는 최고의 건축물로 불리는 사그라다 파밀리아 성당 역시 아직도 여러 사람들의 손으로 건설 중에 있지만 우리는 이 건축물을 설계한 안토니오 가우디가 만들었다고 말합니다. 이렇게 MAKER는 얼마나 디테일하게 잘 만들었느냐에 초점을 두는 것이 아니라 창의적이고 기발한 아이디어가 얼마나 잘 표현 되었는가를 중심으로 그 가치를 평가하는 것이라고 할 수 있습니다.

본 저자도 MAKER Education 교수법 세미나 강연을 자주 하는데 세미나 강연 후에 바로 MAKER 실습 프로그램을 따로 섭외하여 연계 운영하기도 합니다. 그런데 위에서 언급한 MAKER에 대한 오해로 실습프로그램을 창의적 아이디어개발 중심의 활동이 아닌 정해진 과정을 통해 기술적으로 잘 만드는 활동의 프로그램을 섭외하여 MAKER의 목적에 맞지않는 실습 활동을 하는 웃지못할 상황을 겪기도 하였습니다.

MAKER SPACE

MAKER SPACE는 디지털 기술 기반 제조기기들을 개방하여 누구나 자유롭게 창작, 구상, 개조 등의 작업이나 MAKER교육이 가능하게 구상된 공간을 의미합니다. 그리고 MAKER SPACE의 기능은 크게 세가지로 볼 수 있는데 첫째는 창작 활동을 위한 공간 제공이고 둘째는 MAKER교육 및 강습을 위한 공간 활용이며 셋째는 제조업의 지원 공간으로서의 기능을 하고 있다고 볼 수 있습니다.

MAKER SPACE에는 3D-프린터를 포함하여 레이저 조각기, 진공 성형기, 3D스캐너 등의 최신 장비들과 함께 일반 공구들도 비치되어 있어 다양한 창작활동들을 지원해 주고 있습니다.

MAKER SPACE는 도서관 같은 관공서에 많이 구축하고 있으며 대학들도 학생들의 창의적인 창작 활동 및 교육을 지원하기 위해 고유이름을 가진 MAKER SPACE를 운영하고 있습니다. 대표적인 예가 연세대의 'Y-valley', 건국대의 '스마트팩토리', 서울대의 '아이디어팩토리', 고려대의 'X-Garage' 등이 있으며 울산대에서도 2020년 'material library'라는 이름의 MAKER SPCAE를 개소하여 Maker Education 수업 등의 교육과 함께 여러 창작 활동을 지원하고 있습니다.

참고 : 서울특별시교육청 교육혁신과 '메이커 교육 중장기('18~'22) 발전 계획'

국내외 MAKER교육 지원현황

많은 국가들이 4차 산업혁명 시대를 맞아 정책적으로 MAKER교육을 적극적으로 지원하고 있습니다. 위 그림은 서울특별시 교육청 교육혁신과의 '메이커 교육 중장기 발전계획'에 대한 세계 여러 나라의 정책 내용입니다.

간단하게 살펴보면 미국은 메이커 국가를 목표로 공공 민간협력을 강조하며 제조업 재조명 및 DIY문화 부활을 강조하고 있고 유럽은 분야별 지역별 특화된 인프라를 바탕으로 산업과 경제 혁신 으로 문화 부활을 꿈꾸고 있으며 중국은 세계 최대규모의 글로벌 제조 인프라를 구축하여 차세대 혁신 인재인 '창객'을 육성하는 교육을 추진하고 있습니다. 또한 일본도 세대를 아우르는 메이커 운동으로 지역 커뮤니티 기반의 메이커 교육으로 현지 기업과 협력하여 지역 특화형 제품 개발을 위한 발전 계획을 가지고 있습니다.

우리나라 정책도 크게 민관 주도형과 민관 매칭형으로 구분하였고 민관 주도형은 디지털 환경 구축을 통한 다양한 형태의 메이커교육을 실시하고 민관 매칭형은 메이커 확산 및 창업지원을 위한 공공 민관 협력을 추진하고 있습니다.

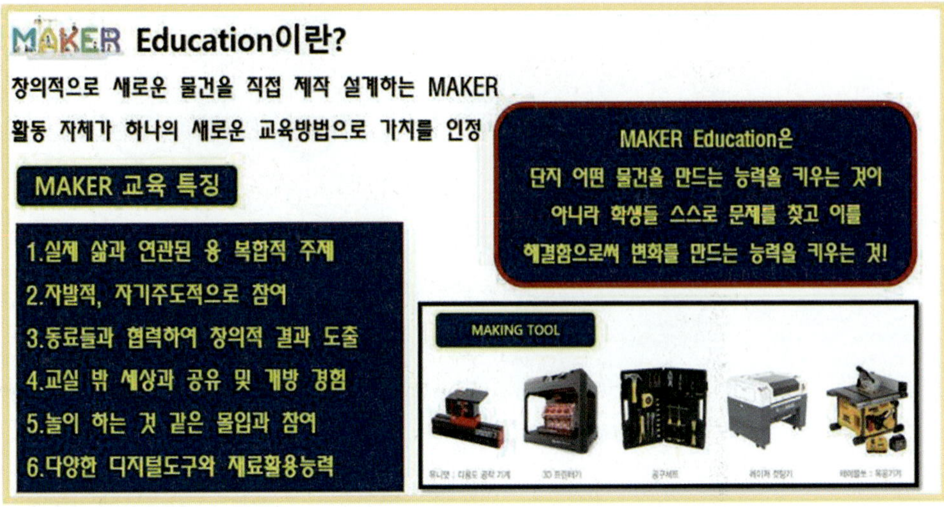

MAKER Education

MAKER Education은 창의적으로 새로운 물건을 직접 제작하고 설계하는 MAKER활동 자체가 하나의 새로운 교육방법으로 가치를 인정받으면서 혁신교수법의 한 유형으로 발전하게 되었습니다.

MAKER Education은 실제 삶과 연관된 융 복합적 주제로 자기주도적으로 참여하여 동료들과 상호작용을 통한 협업으로 창의적인 결과물을 도출하고 그 결과물을 공유하고 개방하는 등의 활동으로 개인적으로는 창의성개발과 자기 주도성 발전을, 사회적으로는 MAKER 정신으로 불리는 소통과 실천을 강조하는 의미가 있으며 디지털도구의 활용 능력까지 갖추게 되면서 다양한 장점들을 가지고 있는 혁신교수법으로 볼 수 있습니다.

결국 MAKER Education은 단지 어떤 물건을 잘 만드는 능력을 키우는 것이 아니라 학습자 스스로 문제를 찾고 상호작용과 협업을 통해 이를 창의적으로 해결하는 문제해결 역량을 키우면서 세상에 변화를 만들어가는 능력을 강화할 수 있다는 점에서 그 가치가 있다고 할 수 있습니다.

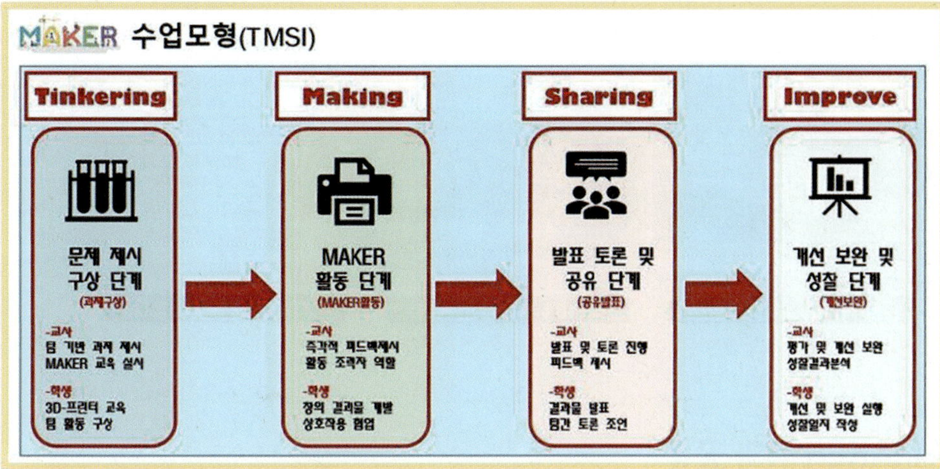

MAKER 수업 모형(TMSI)

MAKER Education의 수업 모형은 초기에는 TMI모형을 사용하였으나 MAKER 정신인 공유에 해당하는 Sharing을 추가하여 TMSI모형이 널리 적용되고 있습니다.

T(tinkering): '아이디어 생성하기'로 제시된 문제를 보고 해결할 수 있는 아이디어를 생성하는 단계입니다. 보통 이 단계에서 3D 프린터 사용법과 프로그램에 대한 교육이 같이 이루어 집니다.

M(Making): '제작하기'로 문제 해결을 위해 구상한 제품이나 결과물을 제작하고 만드는 단계입니다. 3D프린터 외에도 다양한 디지털 기기들을 활용하여 창의적 아이디어가 포함된 결과물을 상호작용을 통한 협업으로 도출하게 됩니다.

S(Sharing): '공유하기'로 완성된 결과물을 동료들과 공유하면서 발표 및 토론을 통해 피드백을 받는 단계입니다.

I(Improve): '개선하기'로 공유를 통해 받은 개선점 및 피드백을 반영하여 수정하고 보완하는 단계입니다. 이 단계에서 평가 및 성찰도 같이 이루어 집니다.

이러한 MAKER 수업은 아이디어 공유 및 소통과 협업 능력 향상에 많은 도움이 됩니다.

MAKER 페어 (창작물 공유를 위한 축제)

2014 파리 MAKER 페어 | 2016 뉴욕 MAKER 페어 | 2019 서울 MAKER 페어

MAKER 결과 공유

maker 교육의 결과물을 공유하는 수단으로 보통 온라인을 통해서 많은 내용들을 공유하기도 하지만 오프라인에서 창작물 공유를 위해 국제적 큰 축제인 maker페어 행사를 통해 더 효과적으로 공유하기도 합니다.

이 국제 행사에는 세계 최고의 maker 들이 다양한 작품들과 아이디어를 널리 알리기 위해 적극적으로 참여하고 있으며 2006년 미국 캘리포니아주 산마테오에서 처음 시작되어 지금까지 45개국 220개 도시에서 창작자들의 축제로 개최되어 오고 있습니다.

위 사진은 2014년 프랑스 파리에서 개최한 maker 페어 축제와 2016년 미국 뉴욕에서 개최한 maker 페어 축제 그리고 코로나가 시작하기 직전이었던 2019년 우리나라 서울에서 개최한 maker 페어 축제를 보여주고 있습니다.

최근 2023년 10월 8일부터 9일까지 양일간 코로나 이후 한국에서는 처음으로 서울의 서울시립과학관에서 'maker 페어 서울'이 개최될 예정에 있어 많은 기대를 가지고 있으며 로봇, 레고, DIY자동차, 전자악기 등 과학과 기술, 예술이 결합된 60여 팀의 창작물이 전시될 예정이라고 합니다.

이렇듯 maker 결과물의 공유는 온 오프라인 모두 활발하게 이루어지면서 4차 산업혁명의 수단인 maker의 양성을 위해 빠르게 확산되고 있습니다.

3D-프린터의 구조와 원리

3D-프린터는 3차원의 입체로 구성된 물체의 제작을 바닥부터 차례대로 재료를 적층 방식으로 하나씩 쌓아 올리며 만들어 주는 기계로 가장 많이 사용되는 방식은 FDM 즉 '용융 적층 모델링'으로 뜨거운 노즐을 통해 원료를 녹여서 압출하는 방식으로 원하는 물체를 만들어 가는 방식을 사용합니다.

3D-프린터의 재료

3D-프린터의 재료로 가장 많이 사용하는 것은 PLA라 불리는 폴리젖산으로 옥수수와 사탕수수 등의 식물로 만들어지는 생분해성 수지입니다. 그 외에도 플라스틱 계열의 재료나 또는 스테인리스나 알루미늄 같은 금속 계열을 사용하기도 합니다.

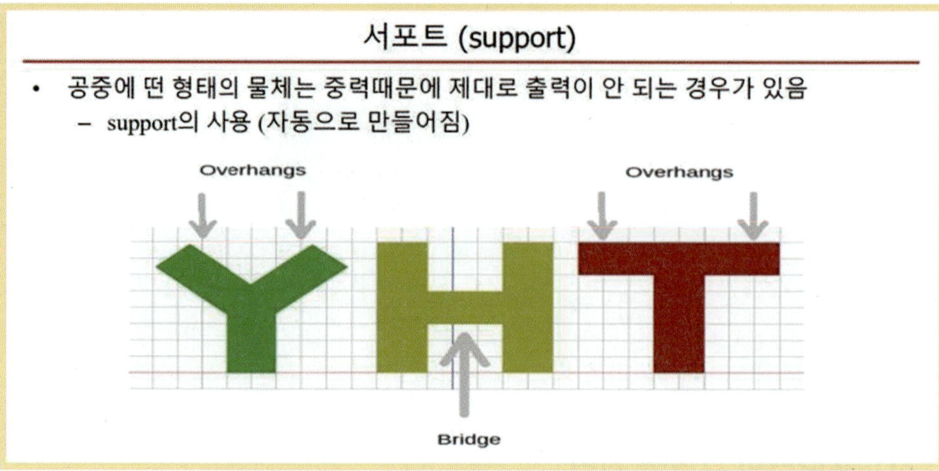

3D-프린터의 출력 시 유의점

3D-프린터의 출력은 바닥부터 순차적으로 이루어 지기 때문에 공중에 떠 있는 부분에 대해서는 중력으로 인해 제대로 출력이 되지 않는 경우가 있습니다. Y모양은 출력 시 경사부분으로 인해 약간 위험한 정도이지만 H와 T모양은 아주 위험한 형태입니다. 따라서 원활한 출력을 위해 Support라 불리는 지지대가 자동으로 적용됩니다.

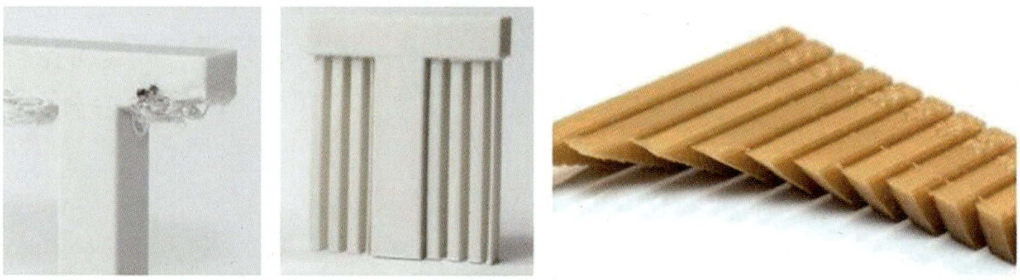

Support없이 T 모양을 출력하게 되면 위 왼쪽 사진과 같이 부서져서 출력이 되며 Support를 사용하여 출력하면 중간 사진과 같이 안정적으로 출력이 됩니다. 그리고 경사 부분 출력도 경사의 정도에 따라서 위 오른쪽 그림과 같이 점점 부서져서 출력이 된다는 것을 알 수 있습니다.

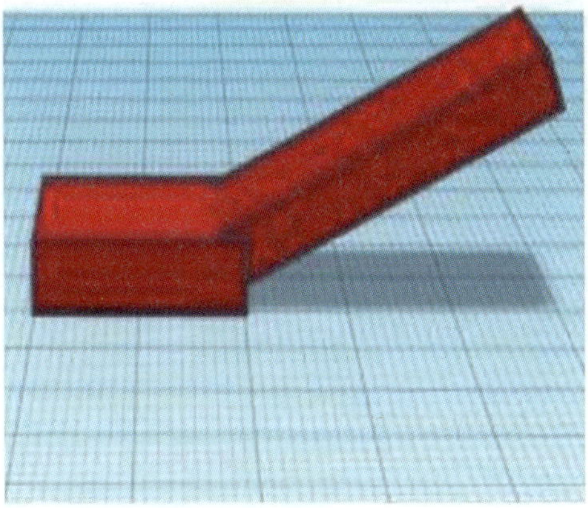

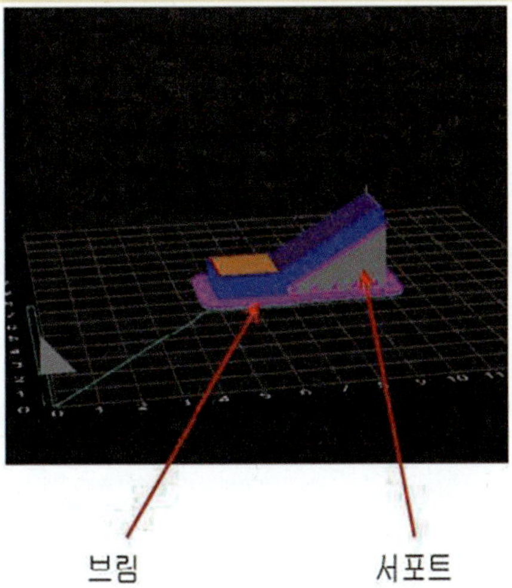

Support의 사용

위 왼쪽 그림과 같이 경사가 진 물체를 설계 하였다고 할 때 오른쪽 경사진 부분은 바닥에 붙어 있지 않아 출력이 힘들게 되므로 출력 시 오른쪽 그림과 같이 자동으로 Support가 생성됩니다. 따라서 제작한 물체가 복잡한 모양일수록 Support도 많이 사용될 수밖에 없으며 Support와 같이 출력한 후에는 Support를 제거하기 위한 후처리 과정이 필요합니다. 따라서 제거하는 과정에서 원본이 손상될 수 있는 위험이 따르기도 하며 또 깊숙한 부분에 있는 Support는 제거하기도 힘들어 불편이 따르기도 합니다.

이러한 위험과 불편을 해결하기 위해 최근 나온 고급형 3D-프린터는 2개의 노즐을 사용하여 하나는 실재 재료를 사용하여 만들고자 하는 제품 부분을 생성하고 다른 하나는 화학적으로 제거가 쉬운 다른 재료를 사용하여 Support 부분을 만들어내며 적층 하는 방식을 사용합니다. 이렇게 되면 모든 제품의 출력이 끝난 후 힘들게 Suppoer를 제거하지 않고 화학약품에 넣어 두는 것만으로도 쉽게 Support를 제거할 수 있고 본 제품도 손상이 없어 아주 좋은 퀄리티의 제품 출력이 가능합니다.

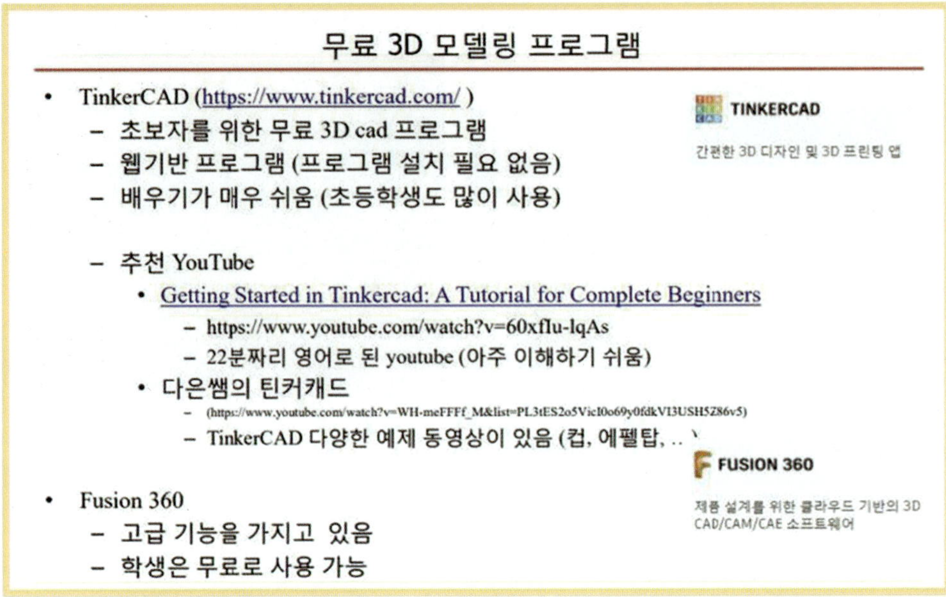

3D 모델링 프로그램

3D-프린터로 출력을 하기 위해서는 출력할 물체를 모델링 하는 프로그램이 필요한데 기능은 작지만 초보자도 쉽게 다룰 수 있는 웹기반의 무료 프로그램부터 아주 전문적인 기능으로 미세한 부분까지 설계할 수 있는 고가의 전문가용 유료 프로그램까지 다양한 프로그램들이 있습니다.

본 저자는 이러한 프로그램 중에서 초보자들이 쉽게 배우고 활용할 수 있는 ThinkCAD라는 웹기반의 무료 프로그램을 수업에서 주로 활용하고 있습니다. 이 프로그램의 장점은 20분 내외의 간단한 수업만으로 사용법을 익힐 수 있고 공대생이 아닌 인문 사회 계열의 학생들도 거부감 없이 쉽게 적용이 가능하다는 점과 디테일한 제작이 목적이 아닌 창의적인 결과물을 직접 제작하는데 의미를 두는 MAKER 수업에서는 훨씬 활용 목적에도 부합한다는 점입니다. 따라서 ThinkCAD 프로그램 사용방법에 대해서 간단하게 소개하고자 합니다.

ThinkCAD 프로그램 활용 안내

ThinkCAD프로그램을 사용하기 위해서는 먼저 검색창에 'thinkcad' 또는 'thinkcad.com'을 검색하면 thinkCAD 사이트로 들어갈 수 있으며 설치 프로그램이 아닌 웹기반의 프로그램이므로 간단한 가입만으로 무료 사용이 가능합니다.

가입 후 로그인을 하고 나면 위와 같은 화면이 나오는데 빠른 초기 작업 환경을 위해서는 왼쪽의 '디자인'을 선택하고 내 디자인 아래의 '+ 만들기'를 클릭하면 아래에 '3D디자인'과 '회로' 그리고 '코드블록' 이렇게 3개의 항목이 나오는데 여기서 '3D디자인'을 클릭하면 모델링을 할 수 있는 초기 화면이 나옵니다.

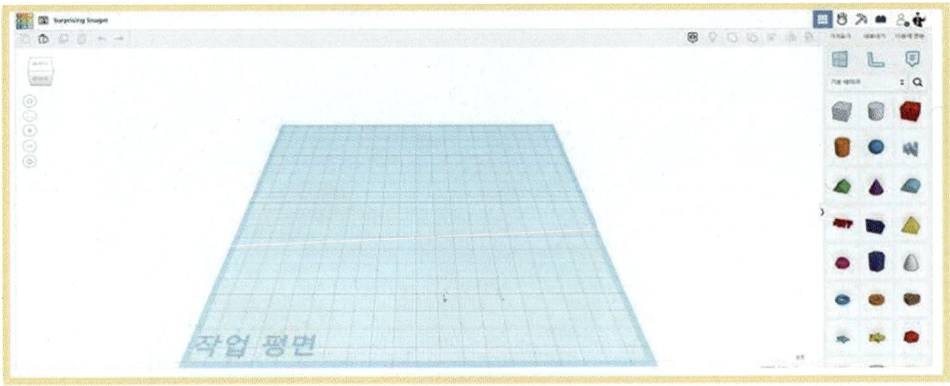

초기 화면은 위 그림과 같으며 작업평면에는 아무것도 없고 오른쪽에는 여러 가지 선택할 수 있는 도형들이 보입니다. 그러면 기본적인 기능들을 하나씩 소개하도록 하겠습니다.

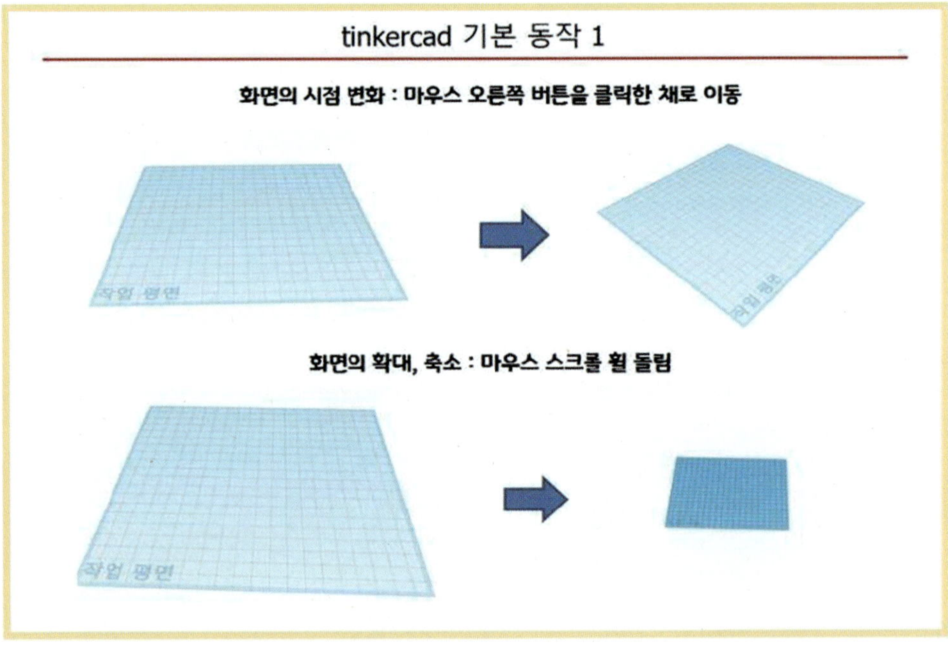

가장 기본적인 동작으로 마우스 오른쪽 버튼을 누른 채로 마우스를 상하좌우로 움직이면 작업 평면의 시점을 원하는 시점으로 바꿀 수 있습니다. 그리고 마우스의 스크롤휠을 아래위로 돌려 보면 화면이 확대 및 축소된다는 것을 알 수 있습니다.

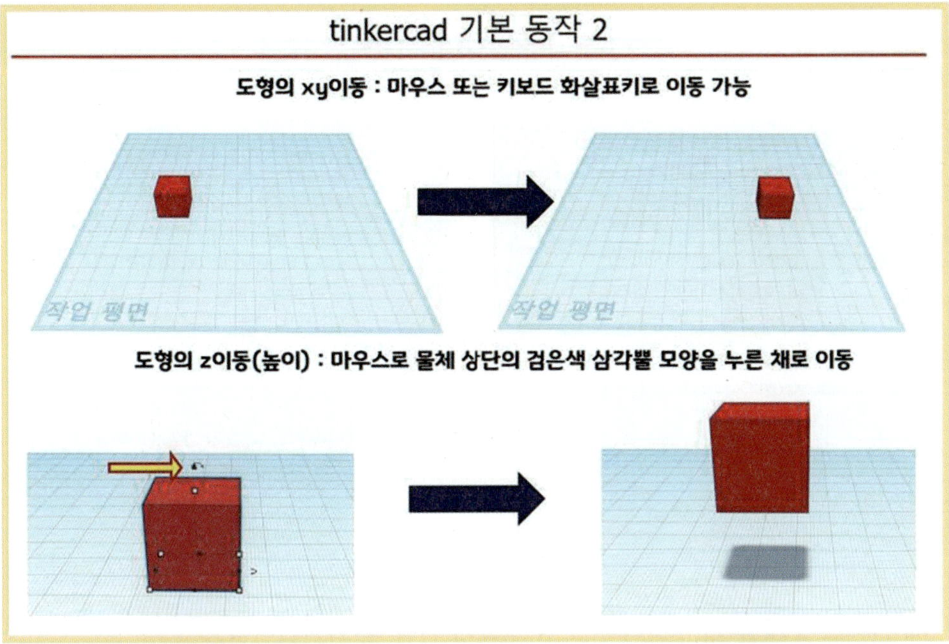

두 번째로 소개할 기본 동작은 물체를 이동하는 방법입니다. 도형을 작업 평면 위에서 상하좌우로 그러니까 x, y축 방향으로 이동하고자 할 때에는 마우스로 물체를 클릭한 채로 움직이는 방법도 있고 또 하나는 키보드의 화살표키를 사용해도 이동이 가능합니다.

다음은 높이 이동 즉 z축 방향으로 이동하고자 할 때에는 물체를 클릭할 때 보이는 위 부분의 까만 원뿔 모양을 마우스로 클릭한 채로 움직이거나 또는 키보드의 Ctrl키를 누른 상태로 키보드 화살표 키를 사용해도 높이 이동이 가능합니다.

또한 공중에 떠 있는 물체를 다시 바닥에 정확하게 내려 놓기 위해서는 마우스로 검은 원뿔 모양을 누른 채로 내려도 되지만 처음보다 조금만 더 많이 내리면 작업 평면 아래로 내려가게 되어 딱 맞게 바닥에 위치시키기가 쉽지 않을 수 있습니다. 이때는 도형을 클릭한 후에 키보드의 'D'를 클릭하게 되면 도형이 바닥으로 정확하게 내려와 위치하게 되므로 쉽게 조작할 수 있게 하는 기능입니다.

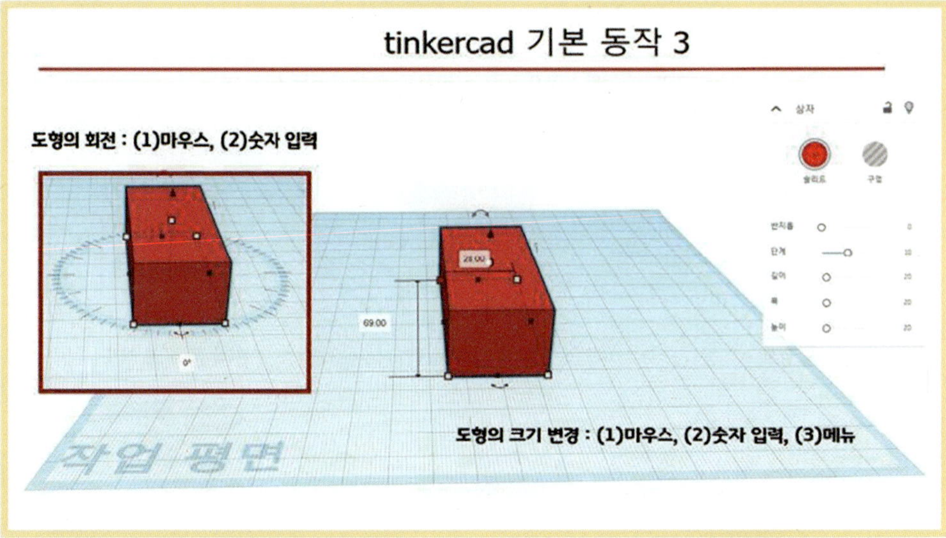

세 번째로 소개할 기본 동작은 도형의 크기 변경 및 회전입니다.

먼저 크기를 변경할 수 있는 방법은 3가지가 있는데 첫 번째는 마우스를 사용하여 물체를 클릭하면 보이는 작은 흰색 사각형을 클릭한 채로 크기를 늘였다 줄였다 할 수 있는 방법입니다. 가장 쉬운 방법이지만 디테일하게 크기를 정하기는 힘든 단점이 있습니다. 두 번째는 물체를 클릭하면 가로 세로 높이 수치들이 보이는데 그 숫자 위를 클릭하여 직접 수치를 입력하는 방법입니다. 정확한 입력이 가능한 것이 장점이며 마지막 세 번째 방법은 오른쪽 위에 보이는 메뉴에 있는 길이, 폭, 높이 부분을 마우스로 클릭하여 조절하는 방법입니다.

다음은 도형을 회전시키는 방법인데 물체를 클릭하면 보이게 되는 여러 가지 표시 중에서 U 자형으로 된 원호 모양의 양쪽 화살표가 있습니다. 이 부분을 클릭하면 바닥에 360도 방향으로 눈금과 같이 회전할 수 있는 준비가 되며 마우스를 움직여 원하는 만큼 회전할 수 있습니다. 또 다른 방법으로는 화살표 클릭 시 보이는 각도 수치 위를 클릭하여 도형의 크기를 바꿀 때와 마찬가지로 직접 입력하면 입력한 각도만큼 정확하게 도형을 회전 시킬 수 있습니다.

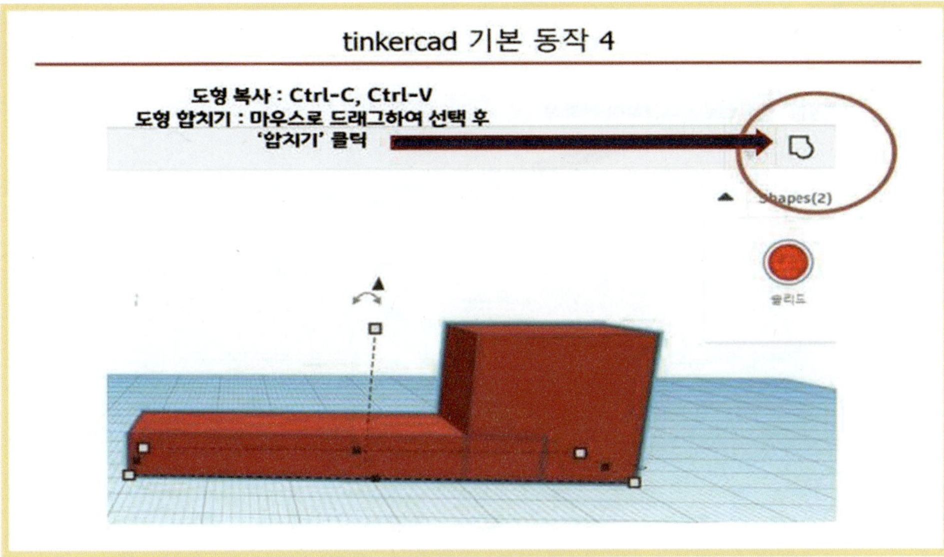

네 번째로 소개할 기본 동작은 도형 복사하기와 도형 합치기입니다.

도형 복사하기는 한글 워드 프로그램과 동일하게 Ctrl-C와/Ctrl-V를 사용하면 되는데 먼저 복사하고자 하는 도형을 마우스로 클릭한 후 복사하기인 Ctrl키를 누른 상태에서 동시에 C키를 누릅니다. 다음은 붙여넣기에 해당하는 Ctrl키를 누른 상태에서 동시에 V키를 누르면 도형 복사가 완료됩니다. 이렇게 똑같은 도형은 얼마든지 여러 개를 복사하여 작업 평면에 배치할 수 있습니다.

도형 합치기는 먼저 합치고자 하는 두 도형을 붙여서 위치시킵니다. 이때 두 도형은 조금이라도 겹치는 영역이 있어야 합치기가 가능하며 두 도형이 떨어져 있는 상황에서는 합치기 명령 버튼 부분이 흐리게 표시되어 활성화 되지 않습니다. 합치고자 하는 두 도형이 겹쳐진 형태로 놓여졌으면 마우스로 넓게 드래그 하여 두 도형을 모두 선택하거나 아니면 키보드의 Shift키를 누른 상태에서 마우스로 두 도형을 차례대로 클릭을 해도 됩니다. 그리고 나서 상단 오른쪽에 빨간색 원안에 화살표 같이 생긴 합치기 명령 버튼을 눌러주면 두 도형의 색도 같은 색으로 통일되며 하나로 합쳐지는 것을 알 수 있습니다.

tinkercad 기본 동작 5

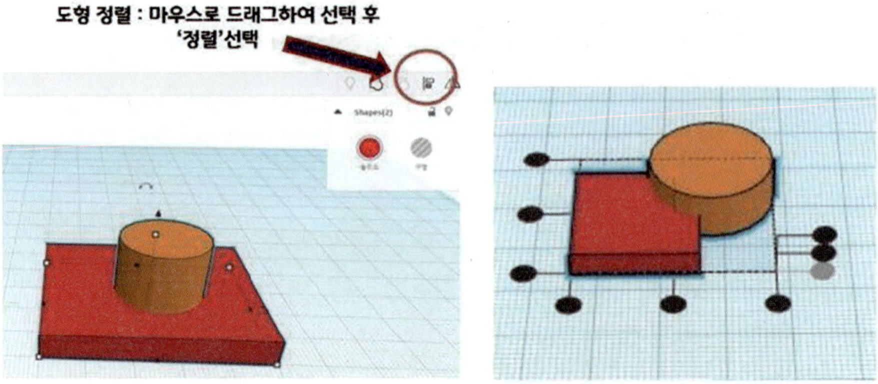

다섯 번째로 소개할 기본 동작은 도형 정렬 중심 맞추기 입니다.

위 그림의 예시를 보면 빨간색 직육면체가 있고 직육면체보다 밑넓이는 작지만 높이는 더 높은 주황색 원기둥이 포개어진 상태로 놓여 있습니다. 여기서 주황색 원기둥을 빨간색 직육면체의 가로와 세로 모두 딱 정 중앙에 위치시키고 싶을 때는 마우스로 두 도형을 함께 드래그 하거나 Shift키를 누른 상태에서 두 도형을 클릭하여 두 도형을 모두 선택한 후 상단에 있는 빨간색 동그라미 속에 있는 두 개의 막대그래프 같이 생긴 도형 정렬 버튼을 클릭합니다. 그러면 위 오른쪽 그림과 같이 도형의 가로 세로 높이 부분에 큰 검정색 점들이 보이게 되는데 내가 정렬하고 싶은 방향의 끝부분의 점을 클릭하면 원기둥은 그 쪽 방향의 가장 끝부분에 정확하게 정렬되고 중간의 점을 클릭하면 원기둥은 빨간색 직육면체의 정 중앙에 정확하게 위치하게 됩니다. 높이 정렬도 마찬가지로 아래 위 방향으로 보이는 3개의 큰 검정색 점들을 차례로 클릭해 보면 직육면체가 원기둥의 가장 위쪽에 맞게 정렬하기도 하고 정 중앙 높이에 정렬하기도 하며 가장 바닥에 딱 맞게 정렬하기도 합니다. 이렇게 도형 정렬 기능은 여러 가지 도형들을 대칭되고 정확하게 위치시키는 데 도움이 됩니다.

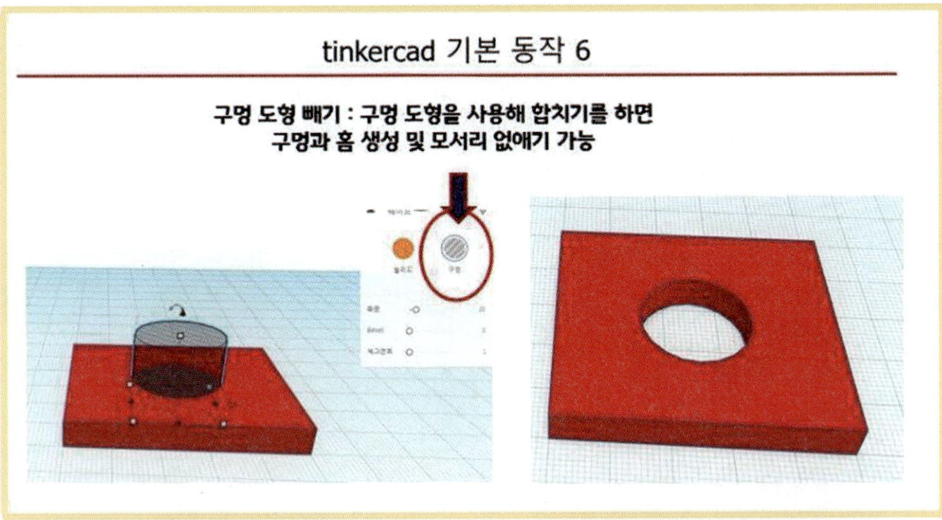

마지막 여섯 번째 소개할 기본 동작은 구멍도형 빼기 기능입니다.

위 그림과 같이 직육면체에 원형 모양의 구멍을 낼 필요가 있을 때 사용하는 방법인데 먼저 앞의 다섯 번째 기본 동작 설명 때와 같이 빨간색 직육면체와 주황색 원기둥을 겹쳐서 위치시킵니다. 이제 원기둥의 위치에 딱 맞는 구멍을 내려고 하는데 원기둥을 마우스로 클릭한 후에 메뉴창에 보면 솔리드 옆에 구멍이라고 되어있는 부분을 클릭하면 원기둥 모양이 투명하게 변하는 것을 알 수 있습니다. 즉 원기둥은 구멍 형태로 바뀌어졌다는 뜻으로 투명하게 표시가 됩니다.

여기까지 되었어도 아직 완전하게 구멍이 난 것은 아니며 마지막으로 두 도형을 합쳐야 위 오른쪽 그림처럼 완전하게 구멍이 뚫리게 됩니다. 따라서 두 도형을 마우스로 크게 드레그 하여 선택하거나 Shift키를 누른 상태에서 두 도형을 모두 클릭한 후 앞에서 소개했던 합치기 버튼을 누르게 되면 완성이 됩니다. 합치기와 비교해 보면 합치기는 솔리드 상태의 두 도형을 합치니 두 도형이 결합되는 결과를 나타내지만 구멍 빼기는 솔리드 형태에 구멍형태의 도형을 합치게 되어 구멍이 나는 결과가 나게 되는 것입니다.

구멍 활용 예제

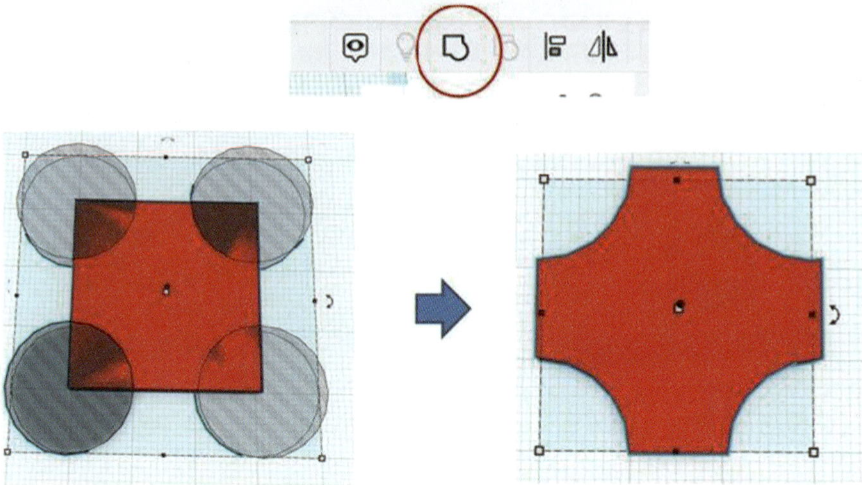

구멍 도형 빼기를 활용한 예제

위 그림과 같은 형태의 도형을 만드는 과정을 한번 살펴보겠습니다.

이 예제에는 크기조절, 복사하기, 구멍 도형 만들기, 합치기 등의 동작이 사용됩니다.

1. 먼저 빨간색 직육면체를 하나 클릭하여 작업 평면 위에 위치시킵니다.
2. 도형을 마우스로 클릭하여 가로, 세로, 높이를 적당하게 조절하여 키웁니다.
3. 주황색 원기둥을 하나 클릭하여 작업 평면 위에 위치시킵니다.
4. 원기둥을 마우스로 클릭하여 높이와 밑넓이를 적당하게 조절해서 키웁니다.
5. 원기둥을 클릭한 후 Ctrl-C를 누른 후 Ctrl-V를 눌러 4개로 복사합니다.
6. 4개의 같은 크기의 원기둥을 빨간색 직육면체 네 꼭지점에 위치시킵니다.
7. Shift키를 누르고 4개의 원기둥을 모두 클릭한 후 메뉴의 ‘구멍’을 클릭합니다.
8. 마지막으로 마우스로 빨간색 직육면체와 투명하게 변한 4개의 원기둥을 모두 드래그하여 선택한 후 ‘합치기’를 클릭하면 위 오른쪽 도형이 완성됩니다.

연습 예제

예제1 : 아래 도형을 만들어 보세요

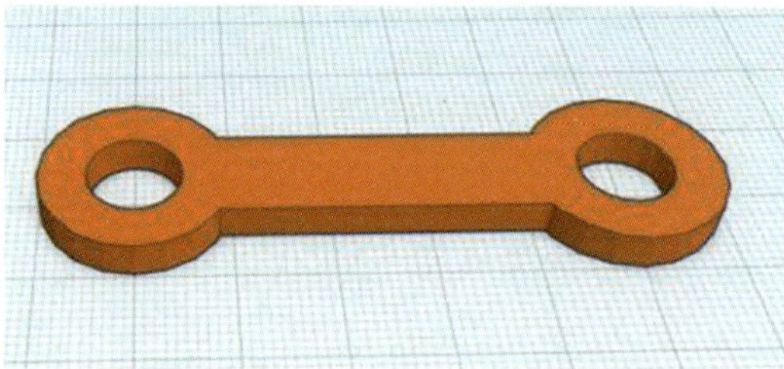

예제2 : 아래 도형을 만들어 보세요

연습 예제를 만들어 보겠습니다.

예제1

1. 직육면체 하나를 생성
2. 직육면체 사이즈를 조절
3. 원기둥을 하나 생성
4. 원기둥의 사이즈를 조절
5. 작은 원기둥을 생성
6. 큰 원기둥 중간에 위치시킴
7. 작은 원기둥 클릭 후 '구멍'클릭
8. 두 원기둥 선택 후 '합치기'클릭
9. 구멍 난 원기둥 복사하여 붙이기
10. 세 도형을 위 그림처럼 위치
11. 세 도형 모두 선택 후 '합치기'
12. 도형 완성

예제2

1. 직육면체 하나를 생성
2. 직육면체 사이즈를 조절
3. 다른 직육면체 하나를 생성
4. 처음보다 작게 사이즈 조절
5. 작은 도형을 큰 도형과 겹치게 위치
6. '정렬'을 통해 가로 세로 중앙에 위치
7. '정렬'을 통해 높이는 위쪽에 위치
8. 작은 도형 클릭 후 '구멍'클릭
9. 두 도형 모두 클릭 후 '합치기'클릭
10. 도형 완성

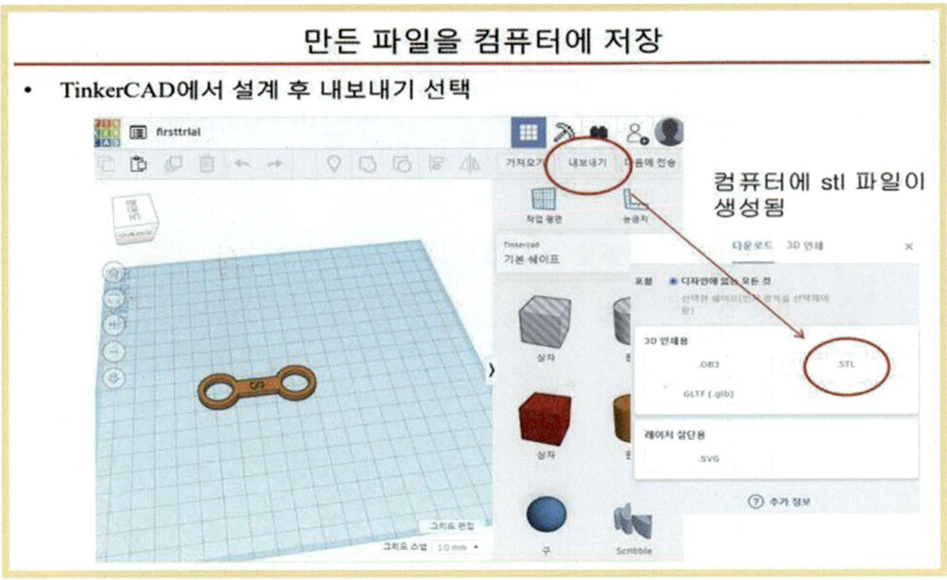

완성한 파일 저장하기

ThinkCAD 프로그램을 사용하여 출력하고자 하는 것을 다 만들었으면 이제 3D-프린터 출력을 위해서 작업한 파일을 내보내기를 통해 저장해야 합니다.

방법은 작업이 다 끝난 후 위쪽에 '내보내기'를 선택하면 오른쪽 그림처럼 3D 인쇄용 확장자를 선택하라고 나옵니다.

마치 워드프로세스 문서편집 프로그램에서 문서를 작성 후 프린터 출력을 위해 저장하는 것과 같은데 한글은 .hwp이고 PPT는 .pptx로 그리고 PDF그림은 .pdf로 마지막 확장자가 있는 것과 같습니다.

3D-프린터 출력용 프로그램이 사용하는 확장자의 종류는 보통 .OBJ와 .STL 그리고 .GLB 등이 있는데 가장 보편화 되어 있는 것이 .STL입니다.

따라서 .STL을 선택하고 파일명과 저장할 폴더를 정하면 3D-프린터로 출력 가능한 파일이 생성됩니다.

3D 프린팅 소프트웨어 : Cubicreator

- 3D 프린팅 소프트웨어는 3D 프린터 제조사가 제공함
  - 메이커스스페이스 컴퓨터에 설치되어 있어 굳이 설치안해도 되지만, 프린팅 하는데 걸리는 시간을 알기 위해 필요

- 메이커스스페이스에 있는 3D 프린터 : CUBICON Style Plus

3D프린팅 소프트웨어 Cubicreator

3D-프린터로 출력을 하기 위해서는 3D프린터를 제조하는 회사에서 3D프린터를 판매 시 제공하는 출력용 3D프린팅 소프트웨어를 설치하고 사용해야 출력이 가능합니다. 위 그림은 울산대학교 MAKER SPACE인 'material library'에 설치되어 있는 3D프린터 CUBICON Style Plus 제품이며 이 제품은 출력용 소프트웨어로 'Cubicreator'라는 프로그램을 사용하고 있습니다.

- Cubicreator 메뉴 → 열기에서 TinkerCAD에서 저장한 stl 파일을 가져옴
  - 이 예제의 경우 firsttrial.stl 임

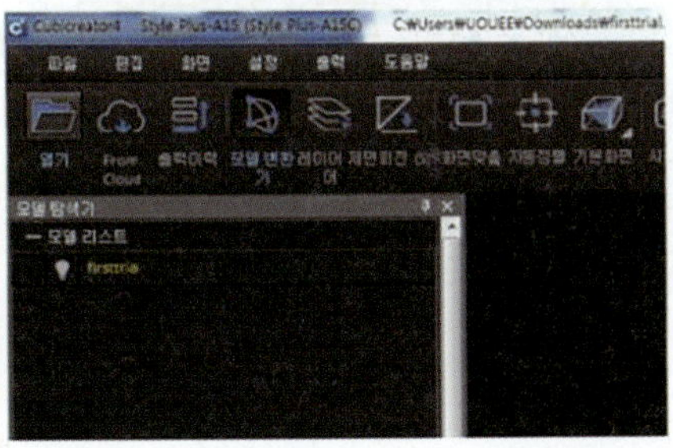

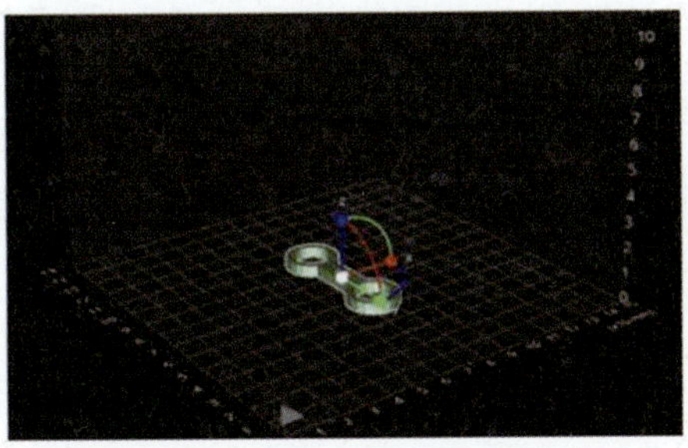

사용 방법은 메뉴의 열기를 클릭한 후에 ThinkCAD에서 저장했던 STL확장자의 파일을 클릭하여 가져오면 오른쪽 그림과 같이 작업했던 내용이 표시됩니다.

- 출력준비 아이콘 선택

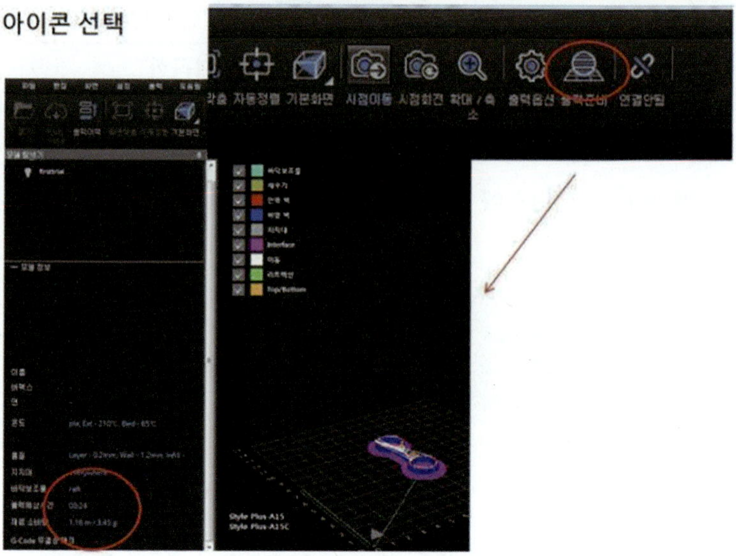

예상시간:
24분

재료 사용
3.45g

다음으로 위 메뉴 항목에 있는 출력 준비 아이콘을 클릭하면 출력 가능 여부와 함께 위 그림과 같이 출력 예상 시간과 재료 예상 소비량 등의 정보들이 표시됩니다.

위의 연습 예제에서 만든 도형을출력하기 위해서는 24분 정도의 시간이 소요될 예정이며 재료인 PLA는 3.45g 정도 사용될 예정입니다.

재료의 가격은 보통 1000g에 2만원 정도이므로 1g당 20원 정도로 보면 됩니다.

따라서 위 예제 출력의 경우 재료비는 약 70원 정도로 볼 수 있습니다.

이렇듯 재료 비용은 생각보다 크게 들지는 않는 편으로 볼 수 있으나 출력 시간이 생각보다 많이 걸리기 때문에 수업에서 활용 시 빠르게 출력하여 적용해보고 또 수정하는 활동에는 제약이 많다고 할 수 있습니다.

3D프린터의 가격 역시 정밀도나 전체 출력 크기에 따라서 차이가 많이 나는 편이며 고가의 3D-프린터라고 해도 속도가 아주 빠르지는 않기 때문에 오랜 출력시간은 MAKER 수업을 운영 하는데 있어 하나의 큰 단점이 되고 있습니다.

Thingiverse (https://www.thingiverse.com/)

- 3D 프린터 작품 데이터 베이스
  - 자유롭게 다운로해서 그대로 출력 가능

Baby Yoda (71g, 출력하는데 9시간 걸림)

  - TinkerCAD로 가져가서 수정 가능

MAKER Education의 목적은 설계를 잘하는 것이 아닌 창의적 아이디어가 들어 있는 것을 만든다는 것에 있으므로 내가 만들 제품을 아무것도 없는 작업평면에서 하나하나 다 만들어야 하는 것은 아닙니다. 이미 잘 만들어져 있는 파일을 불러와서 수정하여 사용해도 원래 파일의 결과물과 똑같지 않고 내 창의성이 잘 반영되어 있다면 충분히 의미가 있는 결과물이 될 수 있습니다. 따라서 'Thingiverse.com' 사이트에 가서 이미 많은 사람들이 작업해서 만들어 놓은 양질의 다양한 파일들을 자유롭게 다운로드 하고 새롭게 재구성하여 만들어 낼 수 있습니다.

실습 예제: 3d 프린터 명함꽂이 출력

- 표준 명함 사이즈: 86-52 mm , 90-50 mm

MAKER PBL 수업 적용 사례연구(교양교육학회 학술대회 발표)

본 저자가 MAKER 수업과 PBL 수업 그리고 MAKER PBL수업이 학업성취도에 미치는 영향을 알아보기 위해 직접 연구했던 사례를 소개하도록 하겠습니다.

위 연구는 교양수학과목을 수강하는 공대생 150명을 대상으로 하였고 50명씩 세 집단으로 나누어 통제집단A의 50명은 MAKER수업을 통제집단B의 50명은 PBL수업을 실험 집단의 50명은 MAKER PBL 수업을 적용하여 4주간 총 4차시의 수업을 각각 진행하였습니다. 그리고 학업성취도 향상에 대한 분석을 위해 사전 사후에 테스트를 실시하였고 흥미도 향상 변화에 대한 분석을 위해 사전 사후 설문을 실시하였습니다.

MAKER 수업은 TMSI모형으로 4차시에 걸쳐서 수학관련 보드게임 만들기 수업을 진행하였고 PBL수업은 각 차시별로 수학 이론 관련 PBL 과제 활동을 하였으며 MAKER PBL 수업에는 수열, 확률, 방정식, 부등식 이렇게 4개의 주제에 대해서 MAKER 형태의 PBL과제 활동으로 총 4차시의 수업을 진행하였습니다.

모든 수업 진행 후 학업성취도 분석을 위한 사전 사후 테스트 결과와 흥미도 분석을 위한 설문 결과를 분석한 연구결과는 다음과 같습니다.

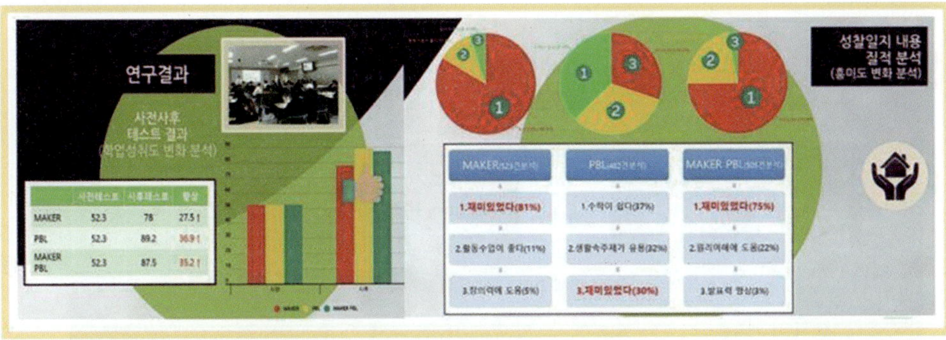

학업성취도 분석에서는 MAKER 수업보다는 PBL과 MAKER PBL수업에서 향상도가 더 높게 나왔습니다. 그리고 흥미도 설문 분석에서는 MAKER 수업과 MAKER PBL수업에서 재미있었다는 의견이 가장 많이 나와서 학업성취도는 PBL보다 조금 낮고 흥미도는 MAKER보다 조금 낮지만 MAKER PBL 수업이 학업성취도와 흥미도를 모두 고르게 향상시키는데 통계적으로 유의미한 효과가 있는 것으로 나타났습니다.

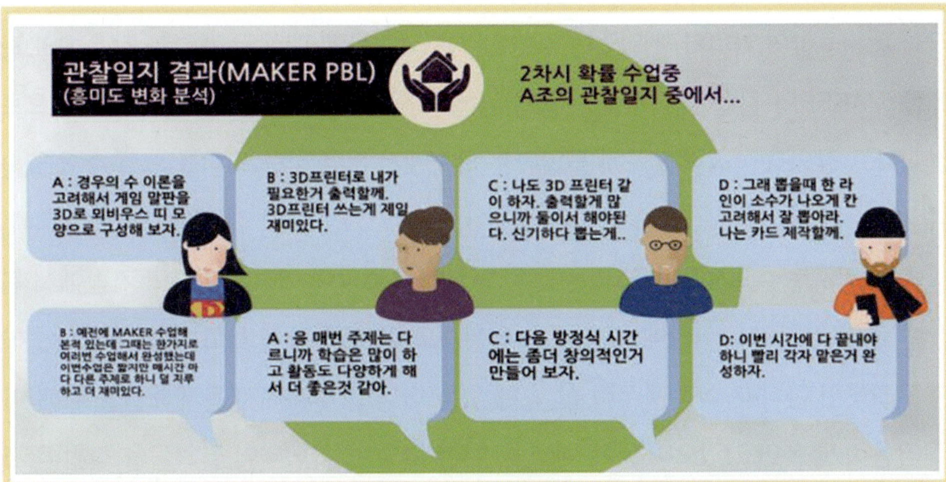

MAKER PBL 수업의 관찰일지를 살펴보면 학습자들이 3D-프린터를 사용한다는 점에서 큰 흥미를 느끼면서도 일반 MAKER수업보다 빠른 주제의 전환과 다양한 창의 활동 등으로 좀 더 효과적인 수업이 가능하다는 것을 알 수 있었습니다.

Session2

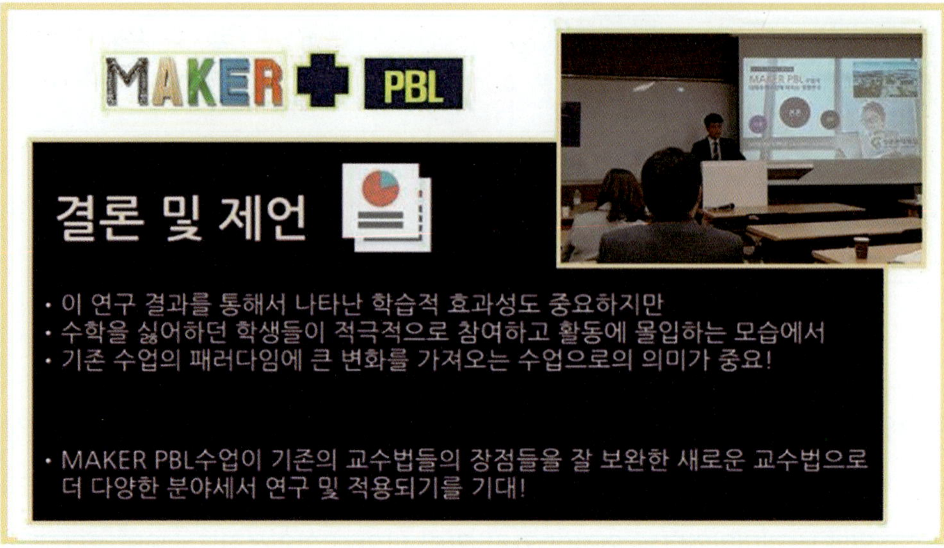

결론 및 제언

이 연구를 통해서 나타난 PBL의 학업성취와 MAKER의 흥미도향상에 대한 효과성도 중요한 결과이지만 설문과 같이 실시했던 성찰일지를 통해 많은 학생들이 딱딱하고 지루하여 기피하게 되었던 수학이라는 교과목에 대해서 게임과 같은 PBL과제를 MAKER와 같은 재미있는 만들기 작업과 함께 병행하면서 수업에 적극적으로 참여하고 창의적인 창작활동에 몰입하는 모습에서 또다른 큰 의미를 느낄 수 있었습니다.

즉 이 연구는 수포자가 늘고 있는 교육 현실에서 수학이 어려운 이론의 기반에서 복잡한 계산만 하면서 어디에 활용될 수 있는지도 잘 모른 채 힘들고 지루하게 학습하는 교과목이 아니라 수학이 우리 삶 속에 있는 다양한 주제에서 문제해결을 위해 아주 유용하게 쓰이고 있으며 문제 해결을 위한 다양한 아이디어 결과물을 직접 디자인하고 만들어 내는 활동까지 하면서 흥미 있게 학습할 수 있는 과목으로 인식될 수 있기를 기대해 볼 수 있는 가능성을 제시해 주는 연구였다고 할 수 있습니다.

플립기반 MAKER PBL 수업설계 사례

본 저자는 교육부에서 주관하는 '2021년 그린 스마트 미래학교 공모전'에 출전하여 교수학습설계분야에서 '플립기반 MAKER PBL 수업설계'로 최우수상을 수상하였습니다.

적용 학교는 중학교를 대상으로 하였고 과목은 수학과 사회 그리고 기술과목이 결합된 플립기반의 MAKER PBL 수업으로 설계하였습니다.

프로젝트 주제는 '지역문화 연계 수학이론기반 보드게임 만들기 프로젝트 수업'으로 설정하였고 내용은 지역사회의 문화적 특징을 주제로 한 수학이론기반 보드게임 만들기 프로젝트 수업으로 진행하는 수업으로 설계하였습니다.

수업 구성은 1차시는 사회로 지역사회의 문화적 특징을 학습하고 2차시는 수학으로 보드게임들을 보면서 게임 속 수학 이론들에 대해 학습하며 3차시는 기술로 3D-프린터 사용법 등 디지털 기기 활용법을 학습하게 됩니다. 그리고 4~5차시는 지역문화 주제의 수학이론이 포함된 보드게임 창작 프로젝트 활동을 진행하고 결과물을 공유 및 평가하는 형태로 수업을 진행합니다.

다음은 본 저자가 실제로 출품하여 수상했던 '교수학습지도안 출품서' 내용입니다.

교육부 17개시·도교육청

미래학교를 그리다! 꿈꾸다! 설계하다!

2021 그린스마트 미래학교
「가상설계 및 콘텐츠」 공모전

2021 그린스마트 미래학교 「가상설계 및 콘텐츠」 공모전
<u>교수학습지도안 출품서</u>

울산대학교 교수학습개발센터
연구교수 허정필

I 교수학습지도안

■ 기본 정보

<table>
<tr><td>학교급</td><td colspan="4">☐ 유치원 ☐ 초등학교 ■ 중학교 ☐ 고등학교 ☐ 기타(평생교육시설 등)</td></tr>
<tr><td>과목</td><td>수학+사회+기술</td><td>학생</td><td colspan="2">30명 (3학년:30명 팀별5명씩 6팀)</td></tr>
<tr><td>주제중심수업
진행 기간</td><td>2021.9.1.~9.30</td><td>차시</td><td colspan="2">1/5</td></tr>
<tr><td rowspan="2">수업교사</td><td rowspan="2">3명
수학, 사회, 기술교사</td><td rowspan="2">외부전문가</td><td>직종</td><td>형태</td></tr>
<tr><td>PBL전문가</td><td>☐ 일부강의
■ 전과정 협력수업
☐ 기타(　　)</td></tr>
<tr><td>지역연계수업
상황설정</td><td colspan="4">지역문화주제 수학이론기반 보드게임 만들기 프로젝트수업</td></tr>
</table>

■ 학습과정 기본 정보

주제중심 수업명	지역사회의 문화적 특징을 주제로 한 수학이론기반 보드게임 만들기 프로젝트수업
학습목표	지역문화를 이해하고 수학이론기반의 보드게임을 창의적으로 만들어본다
교사 준비물	사회: 지역 문화 소개자료, 수학: 수학 이론이 포함된 보드게임 기술: 3D프린터 등 디지털기기사용 메뉴얼
학생 준비물	검색을 위한 스마트폰, 간단한 공작도구
과정중심 평가방법	MAKER 프로젝트 수행과정과 결과에 대한 교수자평가, 팀간평가, 개인평가

교육부 17개 시·도교육청

미래학교를 그리다! 꿈꾸다! 설계하다!

2021 그린스마트 미래학교 「가상설계 및 콘텐츠」 공모전

■ 학습과정 전체 차시 전개 계획(전체 주제중심수업에 대한 차시 구성 내용을 적어주세요.)

학습과정	수업 차시	주요 학습활동 및 내용	비고
지역사회문화소개	1	지역사회의 문화적 특징에 대한 학습	사회
게임 속 수학이론	2	보드게임속의 수학이론들에 대한 소개	수학
3D-프린터 사용법	3	3D-프린터 등 디지털기기 사용법 학습	기술
MAKER 프로젝트	4	보드게임 만들기 MAKER PBL 수업진행	TMSI모형
결과물 공유 평가	5	결과물 발표 및 피드백, 성찰, 평가	통합

■ (4) 차시 교수학습과정 세부계획

학습과정	세부 활동	자료 및 유의점 (학습활동장소)
Tinkering (10분)	▪ 개념화단계, 동기와흥미, 대략적아이디어 - 지역문화주제 수학이론기반 보드게임 구상하기	팀별 아이디어 구상 (Maker Space)
Making (50분)	▪ 아이디어 구체화, 실제결과물 만들기 - 문화적 내용, 수학이론, 미적표현	3D-프린터 등 디지털 기기 활용 (Maker Space)
Sharing (30분)	▪ 팀별 발표 및 토론 - 창의성, 재미, 미적효과, 상품성	팀별발표 (Maker Space)
Improving (10분)	▪ 개선하기, 교사피드백, 수정하기 - 팀간피드백, 보완점반영, 작품개선	교사피드백, 팀간피드백 (Maker Space)
성찰, 평가	▪ 성찰, 과정 및 결과평가(교수자, 학습자) - 다양한 항목별로 객관적 평가실시	성찰일지 작성 팀 간, 개인별평가 포함

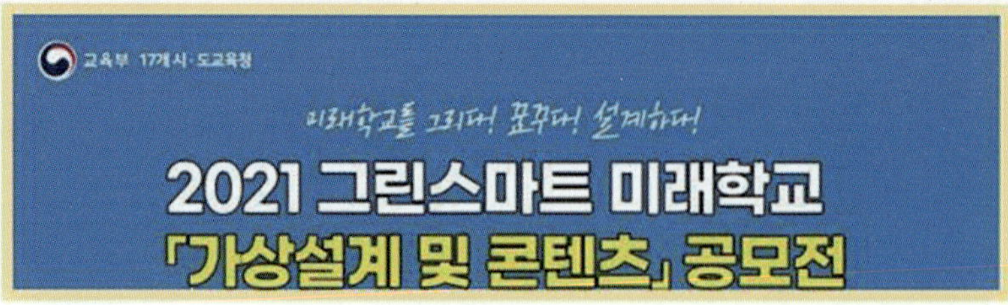

Ⅱ 교수학습지도안 설명자료

■ 학습과정 전체 차시 전개 계획의 주제중심 수업기획 의도 및 기대효과

4차 산업혁명 시대를 맞아 혁신교수법으로 주목하고 있는 수업방식들이 조명되고 있는데 대표적인 것이 플립러닝, 프로젝트 수업, 메이커교육 등이 있습니다. 이러한 교수법들의 공통점은 자기주도, 상호작용, 협업, 학습자중심을 강조하는 구성주의 철학에 기반을 두고 있다는 점입니다.
플립러닝은 온라인 동영상을 통한 사전학습 후 오프라인에서는 사전 학습한 내용을 기반으로 심화과제학습을 상호작용을 통한 팀별 협업으로 수행하여 발표 및 토론으로 수업을 진행하는 역 진행 수업방식으로 수업시간을 가장 효과적으로 운영하는 것이 플립러닝의 철학입니다.
프로젝트 수업은 실제 세계에서 나타나는 현상을 비 구조화된 문제 형태로 제시하고 이 문제를 상호작용과 협업 등으로 해결해 가는 과정을 통해 학습이 일어나도록 하여 단순한 지식을 습득하기보다는 문제해결능력을 가르치는 수업방법이라고 할 수 있습니다.
메이커 교육은 실생활과 연관된 융 복합적인 주제에 대해 메이커스페이스라는 공간에서 자기 주도적으로 다양한 디지털 도구를 활용하여 창의적인 결과물을 만들어 내는 학습자 중심의 수업방식이라고 할 수 있습니다.

이러한 교수법들은 각각 따로 활용하기 보다는 교과목의 특성에 따라 서로 결합하여 운영함으로써 단점을 서로 보완하고 장점이 강화되는 시너지 효과를 내기도 하는데 대표적인 예로서 플립러닝의 단점인 사전학습을 해오지 않는 문제점을 생활 속의 흥미 있는 주제인 프로젝트 과제를 제시하여 수업참여도를 높이고 동시에 프로젝트 수업의 단점인 진도에 대한 문제를 플립러닝의 사전 동영상 학습을 통해 보완할 수 있는 상호보완적인 효과성이 나타났다는 것에 대한 연구결과들이 많이 발표되고 있습니다.

이 수업설계의 특징은 사회, 수학, 기술교과의 내용들이 포함된 융 복합적 주제에 대해 미래역량 4C인 창의성, 비판적사고, 협업, 상호작용 역량을 키울 수 있는 플립드러닝 기반의 MAKER 프로젝트 수업이라는 점입니다.
지역문화를 학습하며 주제를 선정하고 주제와 연계된 재미있는 수학기반의 보드게임을 창의적으로 설계하여 3D 프린터 등의 최신 디지털 기기를 활용하여 미적표현과 재미, 상품성을 고려한 창작물을 만드는 수업을 통해 진정한 미래교육의 가치를 실현할 수 있는 흥미 있는 수업이 될 수 있을 것입니다.

■ (4) 차시 교수학습과정별 교사의 의도

학습과정	교사의 의도
Tinkering (10분)	사전학습 자료를 통해 주제를 선정하고 그 주제에 대한 내용의 아이디어를 구체화하기 위한 구상단계 (상호작용을 통한 협업필요)
Making (50분)	구상한 창의적 작품들을 직접 만드는 단계로 다양한 디지털 기기를 활용하여 결과물을 만드는 단계 (역할분담을 통한 프로젝트 수행)
Sharing (30분)	결과물에 대한 발표 및 토론을 하여 창작물에 대한 창의성, 미적효과, 효과성, 상품성들을 소개(비판적 사고력, 발표능력)
Improving (10분)	개선을 위한 팀 간 피드백 교수자 피드백 등을 통해 창작물에 대한 개선 및 보완 실시
성찰, 평가	성찰일지 작성을 통한 자기성찰 및 학습자간 평가, 팀 간 평가, 교수자 평가등을 항목별로 실시 반영하여 평가에 대한 객관성 유지

■ (4) 차시 지역사회 연계수업 후속 학습활동 제안

- 지역사회의 문화가 반영된 주제의 게임을 통해 알게 된 지역문화장소를 직접 방문해보고 추가적인 정보나 자료수집 및 느낀 점 발표하기
- 개발한 게임을 통해 얼마나 재미있게 수학적 지식을 습득 및 숙달할 수 있는지에 대해 게임을 해보면서 평가하기
- 실제 보드게임 업체에 개발한 게임을 소개하고 상품성에 대한 평가듣기
- 융 복합적인 수업에 대한 만족도 설문조사를 통해 효과성 확인하기
- 다른 주제와 구성의 융 복합적 수업에 대해 좋은 아이디어 제안하기
- 우리학교에 맞는 특화된 프로젝트 수업 운영 안 설계하기
- 학교별 또는 교과목별 프로젝트 융합수업 1개 개발하기 활동
- 프로젝트 수업 활성화를 위한 우수사례 공유를 위한 사례집 발간

4. 혁신교수법 Action Learning

학습자들이 학습팀을 구성하여 실제상황에서 실존하는 과제를 퍼실리테이터의 도움을 받아 동료상호작용을 통해 해결하며 그 과정에서 학습이 이루어지도록 하는 교수법

Action Learning

Action Learning 이란 협력적이고 성찰적인 과정을 통해 실제 문제나 도전을 해결하는 것을 포함하는 경험적 학습 접근 방식으로 비즈니스, 교육, 의료, 정부 등 다양한 분야에서 활용되고 있는 문제 해결 및 리더십 개발 방법론입니다.

Action Learning의 주요 구성요소

1. 실제 문제: 참가자는 조직이나 팀이 직면한 실제적이고 복잡한 문제를 다룹니다.
2. 소그룹: 참가자들은 소그룹 또는 팀으로 구성되며 일반적으로 5-8명으로 구성됩니다.
3. 행동: 팀은 문제 해결을 위한 연구와 의사결정이 포함된 조치를 취할 수 있습니다.
4. 반사: 자신의 경험, 성공, 실패 및 교훈에 대해 논의하는 성찰에 참여합니다.
 성찰은 지속적인 학습과 개선을 촉진하기 때문에 행동 학습의 중요한 측면입니다.
5. 피드백: 동료나 교수자로부터의 피드백은 전략을 구체화하는 데 도움이 됩니다.
6. 반복 프로세스: 팀이 문제를 다시 검토하고 피드백을 기반으로 보완을 합니다.
7. 개인 및 팀 개발: 문제 해결 능력, 리더십 능력 및 팀워크 개발 등을 촉진합니다.

이렇듯 Action Learning은 문제해결, 리더십 개발, 팀워크, 학습 문화, 지식공유 등 많은 분야에서 장점들을 가지고 있는 혁신교수법 입니다.

Action Learning의 유래

Action Learning의 유래는 Reg Revans가 타이타닉호 침몰사건의 조사관이었던 아버지로부터 침몰의 이유가 설계 및 운항에 관련해서 많은 사람들의 위험에 대한 조언들이 있었지만 그 의견들이 묵살되어지면서 사건이 발생하게 되었다는 것을 알게 됩니다. 그래서 그는 1945년 외부전문가가 아닌 현장의 광부들을 대상으로 4~5명씩 소그룹으로 나누어 서로의 갱을 방문하게 하여 문제점과 보완점에 대해 대화하게 하여 효과적인 해결책들을 제시하는 성과를 얻게 됩니다. 이것이 의사전달 체계의 문제점을 보완한 Action Learning의 시초라고 할 수 있습니다. 그 후에도 Reg Revans는 1955년 전문성이 높은 직업인 간호사들이 그들의 의사가 전혀 반영되지 않고 배척되는 일들로 이직률이 높다는 것을 보고 역시 간호사들을 소그룹으로 구성하여 40여개의 프로젝트를 성공적으로 수행하여 Action Learning의 효과성을 다시 입증하게 됩니다. 그는 여세를 몰아 벨기에에서 Action Learning을 5개 대학과 23개의 기업에 산학 프로젝트로 Action Learning을 적용하여 벨기에가 급성장하는 계기를 만드는 업적으로 1988년 벨기에 정부로부터 기사 작위를 수여 받기도 하였습니다.

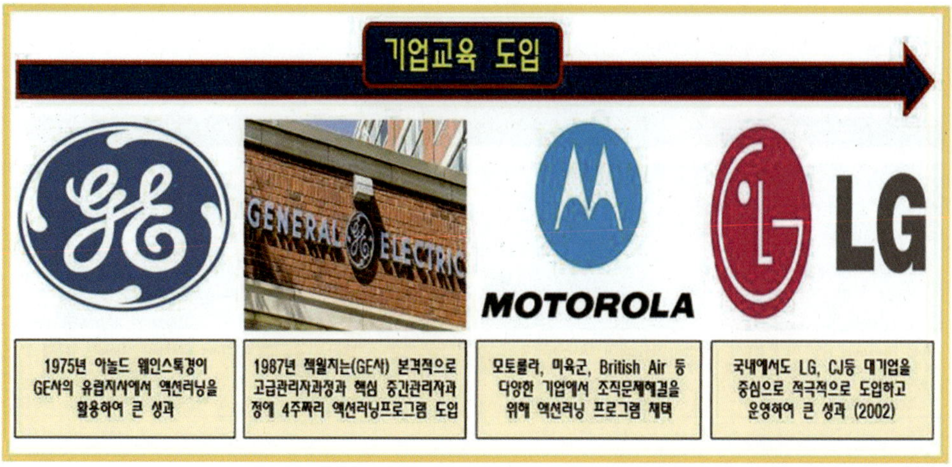

Action Learning의 기업교육 도입

Action Learning은 기업교육에서도 큰 효과와 성과들을 나타내게 됩니다.

기업교육 적용의 시작은 1975년 아놀드 웨인스톡경이 General Electric사의 유럽지사에서 Action Learning을 활용하여 큰 성과를 얻게 되면서부터라고 할 수 있으며 그 후 1987년에는 General Electric사의 젝월치가 고급관리자과정과 핵심 중간관리자 과정에 4주 짜리 Action learning을 본격적으로 도입하며 효과적인 프로그램으로 자리잡게 됩니다.

이러한 효과성을 바탕으로 Action Learning은 모토롤라, 미 육군, British Air 등 다양한 기업들이 각 조직의 문제점들을 효과적으로 해결하기 위한 프로그램을 적용하게 되면서 세계적으로 확산하는 계기가 되었습니다.

국내에서도 2002년 LG, CJ 등 많은 대기업들을 중심으로 Action Learning이 적극적으로 도입 및 운영되어 큰 성과를 얻게 되는 사례가 나오며 확산되었습니다.

위 사례들을 통해 Action Learning은 기업교육에서도 큰 성과를 얻으며 국내외적으로 문제해결을 위한 효과적인 프로그램으로 정착했음을 알 수 있습니다.

항목		액션러닝	PBL
발생배경		1945년 Revans가 광부들을 대상으로 집단컨설팅을 실시	1969년 Barrow가 의과대학 교육의 문제점을 개선하기 위해 개발된 교수법
공통점		학습자들의 직접적인 경험을 통한 유의미 학습 자기주도적 학습으로 실제 문제 해결 러닝코치와 튜터가 내용전달자가 아닌 조력자 역할 팀원들의 협업중시, 논의를 통해 과제해결능력 향상 학습과정과 학습결과에 따른 성찰 강조	
차이점	과제	실재과제	실제적 문제
	조력자	튜터 + 과정도구선택활용안내	튜터
	목표	과제해결 + 학습	학습

Action Learning & PBL

Action Learning은 PBL과 비교하였을 때 많은 공통점들을 가지고 있습니다. 둘 다 학습자들의 직접적인 경험을 통해 실제적인 문제를 해결하는 학습을 진행하여 그 의미가 크다는 점과 구성주의 철학에서 강조하는 자기주도적인 학습이 이루어진다는 점을 들 수 있습니다. 또한 개별 학습이 아니라 팀원들과의 협업을 중요시 하고 상호작용을 통한 다양한 의사소통으로 문제를 해결하며 학습과정과 결과에 따르는 성찰을 강조한다는 점도 공통적인 부분입니다. 교수자는 기존의 지식 전달형 강의수업에서처럼 내용을 전달하는 역할이 아닌 퍼실리테이터 즉 조력자의 역할을 해야 한다는 교수자의 역할도 비슷하다고 할 수 있습니다.

Action Learning과 PBL의 차이점은 PBL은 실제 문제를 다루기도 하지만 실제적 문제도 가능하지만 Action Learning은 기업교육에서 발전해 온 대로 실재 과제이어야 한다는 점입니다. 또한 학습목표가 PBL은 학습에 초점이 맞추어진 반면 Action Learning은 학습과정과 함께 결과인 과제해결여부도 같이 중요시한다는 점도 있습니다.

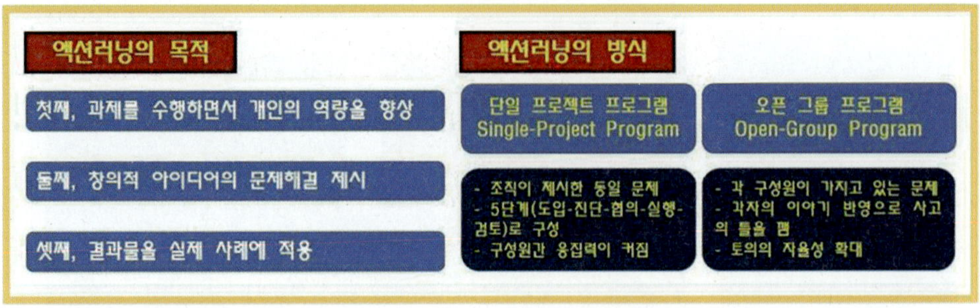

Action Learning의 목적

Action Learning의 목적은 크게 세 가지로 볼 수 있습니다. 첫째는 과제를 수행하면서 개인의 역량을 향상시키는 시너지 효과가 있다는 것입니다. 성공한 CEO들의 설문에서 그들은 질문과 성찰을 통한 극한 프로젝트를 통해 성장했다고 말합니다. 둘째는 상호작용을 통한 협업으로 창의적 아이디어의 문제해결을 제시하는 것입니다. 이를 위해서는 단순 솔루션이 아닌 복합적 분석이 필요합니다. 셋째는 PBL과는 달리 결과물을 실제 사례에 적용하여 그 성과 분석과 함께 효과성을 확인하는 부분입니다.

Action Learning의 방법

Action Learning은 운영 방법에 따라 단일 프로젝트 프로그램과 오픈 그룹 프로그램 이렇게 두 가지로 구분되는데 단일 프로젝트 프로그램은 조직이 제시한 동일한 하나의 문제를 모든 팀원이 참여하여 도입, 진단, 협의. 실행, 검토의 5단계를 거치면서 프로젝트 활동을 하는 프로그램을 말합니다. 같은 문제로 협업하여 활동하게 되어 구성원 간의 응집력이 강해지는 특징이 있습니다. 다음으로 오픈 그룹 프로그램은 팀원들 각자가 가지고 있는 자신만의 문제들로 상호작용을 통해 프로젝트를 진행하는 것을 말합니다. 모두가 다른 문제들로 운영하게 되어 토의가 활발해지고 자율성이 확대 된다는 특징이 있습니다.

5. Flipped Learning 기반 혁신교수법 수업설계

학기 전		❶ 사전계획 (준비단계)	1-1. 분석 및 설계 · 교과목 분석 / 학습자분석 / 교육환경 분석 · 주차별 수업 설계 1-2. 학습자료 제작 · 사전학습자료 제작(동영상 콘텐츠 개발) · 본 학습자료 제작
학기 중	수업 전 (교실 밖)	❷ 사전학습 (Pre-class)	2-1. 디지털 플랫폼을 활용한 동영상 시청 2-2. 학습자 학습활동 확인 (사전 평가)
	수업 중 (교실 안)	❸ 본 학습 (In-class)	3-1. 도입 · 학습목표 제시 및 전시학습 확인 · 동영상에 대한 질의응답 및 보충 강의 3-2. 전개: 동영상과 연계된 학습활동 3-3. 정리: 학습활동 정리
	수업 후 (교실 밖)	❹ 사후학습 (Post-class)	4-1. 보충학습 (동영상 재시청) 4-2. 심화학습 (전이와 파지)

Flipped Learning 수업 설계

Flipped Learning의 수업 설계를 위해서는 학기 전에 사전 계획 단계가 필요합니다. 이 단계는 준비단계로서 Flipped Learning을 적용하고자 하는 교과목 및 학습자를 분석하고 그 결과에 따라서 적합한 수업을 설계하는 일과 수업 적용을 위한 사전 학습 영상제작 및 학습자료를 제작하는 작업들을 하게 됩니다.

본 학기가 시작되면 사전 학습, 본 학습, 사후 학습 이렇게 3단계로 구분하여 수업을 적용하기 때문에 단계에 맞게 필요한 설계를 하게 됩니다.

사전 학습: 사전 학습을 위한 영상을 제공하고 사전 학습 확인을 위한 사전평가

본 학습: 수업에 맞는 활동을 선정하고 상호작용을 통한 팀 협업 활동 진행

사후 학습: 보완을 위한 과제 등의 보충 학습과 전이와 파지를 위한 심화학습

마지막에는 학생들에게 성찰일지를 작성하게 하여 학생은 성찰을 교수자는 수업 개선 자료로 활용할 수 있도록 합니다.

<table>
<tr><td>일시</td><td>20**. *. **</td><td>수업자</td><td colspan="2">*** 담당교수</td><td>시간</td><td>***분</td></tr>
<tr><td>장소</td><td>*호관 ***호</td><td>대상</td><td colspan="2">**대학 **전공</td><td>차시</td><td>*/16</td></tr>
<tr><td>단원</td><td colspan="3">***** (**단원)</td><td>과제명</td><td colspan="2">***************</td></tr>
<tr><td>학습목표</td><td colspan="6">1. **의 개념을 학습하고 활용문제를 통해 응용력을 기른다.
2. 활동을 통해서 여러 가지 유형의 활용문제를 풀어보고 유형을 학습한다.</td></tr>
<tr><td rowspan="2">수업단계
(시간)</td><td rowspan="2">학습내용</td><td colspan="4">교수 · 학습활동</td><td rowspan="2">학습
장소</td></tr>
<tr><td colspan="2">교 사</td><td colspan="2">학 생</td></tr>
<tr><td>Before Class</td><td>동영상
사전학습</td><td colspan="2">· 동영상을 통한 **이론 소개 및 강의
· 팀 빌딩</td><td colspan="2">· 동영상 사전학습을 통한 수업 준비</td><td>집</td></tr>
<tr><td>In Class
도입
(15')</td><td>학습활동
문제제시</td><td colspan="2">· 학습목표제시
· **단원 학습활동 문제 소개</td><td colspan="2">· 학습목표 이해
· 학습활동의 문제 파악
· 활동 문제분석</td><td>교실</td></tr>
<tr><td>In Class
전개
(60')</td><td>팀별 과제
활동 수행</td><td colspan="2">· 촉진자역할
· 즉각적 피드백
· 조력자 역할</td><td colspan="2">· 상호작용을 통한 협업
· 적극적 과제 팀 활동
· 자기 주도적 학습</td><td>교실</td></tr>
<tr><td>In Class
정리
(45')</td><td>발표, 토론
성찰, 평가</td><td colspan="2">· 발표와 토론 주도
· 사전, 사후 지필고사 비교를 통한 평가
· 성찰일지를 통한 성찰</td><td colspan="2">· 발표, 토론에 참여
· 사후 지필고사 참여
· 팀 간 평가, 개인평가실시
· 성찰일지를 통한 성찰</td><td>교실</td></tr>
<tr><td>After Class</td><td>발표, 토론
성찰, 평가</td><td colspan="2">· 과제를 제시하여 수업의 항상성 유지</td><td colspan="2">· 지속적 학습을 통해 과제 수행</td><td>집</td></tr>
</table>

Flipped Learning 수업지도안 작성 샘플

위 그림의 수업지도안은 수업지도안을 실제로 작성하는데 어려움이 많은 교수자들을 위해 제공하는 샘플로 위의 **부분에 각자 자신의 수업에 맞는 단어들을 간단하게 입력하고 그 외의 부분도 상황에 맞게 문장을 적당하게 수정한다면 누구나 쉽게 수업지도안의 초안을 완성할 수 있습니다.

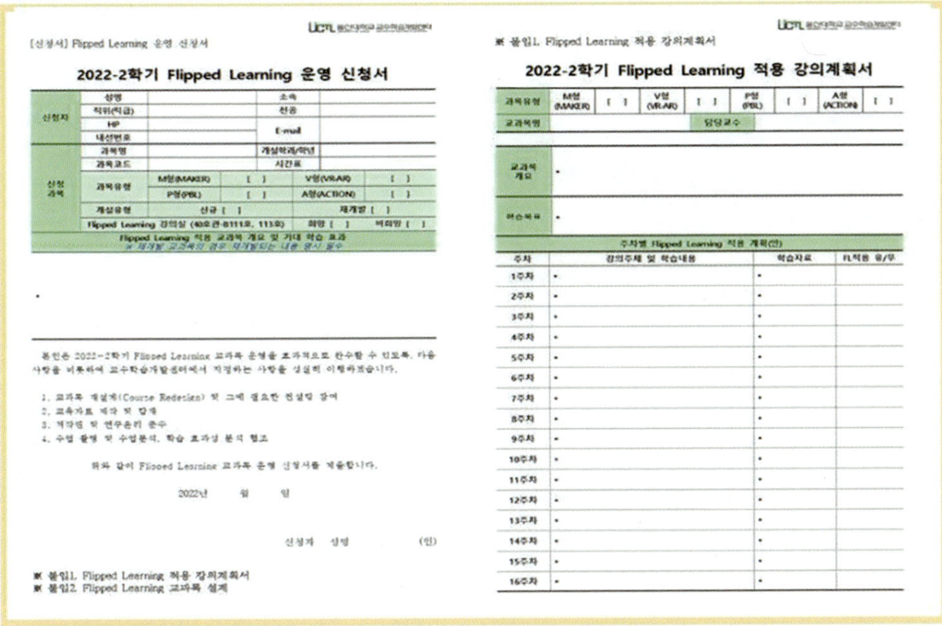
[신청서] Flipped Learning 운영 신청서

2022-2학기 Flipped Learning 운영 신청서

신청자	성명		소속	
	직위(직급)		전공	
	HP		E-mail	
	내선번호			
신청 과목	과목명		개설학과/학년	
	과목코드		시간표	
	과목유형	M형(MAKER) [ ]	V형(VR.AR) [ ]	
		P형(PBL) [ ]	A형(ACTION) [ ]	
	개설유형	신규 [ ]	재개발 [ ]	
	Flipped Learning 강의실 (40호관-8111호, 113호)		희망 [ ]	비희망 [ ]

Flipped Learning 적용 교과목 개요 및 기대 학습 효과

※ 재개발 교과목의 경우 재개발되는 내용 명시 필수

•

본인은 2022-2학기 Flipped Learning 교과목 운영을 효과적으로 완수할 수 있도록, 다음 사항을 비롯하여 교수학습개발센터에서 지정하는 사항을 성실히 이행하겠습니다.

1. 교과목 재설계(Course Redesign) 및 그에 필요한 컨설팅 참여
2. 교육자료 제작 및 탑재
3. 저작권 및 연구윤리 준수
4. 수업 촬영 및 수업분석, 학습 효과성 분석 협조

위와 같이 Flipped Learning 교과목 운영 신청서를 제출합니다.

2022년 월 일

신청자 성명 (인)

※ 붙임1. Flipped Learning 적용 강의계획서

※ 붙임2. Flipped Learning 교과목 설계

※ 붙임1. Flipped Learning 적용 강의계획서

2022-2학기 Flipped Learning 적용 강의계획서

과목유형	M형 (MAKER)	[ ]	V형 (VR.AR)	[ ]	P형 (PBL)	[ ]	A형 (ACTION)	[ ]
교과목명				담당교수				
교과목 개요	•							
학습목표	•							

주차별 Flipped Learning 적용 계획(안)

주차	강의주제 및 학습내용	학습자료	FL적용 유/무
1주차	•	•	
2주차	•	•	
3주차	•	•	
4주차	•	•	
5주차	•	•	
6주차	•	•	
7주차	•	•	
8주차	•	•	
9주차	•	•	
10주차	•	•	
11주차	•	•	
12주차	•	•	
13주차	•	•	
14주차	•	•	
15주차	•	•	
16주차	•	•	

울산대학교 Flipped Learning 운영 신청

울산대학교에서는 매 학기 시작 전에 Flipped Learning으로 수업을 운영하고자 하는 교원들을 대상으로 Flipped Learning 운영 신청서를 받은 후 위원회의 적합성에 대한 심의를 거쳐 통과된 교과목에 대해서 Flipped Learning 강의실 및 필요한 것들을 지원하고 있습니다.

위의 그림과 같이 신청서 첫 페이지에는 신청 교과목에 대한 정보를 기입하고 간단하게 운영에 대한 개요 및 기대 학습효과에 대해서 작성합니다. 그리고 두 번째 페이지는 주차 별 강의 계획서로 구체적 교과목 개요와 학습목표를 작성하고 총 16차시 별 학습내용과 학습자료 그리고 Flipped Learning을 적용하는 주인지 적용하지 않는 주인지의 유무에 대해서도 기입을 합니다. 참고로 울산대는 총 16차시 중에서 최소 6차시 이상만 Flipped Learning을 적용하면 혁신교수법 적용 수업 운영 실적으로 인정하고 있습니다.

Session2

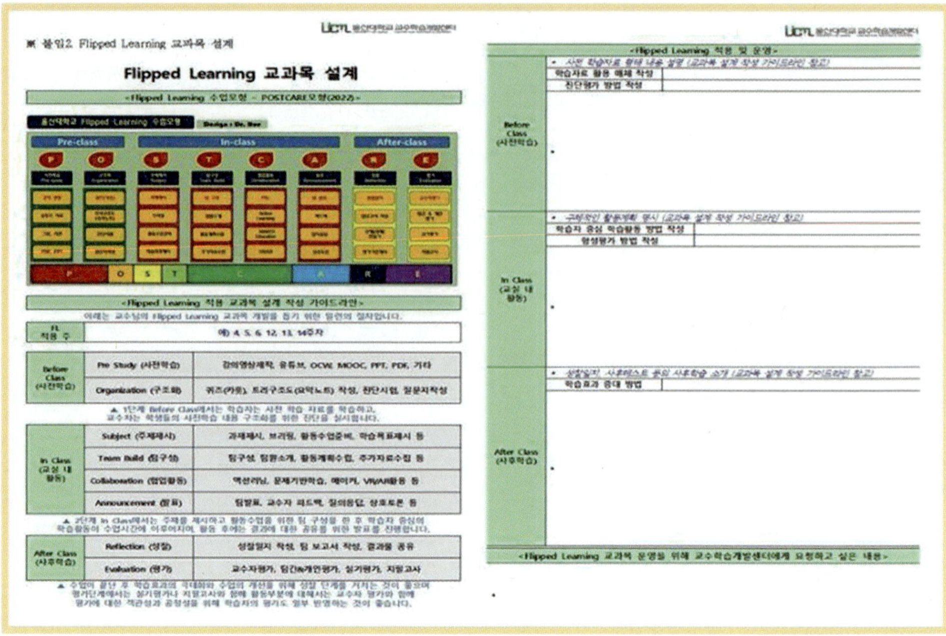

신청서의 세 번째 페이지는 조금 더 쉬운 교과목 설계를 위해서 울산대 Flipped Learning 모형인 POSTCARE 모형과 함께 아래에는 구체적인 설계를 쉽게 하게 하기 위한 자세한 설명과 예시들을 보여주고 있으며 마지막 4번째 페이지는 앞의 페이지 내용을 잘 보면서 사전 학습과 본 학습 그리고 사후 학습에 적용하게 될 내용들을 자세하게 작성하면 됩니다.

이렇게 신청서는 주차 별 강의 계획서와 수업 모형에 맞는 교과목 수업 설계로 구성되어 있습니다. 실제로 많은 교수법 세미나를 통해서 Flipped Learning의 장점에 대해서 특강을 진행해도 많은 교수자들이 공감하며 자신의 교과목에 적용해보고 싶으면서도 구체적인 수업 설계를 해야하는 부분에서 어려움으로 포기하는 사례가 많이 있습니다.

따라서 쉽고 간단한 수업 설계로 신청 절차를 간소화하여 진입의 벽을 낮추면 훨씬 더 많은 참여와 수업 적용이 가능해 질 수 있습니다.

Flipped Learning 사전 영상 학습

사전 학습을 위한 영상은 교수자가 필요한 내용으로 구성하여 직접 제작하기도 하지만 위의 그림과 같은 다양한 기존의 영상들을 활용하기도 합니다. 지식의 표준이라고 불리는 유투브에서 학습할 내용에 대해 쉽고 재미있게 잘 만들어진 영상을 활용해도 되고 OCW와 같은 공개된 온라인 강의 공개 서비스의 영상을 사용하기도 하며 MOOC와 같은 플랫폼의 영상을 제공하기도 합니다.

이 때 교수자들이 많은 사전 지식을 제공할 목적으로 영상의 길이가 많이 길어지기도 하는데 영상은 지루하지 않게 7~8분 정도의 길이가 적당하며 그 이외의 지식들은 본 수업에서 학습자들이 상호작용을 통한 협업을 통해 해결하게 하면 됩니다. 실제로 유투브의 조회수 1위부터 50위까지 영상의 길이의 평균은 2분 43초 정도라고 합니다.

따라서 핵심적인 내용 위주로 짧은 영상을 제공하면 되고 교과목의 상황에 따라서는 사전 학습 자료가 영상이 아닌 PDF파일이나 문서의 형태로 주어질 수도 있기 때문에 영상을 꼭 고집할 필요는 없습니다.

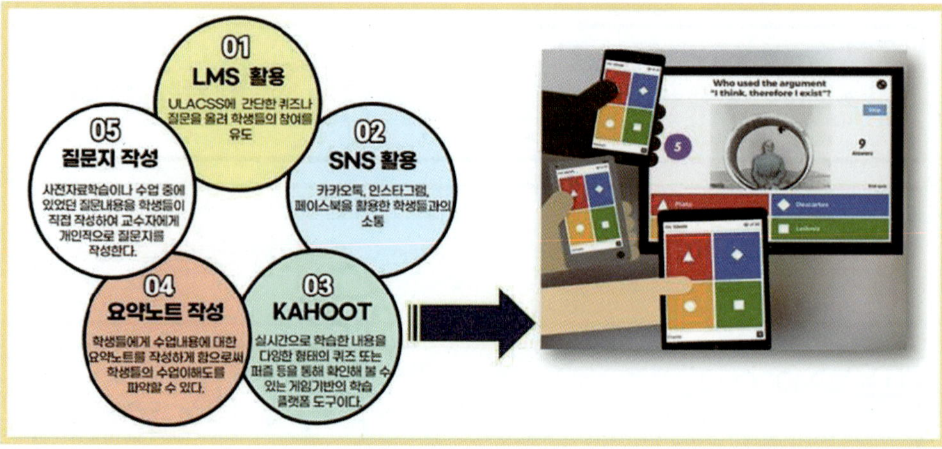

사전 학습 확인을 위한 Kahoot

사전 학습이 잘 이루어졌는지를 확인하기 위한 방법은 여러 가지가 있습니다. LMS를 활용하여 간단한 퀴즈를 풀게 하거나 질문을 올리도록 하며 학생의 참여를 유도하기도 하고 카카오 톡이나 인스타그램 같은 SNS를 활용하여 학생들과 소통을 하기도 하며 KAHOOT같은 게임 기반의 실시간 퀴즈 전용 플랫폼을 활용하기도 합니다. 그 이외에도 트리구조도를 그리게 하거나 요약 노트를 작성하게 하기도 하고 사전 학습을 통한 질문지를 작성해 오도록 하는 방법도 있습니다.

특히 이 중에서도 학습자들의 흥미도를 극대화 하면서 재미있게 사전 학습 확인을 할 수 있는 방법인 게임 기반의 KAHOOT 프로그램은 다른 방법들에 비해 월등하게 효과가 크다고 할 수 있습니다. 특히 스마트보급률이 아주 높아 활용을 위한 인프라가 잘 구축되어 있는 우리나라에서는 오프라인 수업은 물론이고 온라인 수업에서도 활용도가 높아서 코로나19 기간 동안 이루어진 온라인 수업에서 실제로 많은 활용이 있었고 재미있는 게임기반 환경 때문에 온라인 환경에서도 집중을 높일 수 있게 큰 역할을 하였습니다.

KAHOOT 사용법(학습자)

사전 학습 점검을 위한 KAHOOT 사용법을 알아 보도록 하겠습니다.

1. 위의 그림과 같이 PLAYSTORE에서 KAHOOT을 검색하여 들어간 후 설치를 클릭하면 프로그램이 설치 됩니다.
2. 설치 완료 후 열기를 누르면 welcome!이 쓰여진 화면이 나오는데 여기서 아래의 NEXT를 클릭합니다.
3. 네 가지 색깔에 Teacher, Student, Professional, Personal 이 쓰여져 있는데 학습자는 파란색인 학생을 선택합니다.
4. 다음 화면에서 나이를 물어보는데 나이를 기입하고 OK를 클릭합니다.
5. 초기화면이 나오면 아래의 4가지색 아이콘인 Enter pin을 클릭합니다.
6. GamePin 부분을 클릭합니다.
7. 여기에 교수자가 제공한 pin번호를 입력하고 Enter을 클릭합니다.
8. 이름을 입력하고 OK, go!를 클릭하면 대기실로 들어가 집니다.

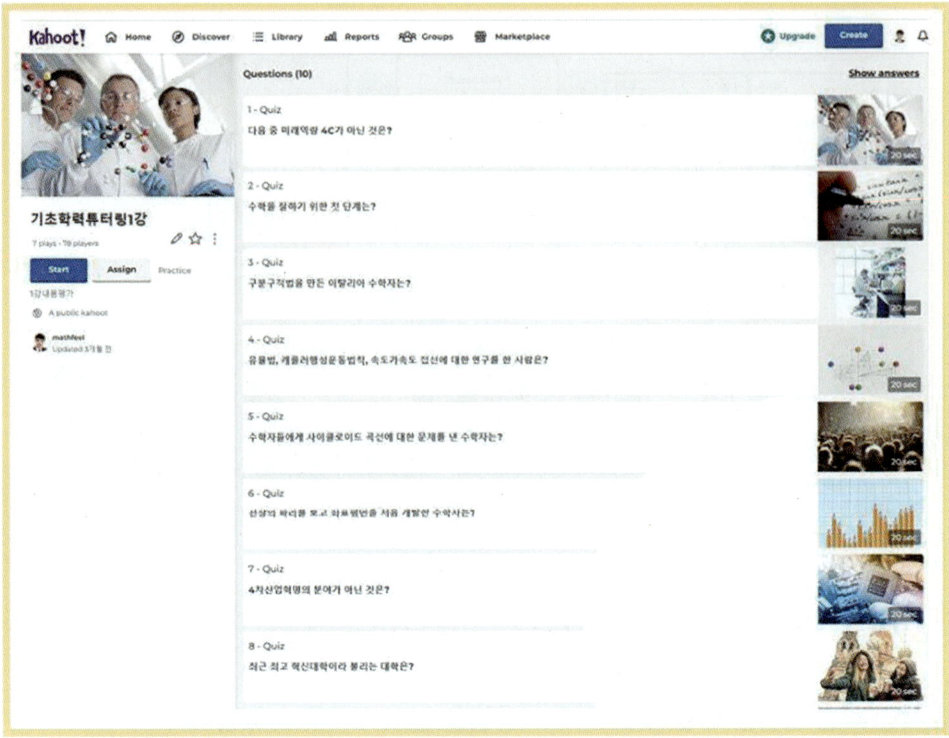

KAHOOT 퀴즈 만들기(교수자)

KAHOOT 에서 Create를 클릭하면 퀴즈를 교수자가 직접 만들 수 있습니다. 문제를 입력하고 선택할 수 있는 보기들을 작성한 뒤 답을 정하고 퀴즈 푸는 시간을 정하면 한 문제의 생성은 완료 되며 추가하기 버튼을 사용하여 그 다음 문제도 똑같은 방법으로 만들어 나가면 됩니다.

또 각 문제마다 배경에 사용할 그림도 선택할 수 있는데 내가 원하는 사진이나 그림을 마우스로 드레그 하여 넣어도 되지만 KAHOOT에서 제공하는 여러 가지 사진이나 영상을 활용해도 됩니다.

위 그림은 본 저자가 직접 운영했던 Flipped Learning수업에서 사전 학습 여부를 확인하기 위해 만든 퀴즈를 보여주고 있습니다.

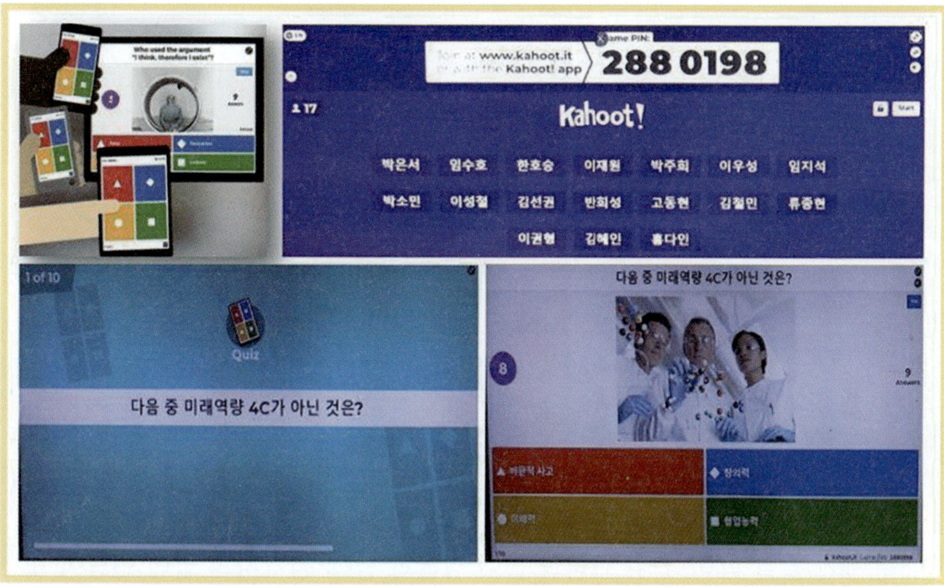

KAHOOT PLAY

문제 만들기가 완성되면 start를 눌러서 퀴즈를 실행하게 됩니다. 초기 화면은 위 그림의 상단 오른쪽 그림과 같이 대기실을 나타내고 있으며 학습자들은 위에 보여지는 PIN번호를 입력하여 대기실로 들어오게 됩니다.

최근 버전에서는 학습자들이 쉽게 입장하도록 대기실 화면의 PIN번호 옆에 입장할 수 있는 QR코드를 보여주는 기능이 있어 학습자들이 앞에서 설명한 복잡한 절차 없이 바로 들어올 수 있도록 개선되었습니다.

모든 참여자가 대기실에 들어왔으면 화면 오른쪽 상단의 START버튼을 눌러 퀴즈를 시작하면 됩니다. 진행 형식은 문제가 하나 나오고 나서 퀴즈를 만들 때 선택했던 그림과 같이 4가지 보기가 색깔 별로 보여집니다. 그리고 음악과 함께 퀴즈 푸는데 주어진 시간이 카운트 다운 됩니다. 그러면 참여자는 스마트폰 화면에 있는 네 가지 색의 답변 부분을 손을 터치하면 그 답변이 반영됩니다.

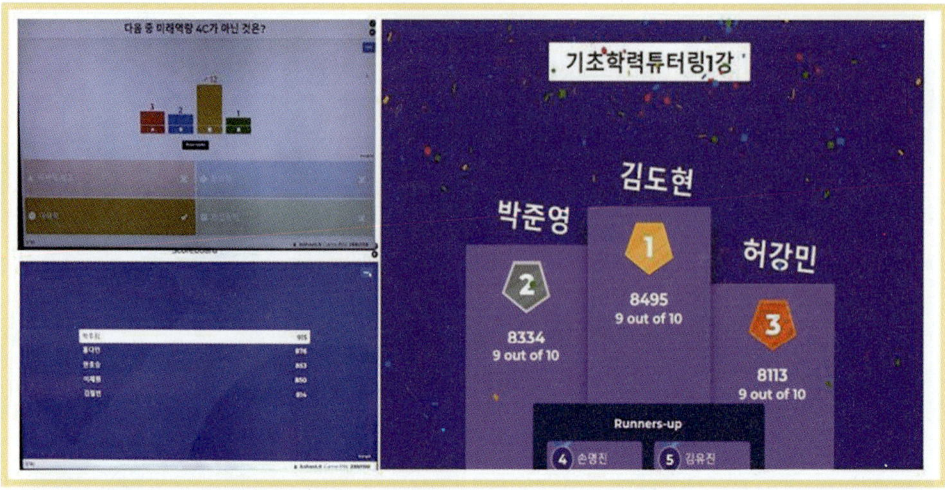

매 문제가 끝날 때마다 위 그림과 같이 정답과 함께 참가자의 답변 현황이 표시가 되고 이어서 1등부터 5등까지의 참가자가 순서대로 화면에 표시됩니다.

여기서 등수의 기준은 정답을 맞추었다고 해도 먼저 답을 한 참가자의 점수가 더 많이 주어지기 때문에 동점자는 없습니다. 이 등수의 순위는 매 문제 마다 계속 알려주며 순위가 바뀌는 과정도 매핑기능으로 보여주어 참여 학생들이 더 흥미 있게 퀴즈 풀기에 빠져들게 하는 효과가 있습니다.

모든 퀴즈가 다 끝나면 자동으로 시상식 화면이 나오는데 시상대 그림과 함께 3등부터 발표되고 다음은 2등 그리고 마지막에 1등이 발표됩니다. 그리고는 축하하는 폭죽 화면과 함께 아래에 4등과 5등 이름도 작게 표시됩니다.

이러한 퀴즈 풀이를 하면서 느낀점은 문제는 너무 어렵게 내지 말고 수업을 잘 듣기만 하면 누구나 쉽게 답할 수 있는 문제를 내는 것이 좋으며 퀴즈 결과를 성적에 반영하게 하면 학생들이 부담을 느낄 수 있어 성적에는 반영하지 않는 것이 더 효과적이었습니다.

즉 학생들이 재미있게 참여하도록 하는 것이 목적이지 시험과 같은 스트레스를 주지않았을 때 좀 더 적극적으로 참여하고 즐겁게 퀴즈 풀이를 할 수 있었습니다.

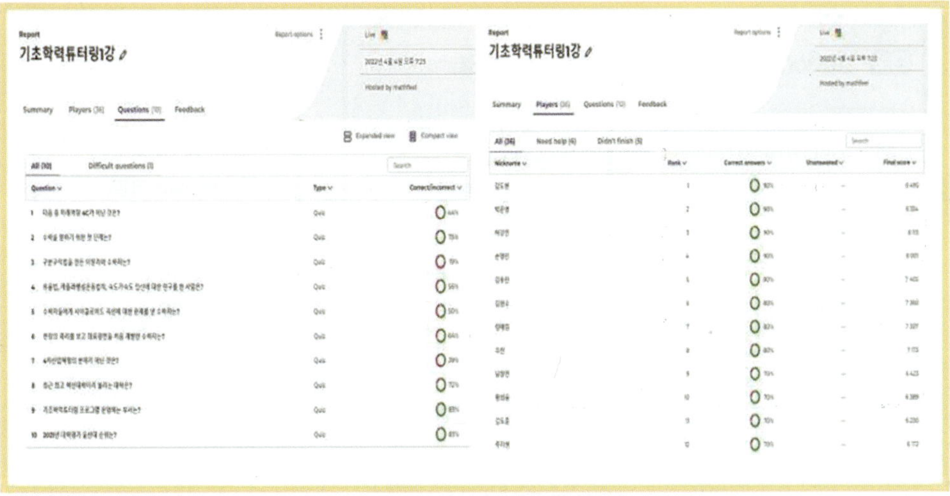

KAHOOT 퀴즈 결과 통계 분석

KAHOOT 프로그램은 퀴즈 풀기가 다 끝난 후 퀴즈 결과에 대한 통계 분석 자료들을 교수자에게 제공합니다.

위 왼쪽 사진은 문항별 정답률을 알려주는 장면으로 퀴즈에 참여한 학습자들이 어떤 문제를 잘 모르고 어떤 문제를 가장 많이 알고 있는지에 대한 분석이 가능하게 합니다.

위 오른쪽 사진은 참가자 개인별 정답 현황을 점수 순서대로 알려주어 어떤 학습자가 많이 문제를 맞추었고 또 어떤 학습자가 적은 문제를 맞추었는지 한눈에 볼 수 있게 알려주는 장면입니다.

매 차시마다 이러한 퀴즈를 하게 된다면 교수자는 학기말에 전체적인 점수 분포 및 단원 별 학업성취현황 등을 쉽게 분석할 수 있어 수업 개선을 위한 자료로도 활용이 가능합니다.

KAHOOT프로그램은 기본적인 진행은 무료로 사용할 수 있으나 4지선다 이외의 다양한 형식으로 문제를 낸다거나 풀이에 참여하는 학습자가 개인 참여가 아닌 팀 플레이 참여 그리고 퀴즈에 아주 많은 인원이 한꺼번에 참여할 수 있기 위해서는 유료 버전을 사용해야 가능합니다.

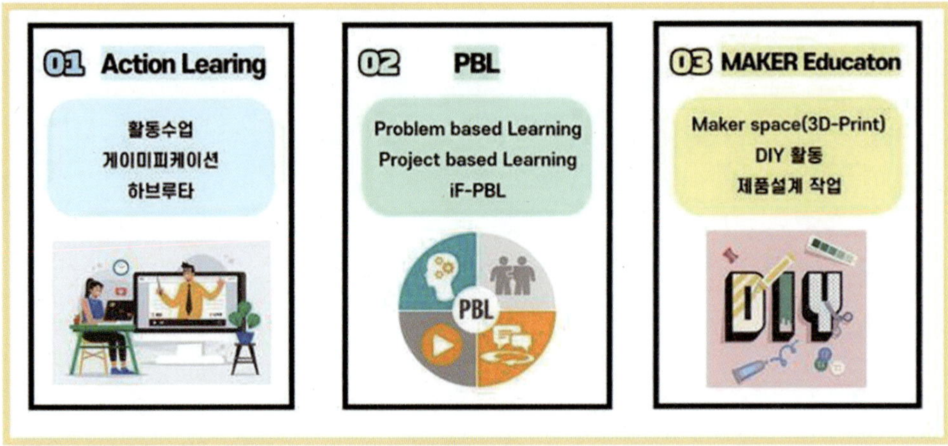

Flipped Learning 본 수업 활동

① 액션러닝

- 일상에서 살아가는 동안 일어나는 문제를 학생들이 팀을 이루어 해결하는 과정에서 서로 협동하고 배움을 주고받는 활동과 그 활동을 통해 학습이 일어나는 학습방법

② 프로젝트기반학습

- 팀 빌딩 → 프로젝트 계획 수립 → 자료수집 및 과제 해결 → 결과물 개발 → 평가

③ 문제기반학습

문제 확인 단계 → 교과서 도입 내용 제시 및 문제를 확인할 수 있도록 안내

해결 계획 단계 → 문제 해결을 위하여 알고 있는 것과 알아야 할 것을 작성

탐색 및 재 탐색 단계 → 탐구/자료 해석 해결 단계

발표 및 평가 단계 → 결과를 조사하고 정리하여 발표하도록 한다.

정리 단계 → 형성평가 문항 제시, 차시 예고

④ 메이커 교육

- 메이커 교육은 학생들 스스로 원하는 것을 만들고, 만드는 과정을 다른 사람과 공유하며 이를 통해 '배우는 것'을 말함

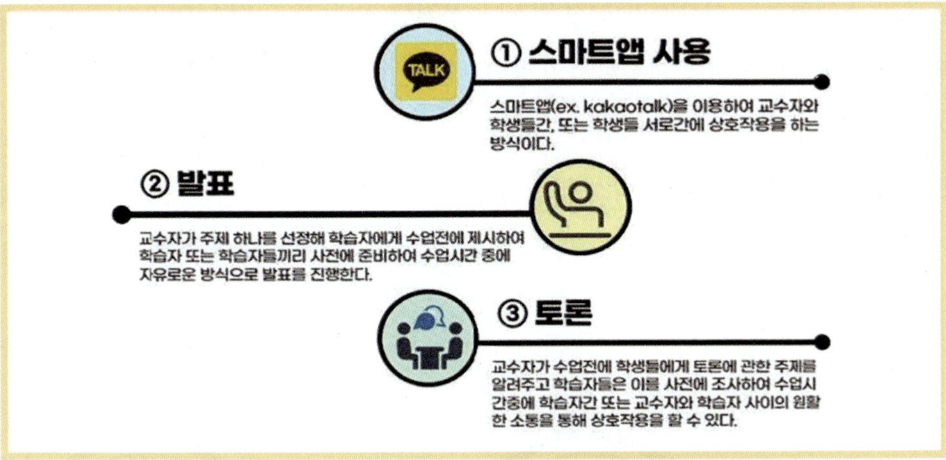

Flipped Learning은 교수자와 학습자, 학습자와 학습자간의 상호작용을 강조합니다. 앞선 팀 활동 또는 발표를 통해 학습자간의 의견을 나누고 공동 과제를 해결하게 되며, 다양한 토의와 협업을 통해 의사소통능력, 문제 해결력, 사고력 계발 및 향상됨과 동시에 상호간의 관계를 증진시킵니다. 예시로 위 그림의 3가지 방법을 제시합니다.

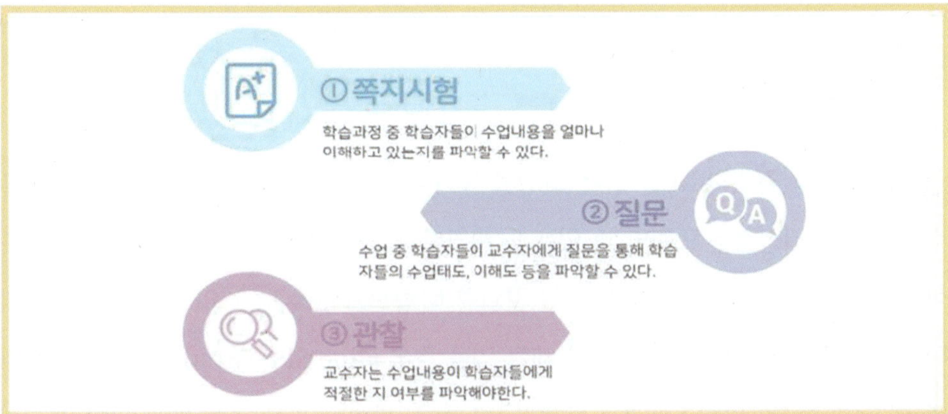

Flipped Learning은 교수-학습 과정 중에 가르치고 배우는 내용을 학습자들이 얼마나 잘 이해하고 있는지를 수시로 점검하고, 학습자들의 수업 능력, 태도, 학습 방법 등을 확인함으로써 교육 과정이나 수업 방법을 개선하고 교재의 적절성을 확인할 수 있도록 위 그림과 같이 형성 평가를 실시합니다.

또한 수행평가는 학습자가 직접 읽거나, 쓰거나, 만들거나, 더 나아가서 그것을 계획하고 준비하는 일련의 과정까지 포함되는 부분입니다. 즉, 수행평가는 학습자가 문제의 정답을 선택하는 것이 아니라 자기 스스로 정답을 작성 또는 구성하거나 행동으로 나타내도록 하는 평가방식으로, 추구하고자 하는 목표를 가능한 실제 상황에서 달성했는지를 파악하고자 하며, 그 결과뿐만 아니라 과정도 평가에 포함해야 합니다.

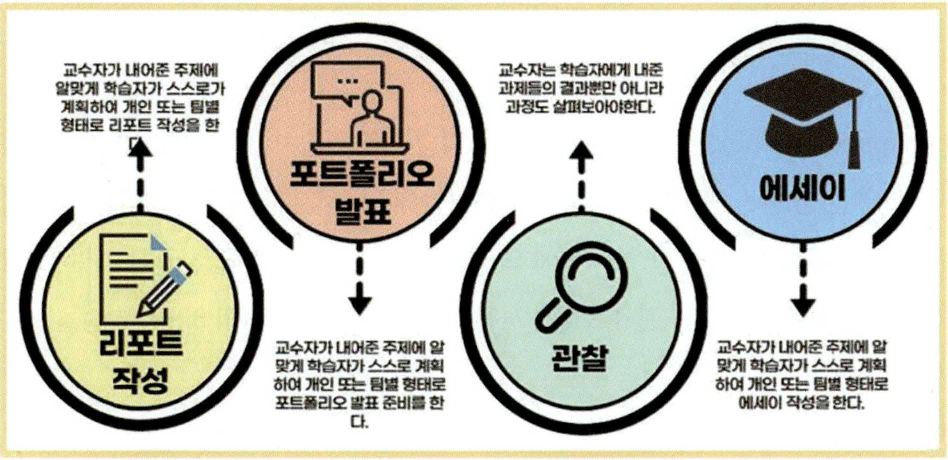

사후 학습

성찰은 강의 결과에 대한 평가 과정을 통하여 실행한 수업에 대해 반성하고 향후 수업을 위한 개선점을 도출할 수 있는 단계입니다. 또한, 반성 및 성찰에서는 앞서 분석한 수업 과정 및 결과에 대한 성찰 결과를 바탕으로 교수자가 의도했던 목표가 제대로 달성 되었는지를 확인하고, 문제가 있을 경우 Flipped Learning 교수학습 설계의 각 단계 중 어떠한 단계에서 문제가 있었는지 분석하여 해당 문제에 대한 개선점을 도출하는 과정이 포함됩니다.

다음 페이지 내용은 Flipped Learning 수업 시 작성하는 학습 노트와 팀 보고서 작성시 유의할 점에 대한 내용입니다.

Flipped Learning 학습노트

Flipped Learning Study Note(UOU)

학과		학번		이름	
교과목			단원		
차시(주차)	주차	학습목표			

-Before Class

사전학습 내용요약	**Before Class** 사전학습 내용정리
사전학습 점검활동	**In Class** 사전학습 진단

-After Class

◎발표 및 결과

발표 및 결과물 공유	**After Class** 발표내용 요약정리

◎성찰일지

배운것	성찰, 평가
느낀점	항목별
건의사항	2문장씩 작성

-In Class

◎팀 활동 보고서

활동 개요	일시		팀명	
	활동의 주제			
진행 사항	구분	활동 내용		
	이번 활동에서 한 일			
추후 계획	구분	활동 내용	역할 분담	추진 일정
	다음 활동에서 할 일			
피드백	교수님의 피드백 사항			

-EVALUATION

◎팀원평가

내용	팀원이름(0~5점부여) ※자신제외					
팀 활동에 적극적으로 참여하였다.						
팀 활동에 적극적으로 공헌하였다.						
다른 사람의 의견을 경청하였다.						
질문을 하고 다른 사람의 질문에 대답하였다.						
과제를 지속적으로 수행하였다.						
유용한 정보를 찾아 제공하였다.						
다른 구성원들과 협력하였다.						
긍정적인 의견을 제시하였다.						
리더십을 발휘하였다.						
다른 구성원을 칭찬하고 격려하였다.						
점수 합계						

◎팀간평가

평가 요소	팀 번호(자기 조 제외)			
	1위 (5점)	2위 (4점)	3위 (3점)	4위 (2점)
1. 문제와 관련된 정보를 가장 많이 제시한 조는 어느 조인가?	조	조	조	조
2. 다양한 학습 자료를 수집, 분석하여 합리적인 근거와 이유를 들어 의견을 제시하고 학습 결과를 이해하기 쉽게 보고한 조는 어느 조인가?	조	조	조	조
3. 흥미를 가지고 학습에 가장 적극적으로 참여한 것은 어느 조인가?	조	조	조	조
4. 조원 간 의견을 존중하고 서로 도우며 학습을 이끈 조는 어느 조인가?	조	조	조	조
5. 다른 조에게 방해가 되지 않게 열심히 학습에 임한 조는 어느 조인가?	조	조	조	조

플립러닝 수업의 활동 보고서를 작성 시 유의점

1. 목표 설정: 보고서 작성 시 학습 목표를 명확히 설정하고 자기주도 학습과 팀별 협업이 어떻게 수업 목표를 달성하는 데 도움이 되었는지 강조하여 서술

2. 활동 설명: 수업에서 어떤 자기주도 학습 및 팀별 협업 활동을 수행했는지 자세하게 설명하고 활동의 내용, 방법, 및 목적을 기술

3. 자기주도 학습 경험: 자기주도 학습을 통해 어떤 도구나 자원을 활용했는지 기술하고, 이러한 경험이 어떻게 학습에 도움이 되었는지 강조

4. 팀별 협업 경험: 팀원과의 협력이 학습에 어떻게 기여했는지 서술

5. 자기평가: 자신의 역할과 기여도를 평가하고, 피드백 내용 포함

6. 팀원 평가: 팀원의 역할과 기여도를 언급하고, 어떤 도전과 성과가 있었는지 기술

7. 학습 결과: 플립러닝 활동을 통해 얻은 학습 결과와 향후 개선 방향을 소개

8. 문제 및 해결책: 어려웠던 문제나 도전에 대해 언급하고, 이를 어떻게 극복했는지 설명

9. 시기 및 일정: 활동이 진행된 시기와 일정을 기술하여 활동의 일련의 과정을 서술

10. 참고 자료: 사용한 자료, 도구, 레퍼런스 등을 명시하여 보고서의 신뢰성 향상

플립러닝 수업의 활동 보고서를 잘 쓰기 위한 전략

1. 활동 목표와 학습 목표 명확히 정의하기: 보고서를 작성하기 전에 어떤 목표를 달성하고자 하는지 명확하게 이해하고 학습 목표와 활동 목표를 구분하여 기술하며 보고서 내용을 이에 맞게 구성

2. 학습 경험 설명: 수업에서 어떤 학습 경험을 했는지 상세하게 설명하고 어떤 주제를 다루었는지, 어떤 자료나 도구를 사용했는지 등을 기술

3. 자기주도 학습 강조: 플립러닝의 핵심은 자기주도 학습이므로, 어떻게 자기주도 학습을 진행했는지 상세히 기술하고 어떤 자료를 찾아보았는지, 어떤 학습 전략을 사용했는지 설명

4. 팀별 협업 경험 설명: 팀원들과의 협업 경험을 다루는 섹션에서는 역할 분담, 의사소통, 문제 해결 과정 등을 강조

5. 도구와 자료 활용 설명: 어떤 도구나 자료를 사용하여 학습했는지 자세히 기술하고 필요하다면 스크린샷이나 링크첨부

6. 학습 과정의 어려움과 극복 전략: 학습 도중에 마주한 어려움과 이를 극복한 전략을 솔직하게 기술(자기 성장과 더불어 실패와 교훈을 강조하는 요소로 작용)

7. 성과와 결과 도출: 학습 목표 달성과 팀 협업의 결과를 명확하게 기록하여 어떤 성과를 얻었는지, 어떤 결과물을 도출했는지 상세하게 설명

8. 자기평가 및 개선 계획: 수업에서 습득한 지식과 기술을 자가 평가하고, 개선할 부분을 정리하여 미래에 어떻게 더 나은 학습 경험을 만들 것인지의 계획도 서술

9. 리플렉션과 비교적 분석: 플립러닝 경험을 다른 학습 방법과 비교하여 어떻게 다른지 리플렉션하고, 플립러닝의 장점과 한계에 대한 논의 서술

10. 문서 구성과 문법 검토: 보고서를 체계적으로 잘 구성하였는지 문법 및 맞춤법은 바른지를 검토하고 이미지, 그래프, 표 등을 활용하여 내용을 시각적으로 보강

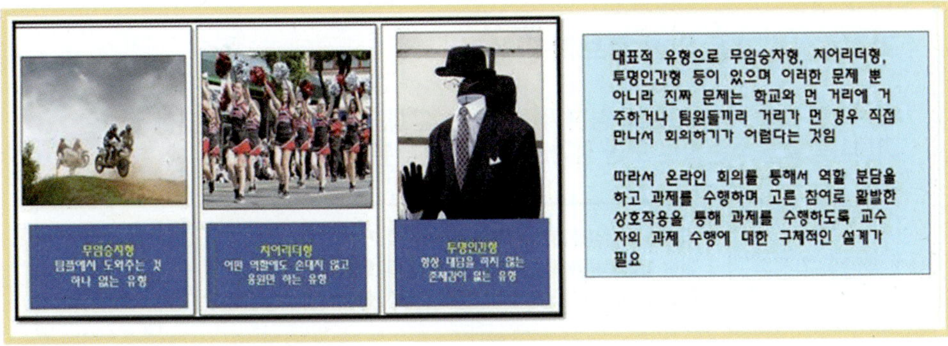

온라인 조별 과제의 문제점

대표적 유형으로 무임 승차형, 치어 리더형, 투명 인간형 등이 있으며, 이러한 문제들 뿐만 아니라, 진짜 문제는 학교와 먼 거리에 거주하거나 팀원들끼리 거리가 먼 경우 직접 만나서 회의하기가 더 어렵다는 것입니다. 따라서 온라인 회의를 통해서 역할 분담을 하고 과제를 수행하며, 활발한 상호작용을 통해 과제를 수행하도록 교수자의 과제 수행에 대한 구체적인 설계가 필요합니다.

과제유형	방법	장점
역할 분담 강조형	과제 수행 계획 시 개개인의 역할 균등 분배	소극적 참여 방지와 역할 지정으로 과제 완성도 향상
과정 중심 평가형	과제 수행 결과만을 대상으로 하는 평가가 아닌 수행과정에 대해서도 세부적인 기준을 통해 평가함	과제 활동의 과정과 결과를 모두 체크하여 과제수행 전 과정에 대해 공정한 평가가 가능 (루브릭 활용)
실시간 토론 발표형	실시간 화상 토론을 통한 과제 수행으로 개개인의 토론 과제에 대한 참여도를 체크할 수 있는 유형	참여율이 낮은 학습자를 실시간으로 체크하여 토론에 참여시켜 고른 참여를 유도

따라서 효과적인 온라인 조별 과제의 유형으로는 첫째 과제 수행 시 개개인의 역할을 명확하게 분담하여 지정하는 방법이 있으며 둘째 과제 수행의 결과만 중요시하지 않고 과정 부분에 대해서도 세부적인 기준을 정해서 평가하는 방안도 있으며 마지막 셋째는 실시간 토론을 통한 발표로 개개인의 모든 참여도나 수행 내용을 체크하여 평가하는 방법 등을 들 수 있습니다.

과정중심평가를 위한 루브릭 만들기

루브릭의 의미: 학습자가 달성하기를 바라는 구체적인 성취 동기에 대한 교사의 기대사항들을 수준별로 모아 평가하기 쉽도록 구분해 놓은 채점도구

학습목표 성찰	학생들이 달성해야 하는 목표는 무엇인가? 이런 학습목표가 학생들에게 어떤 의미가 있는가? 학습목표 달성을 위해서 학생들이 알아야 할 지식과 기능 그리고 태도는 무엇인가?
과제 분석	과제완성을 위해 어떠한 과정을 거쳐야 하는가? 이 과제는 어떤 하위 요소로 나누어 지는가? 이러한 요소들은 학습목표와 관련하여 중요한가?
우수 결과 분석하기	지난 학기의 학생들의 결과물 전문가의 결과물 우수사례집의 결과물
평가 요소별 성취수준작성	평가 요소항목 작성 항목별로 성취 수준 작성
채점 기준표 개발	실제로 결과물 평가 해보기 동료교수자와 피드백 주고받기 학생들과 소통하기

효과적인 평가를 위해서는 결과만 평가하기 보다는 과정 중심 평가가 필요하고 이를 위해서는 구체적인 성취 동기에 대한 교수자의 기대사항들을 수준별로 모아 잘 분류하여 평가하기 쉽게 구분해 놓은 루브릭과 같은 채점 도구를 만들어 활용하면 좋습니다.

루브릭 개발 절차는 위 그림과 같은 순서로 진행하면 되며 이렇게 완성된 평가 항목들을 교수자와 학습자가 모두 참여하는 평가 형태로 학기초에 합의하여 결과물에 대한 평가를 진행하게 되면 평가 결과에 대한 신뢰도를 향상시킬 수 있습니다.

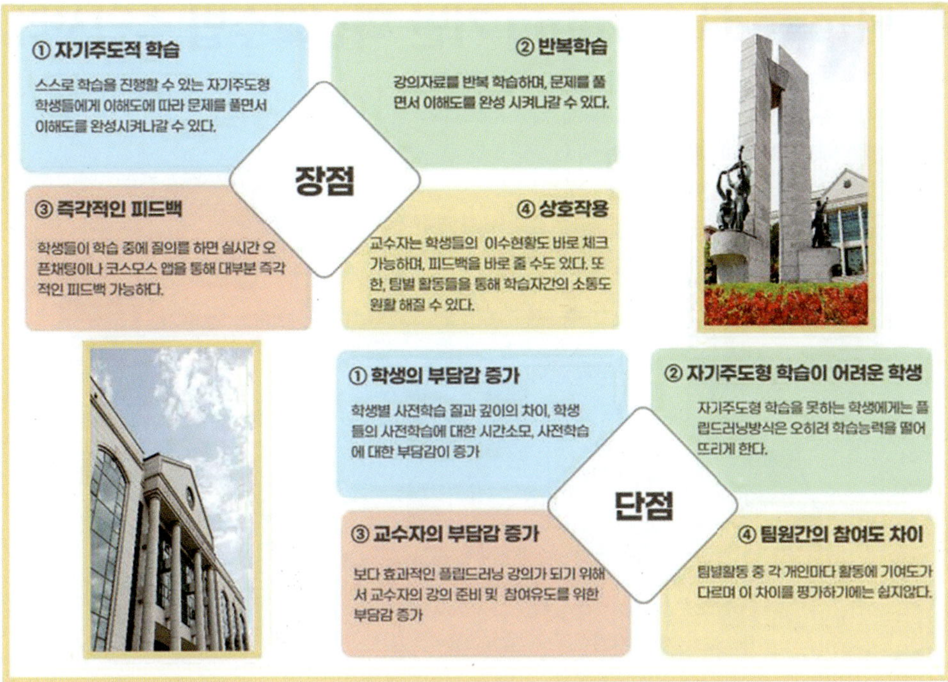

Flipped Learning 운영에서 교수자가 말하는 장단점

위 그림은 울산대학교에서 Flipped Learning을 운영했던 교수자들을 대상으로 실시했던 설문 조사의 내용을 분석하여 장단점을 정리해 놓은 내용입니다.

장점으로는 학생들이 자기주도적으로 학습할 수 있다는 것과 사전 학습 제공으로 인한 반복학습가능 그리고 원활한 상호작용과 즉각적 피드백이 가능한 점 등을 언급하였습니다.

반면 단점으로는 사전학습으로 인한 학생과 교수자의 부담증가 부분과 자기주도가 어려운 학생에 대한 관리문제 그리고 팀원간의 참여도 차이 등을 지적하였습니다.

장점을 더 강화시키고 단점을 개선 및 보완하기 위해서는 우수사례 확산을 위해 우수사례 세미나와 우수 사례집 발간 등의 공유를 위한 다양한 프로그램을 지원한다면 많은 부분이 개선될 수 있을 것이라고 생각합니다.

6. Flipped Learning 기반 혁신교수법 수업사례

혁신교수법의 수업사례들을 소개하도록 하겠습니다. 먼저 교수법들에 대한 오해들이 조금씩 있는데 Flipped Learning은 단순 온라인 오프라인 수업의 결합인 블랜디드러닝과 혼동하기도 하고 MAKER Education은 창의적 아이디어가 들어있지 않은 일반 단순 만들기 수업과 혼동하기도 합니다. 또한 PBL도 일반 과제를 팀 단위로 수행하는 일반 프로젝트 활동과 혼동하는 일이 많은데 PBL은 문제해결에 있어 기존에 없던 새로운 창의적 해결책이 분명하게 제시되어야 합니다. 위 그림은 PBL대회에서 입상한 우수한 사례인데 문제는 생활이 어려운 폐지 줍는 독거 노인들을 도울 수 있는 방안을 제시하는 것이었습니다. 이 문제에 대해서 입상한 팀의 아이디어는 폐지가 적어도 항상 동네 구석구석을 돌아다니는 리어카의 옆면에 광보판을 붙여서 광고주들을 모집하는 방안이었습니다. 당연히 기존에 없었던 생각이고 너무 창의적이고 참신한 아이디어로 실제로 많은 노인들이 폐지수거보다 더 큰 수입을 창출할 수 있었다고 합니다.

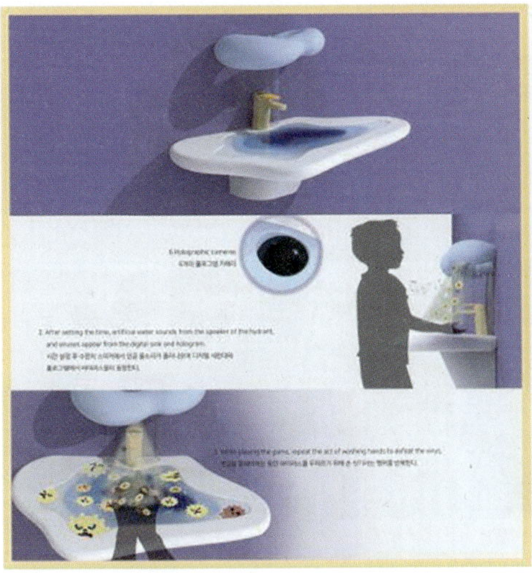

MAKER Education 대학 수업 사례(산업디자인학과 전공 수업)

MAKER Education의 수업 사례를 하나 소개하겠습니다. 위 사진은 울산대학교 Flipped Learning의 MAKER형(M형) 수업으로 운영한 산업디자인학과 전공 수업의 MAKER 활동 후 제출한 우수 결과물입니다. 활동은 팀 별로 아이디어 창작물을 구상하도록 하였는데 위 왼쪽 결과물은 유치원이나 어린이집에서 아이들에게 1분 동안 손을 씻으라고 해도 훨씬 더 짧게 씻는 경우가 많아 세면대에 홀로그램으로 세균 모양의 홀로그램이 손 위에 투사되고 씻다 보면 세균이 점점 사라져 게임하듯이 즐기며 손을 정해진 시간 동안 씻을 수 있게 해주는 아이디어가 들어간 창작 제품입니다.

그리고 위 오른쪽 결과물은 배달 음식을 시킬 때 배달원이 음식을 조금 빼먹는 경우와 일회용 용기 사용의 문제를 해결하기 위한 아이디어가 포함된 제품으로 용기에 뚜껑이 닫혀 있어 열 수 없도록 되어 있고 고객이 QR코드로 인증을 하면 뚜껑이 개봉되도록 장치가 되어 있습니다. 또한 전문 수거 업체가 용기만 수거하고 세척하여 다시 음식점에 납품할 수 있는 시스템으로 운영되도록 설계하여 일회용품 사용의 문제도 해결하였습니다.

2019-2학기 iF-PBL 경진대회에서 대상을 수상한 의류학과 [패션 머천다이징] 교과목 수업 사례입니다.

주제는 울산대학교 개교50주년을 맞아 50년의 역사가 담긴 캐릭터 디자인 및 브랜드를 런칭하기 위한 구체적인 설계를 하는 [울산대학교 50주년 기념 굿즈 개발 및 설계]라는 PBL 과제였습니다.

대상 수상팀은 먼저 학교의 대표적인 상징물인 기린 캐릭터와 해송 그리고 행정본관 등의 대상들을 파악하고 특징을 분석하여 창의적인 캐릭터 개발 및 상징물들의 효과적인 적용 제품들을 구상하였습니다.

그리고 이 개발한 캐릭터를 상품화 하기 위해 먼저 다양한 연령층의 소비자를 대상으로 최신 유행을 반영할 수 있도록 트렌드 설문조사를 실시하였고 그 결과로 분석을 실시하였습니다.

그래서 그 분석 결과를 바탕으로 예산, 구성, 영업기획 등을 통해 구체적인 사업계획을 수립하였고 실제 샘플을 제작하며 실제 창업으로 이어지기 위한 런칭 전략을 수립하여 제시하는 활동들을 하였습니다.

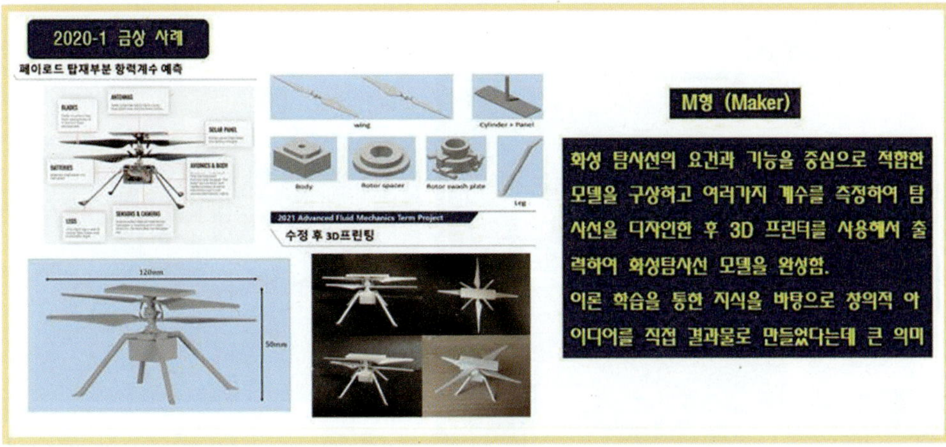

2020-1학기 Flipped Learning 경진대회에서 금상을 수상한 기계공학부의 [응용유체역학] 교과목 수업 사례입니다.

이 수업은 Flipped Learning의 MAKER형인 M형으로 진행되었으며 교과에서 학습한 비행체의 비행원리와 프로펠러 선택 그리고 공력의 특성을 파악하고 항력계수를 예측하여 동력분석과 함께 비행계획을 수립하며 화성의 특성을 잘 반영한 드론형 화성 착륙선을 설계하고 3D-프린터로 직접 만들었던 사례입니다.

실제로 화성 착륙선을 3D 프린터로 제작하는 과정에서 처음에는 아래를 받치고 있는 서포터를 제거하는 과정에서 날개의 일부가 찢어지고 다리가 부러지는 등의 시행착오들을 많이 겪었습니다.

그래서 그 대안으로 한번에 프린팅 하지 않고 각 부품별로 나누어 프린팅을 하여 문제를 해결하였고 그 과정에서 오히려 많은 구조적인 개선과 함께 보완이 이루어졌다고 합니다.

이 교과목의 MAKER활동은 이론을 통해 배웠던 항력계수나 동력분석 등의 지식을 직접 적용하여 창의적 아이디어로 결과물을 만들었다는 것에 큰 의미가 있는 수업이라고 할 수 있는 사례였습니다.

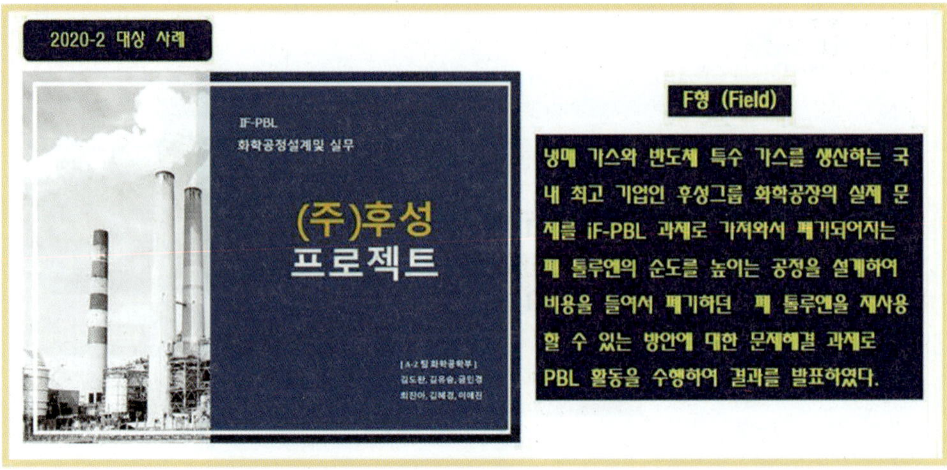

2020-2학기 iF-PBL 경진대회에서 대상을 수상한 화공학과의 [화학공정 설계 및 실무] 교과목 수업 사례입니다.

이 수업은 화공학과 4학년을 대상으로 실시하였는데 냉매 가스와 반도체 특수 가스를 생산하는 기업인 후성 그룹의 화학공장에서의 실제 문제를 수업으로 가지고 와서 PBL과제 활동을 했던 사례입니다.

후성 그룹은 폐톨루엔을 사용하는데 농도가 조금만 낮아져도 재사용을 하지 못하고 폐기처리 해야 해서 비용이 많이 드는 문제를 가지고 있었습니다. 즉 폐톨루엔의 농도를 1~2%만 올릴 수 있다면 재 사용이 가능해져 폐기비용은 물론이고 비용절감 효과까지 볼 수 있는 상황이었습니다.

이 PBL 과제에 대해 참여 학생들은 전공 지식을 활용하여 폐톨루엔의 농도를 올려 재사용할 수 있는 창의적인 방안을 개발하여 과제의 결과물로 제시하였고 이 내용들을 실제 기업에도 전달했던 사례로 전공 지식을 실제 사례에 적용해 볼 수 있는 의미 있는 수업이었습니다. 참여 학생들도 이론으로만 학습했던 내용들을 실제로 적용해볼 수 있어 좋았다는 의견이 많았습니다.

PBL 대학 수업 사례 (행정학과 '문제 중심의 행정학' 수업)

PBL의 수업 사례를 소개하겠습니다. 이 수업은 울산대학교에서 특화하여 운영하는 혁신교수법인 iF-PBL의 수업으로 운영한 행정학과 '문제 중심의 행정학'이라는 수업의 사례입니다. 이 수업은 실제 울산광역시의 시청 및 구청 등의 실제 민원들을 가지고 와서 팀 별 PBL과제로 선정하여 문제해결을 위한 협업으로 수업을 운영하였으며 위 사진은 그 중 가장 좋은 아이디어를 제시한 팀의 사례로 동일한 위치의 여러 버스 정류소의 이름이 다 같아서 불편을 겪는 실제 구청의 민원에 대한 대안으로 같은 이름의 버스 정류소를 시계방향으로 지하철 출구처럼 번호를 붙여 정류소 이름 뒤에 고유 숫자를 부여함으로써 문제를 해결한다는 아이디어를 제시하였습니다.

이 사례로 매 학기말에 실시하는 iF-PBL경진대회에서도 대상을 수상하였으며 신문에도 수상 소식과 함께 교육적 가치가 있는 수업의 한 사례로 소개되기도 하였습니다. 또한 행정학과의 전공지식을 바탕으로 실제적인 문제해결을 위해 활동한 수업으로 학습자들이 힘들었지만 다른 어떤 강의식 수업보다도 보람되고 의미 있는 수업이었다는 성찰의 내용이 많았습니다.

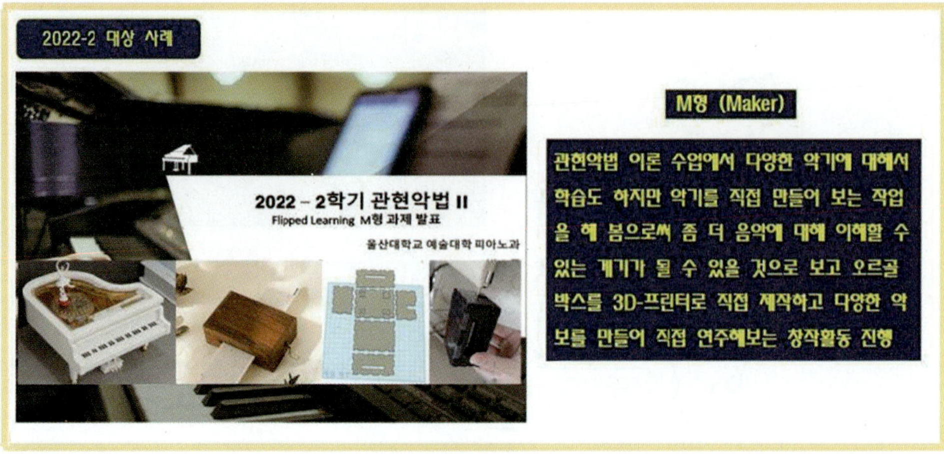

2020-2학기 Flipped Learning 경진대회에서 대상을 수상한 피아노과의 [관현악법] 교과목 수업 사례입니다.

이 수업은 음대 피아노과 학생들의 전공 수업으로 관현악법에 대해 학습하는 전형적인 이론중심 수업이었습니다. 그러나 Flipped Learning의 MAKER형인 M형으로 수업을 진행하면서 이 수업을 실습과 체험의 수업으로 전환하여 적용하였는데 처음에는 학습한 여러 가지 악기들의 구조에 대한 이론을 기반으로 하여 새로운 악기를 직접 만들어 보는 과제 수업으로 목표를 정하고 진행하였습니다.

그러나 3D-프린터를 처음 사용해 보는 학생들에게 복잡한 구조의 새로운 악기를 만드는 과정에서 많은 어려움들이 있어 중간에 오르골 상자를 만드는 과제로 전환하게 되었습니다.

오르골 상자를 직접 설계하고 프린팅하여 조립해보고 문제점을 수정하는 등의 많은 노력을 통해 잘 완성된 오르골 상자를 완성할 수 있었고 다양한 악보를 만들어 연주를 시연하는 발표로 많은 점수를 얻어 대상을 수상했고 학생들도 전형적인 음악전공 수업을 재미있게 할 수 있어 좋았다는 의견이 많아 의미 있는 수업적용 사례였습니다.

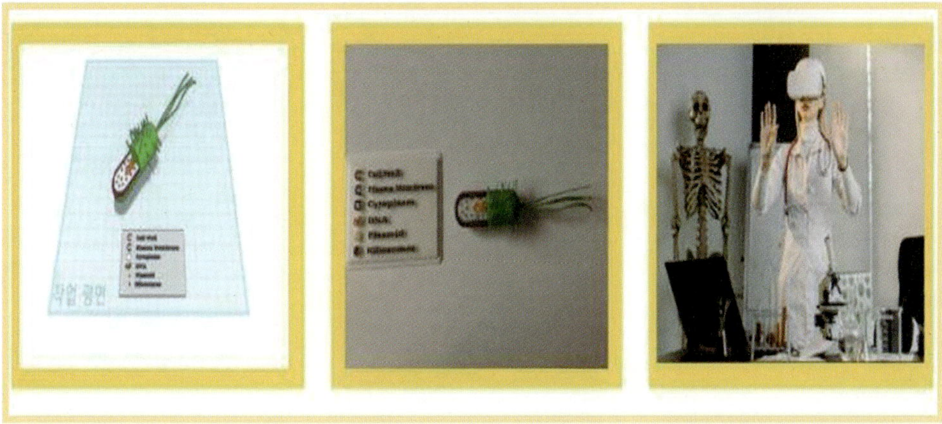

메타버스 VR/AR 활용 수업 사례(간호학과 일반미생물학 수업)

VR/AR을 활용한 수업 사례를 소개하겠습니다. 울산대학교 Flipped Learning의 VR/AR활용(V형) 수업으로 진행된 간호학과 일반미생물학 수업입니다. 기존의 수업은 이론을 중심으로 학습자들이 여러 가지 세균들에 대해서 학습함에 있어 특정한 방향에서 바라본 형태로 그려진 그림을 통해서만 모양을 인지하며 여러 특징들과 함께 학습해 오던 지식 전달 형 수업이었습니다.

그러나 이번 수업에서는 세균들의 내부 구조를 잘 알 수 있는 형태로 직접 프로그램으로 설계하고 3D-프린터를 통해서 출력해 보면서 세균들의 구조를 더 잘 이해할 수 있는 수업으로 진행하였습니다. 위 사진은 여러 세균들 중 살모넬라균을 직접 3D 프린터로 출력한 모습과 함께 제작에 그치지 않고 360도 카메라를 활용하여 다양한 각도에서 온라인상에서도 누구나 살모넬라균에 대해 관찰할 수 있도록 교육용 3D 콘텐츠까지 제작하여 좀 더 의미 있는 활동을 하였던 사례입니다.

이렇게 VR장비 활용 수업은 시공간을 초월하고 좀 더 실제적인 경험을 할 수 있도록 도움을 주며 학습자들이 주체가 되어 직접 참여하는 체험 형 수업 으로서 교육적 효과가 크다고 할 수 있습니다.

Session 3
메타버스 교육활용

1. 메타버스의 개념과 특성
2. 메타버스 게더타운 플랫폼 활용
3. 메타버스 ZEP 플랫폼 활용
4. 메타버스기반 혁신교수법 수업적용

1. 메타버스의 개념과 특성

메타버스의 유래

'메타버스'라는 용어가 등장한 것은 SF 소설가 Neal Stephenson이 1992년 'Snow Crash'라는 소설을 집필하였는데 메타버스는 컴퓨터 기술을 통해 3차원으로 구현한 가상 공간을 의미하며 저자는 이 소설에서 메타버스를 가상세계의 대체어로 처음 언급하였습니다. 소설의 내용은 주인공이 마피아로부터 진 빚을 갚기 위해 [아바타]라는 가상 신체를 빌려 가상 세계로 들어가 활동하며 세상을 구하는 내용으로 이 소설에서 '아바타'라는 용어도 처음 등장하게 됩니다.

메타버스의 정의

메타버스란 현실을 넘어 구현된 가상의 세계로 가상을 의미하는 메타와 세계, 우주를 뜻하는 유니버스의 합성어입니다. 메타버스는 다양한 디지털 미디어를 통해 표현되는 디지털화된 지구를 의미하며 가상현실보다 한 단계 더 진화한 개념으로 아바타를 활용해 단지 게임이나 가상현실을 즐기는 데 그치지 않고 실제 현실과 같은 사회 문화적 활동을 할 수 있다는 특징이 있습니다.

메타버스는 확장된 현실과 가상이 넘나드는 세상을 표현하는 개념으로 'snow crash' 이후 약 10년 주기로 영화에서도 소재로 다루며 히트작들을 내고 있는데 대표적인 작품이 1999년 발표된 키아누리브스 주연의 영화 '매트릭스'와 2009년 발표된 제임스 카메론 감독의 영화 '아바타' 그리고 2018년 발표된 스티븐 스필버그 감독의 'Ready Play one' 등을 들 수 있습니다. 최근 2023년에는 아바타의 후속작인 '아바타2'가 개봉하여 그 뒤를 이어 가기도 하였습니다.

메타버스는 현실의 상황을 가상현실경험으로 체험하고 가상의 경험을 현실세계에 적용하는 순환구조로 물리적 공간적 시간적 한계가 있는 현실에서 하기 힘든 무한한 것들을 실현할 수 있는 가능성을 가지고 있는 것이 가장 큰 특징입니다.

여기에 과거보다 발전된 5G나 AI기술로 인해 대용량, 실시간 데이터 고속처리 및 전송이 가능해지면서 기존의 한계를 극복하며 현재 메타버스와 XR의 상용화를 시작하고 있습니다.

따라서 메타버스의 방향성으로 첫째 가상과 현실의 꾸준한 상호작용을 들 수 있고 둘째 기술의 발전으로 물리적 이질감이 최소화 되었으며 셋째 완벽한 경제체계까지 구축하면서 넷째 방대한 데이터를 실시간 전송할 수 있게 되었습니다.

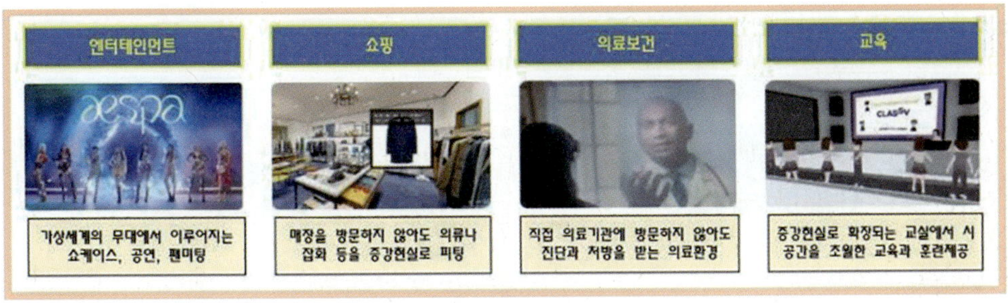

메타버스 산업의 확장

메타버스 기술은 위 그림과 같이 엔터테인먼트, 쇼핑, 의료보건, 교육 등 전 산업으로 확장되어 널리 적용되고 있는데 간단히 살펴보면 다음과 같습니다.

- 엔터테인먼드: 코로나 19로 인해 엔터테인먼트 산업이 위축되기도 하였으나 메타버스 기술을 적용하여 가상세계에서 가수들이 쇼케이스를 하고 공연 및 팬미팅 등의 행사들을 진행하는 사례가 많이 소개되고 있습니다.
- 쇼핑: 이제 직접 매장을 방문해서 직접 옷을 입어보지 않아도 의류나 잡화 등을 편하게 집에서 증강현실로 내 아바타에 피팅을 해 볼 수 있는 기술이 적용되고 있습니다.
- 의료보건: 병원 역시 직접 병원을 방문하지 않고도 집에서 AR장비를 통해 홀로그램의 의사와 소통하며 진단과 처방을 받는 의료환경이 가능해 져서 편리하게 치료를 받을 수 있게 되었습니다.
- 교육: 코로나 19 때 많은 교육현장에서 경험했듯이 증강현실로 확장되는 교실에서 시 공간을 초월한 다양한 교육과 훈련이 가능해 지고 있습니다.

이러한 여러 분야에 적용되는 메타버스는 앞으로 메타버스로 전환이 가능한 오프라인 점포나 거점은 점차 축소되어 비대면 트랜드로 더욱 촉진될 전망이고 또한 메타버스 소비의 편리함을 경험한 소비자는 그 편리함을 더 추구하고 기업들은 소비자의 니즈에 따라 메타버스를 강화하는 결과를 가져오게 될 것입니다.

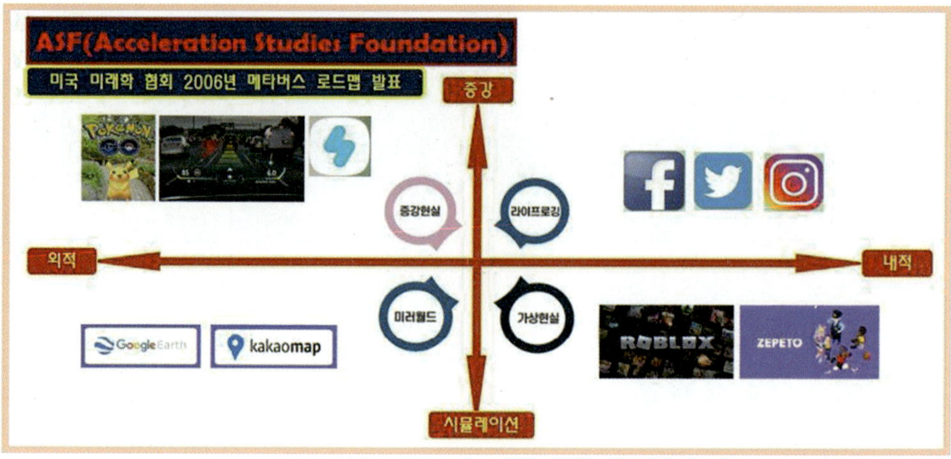

메타버스의 분류

메타버스는 위 그림과 같이 외적과 내적 그리고 증강과 시뮬레이션이라는 두 가지 기준에 따라서 증강현실, 라이프로깅, 미러월드, 가상현실 이렇게 크게 네 가지 영역으로 구분됩니다.

증강현실은 실제 현실에 가상의 사물을 덧 씌운 것으로 대표적인 것이 포켓몬 고와 자동차의 방향을 알려주는 HUD시스템 그리고 스노우앱 등이 여기에 해당합니다.

라이프로깅은 여러 가지 일상의 내용들을 기록하고 공유하는 것으로 대표적인 것은 페이스북, 트위터, 인스타그램 등이 여기에 해당합니다.

미러월드는 현실을 거울처럼 가상으로 옮겨놓은 곳에 여러 가지 필요한 정보를 표현하는 것으로 대표적인 것은 미러월드와 카카오맵 등이 여기에 해당합니다.

마지막으로 가상현실은 실제로 존재하지 않은 상상 속의 공간을 구현해 낸 것으로 대표적인 것은 제페토와 로블록스 등을 들 수 있습니다.

이렇게 메타버스는 특징에 따라서 분류 될 수 있으며 각 영역별로 어떻게 유용하게 활용할 수 있는지의 사례를 한번 살펴 보도록 하겠습니다.

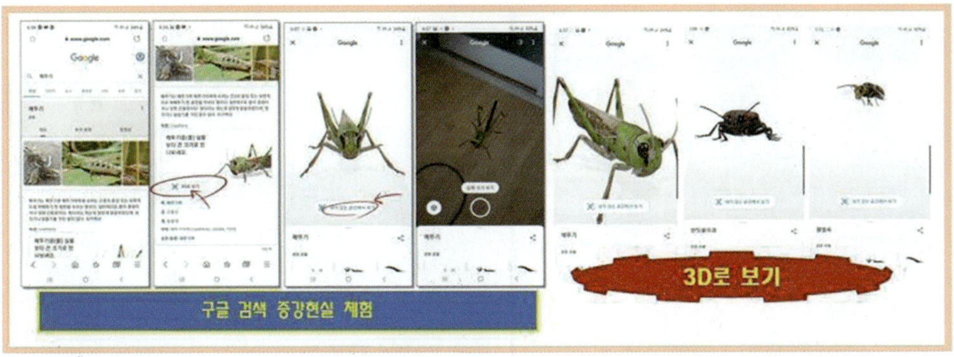

증강현실

먼저 증강현실은 실제 현실 위에 가상의 그림이나 사물을 겹쳐 표현하는 기술로 활용 시 장점으로는 실제감이 높아 정보에 대한 몰입을 높일 수 있고 어려운 물리적 현상을 쉽게 이해할 수 있으며 현실에서는 어려운 여러 가지 체험도 할 수 있다는 점 등을 들 수 있습니다.

증강현실에 관련된 기술을 사용하는 구체적인 사례를 몇 가지 소개하도록 하겠습니다.

먼저 누구나 다 사용하고 있는 스마트폰의 구글 검색창에서 예를 들어 '메뚜기'라는 단어를 입력하면 위의 그림과 같이 일반검색 결과와 함께 조금 아래에 보면 '3D로 보기' 항목이 나옵니다.

이 부분을 클릭하면 메뚜기의 움직이는 모습을 입체적으로 다양한 각도에서 돌려가며 관찰할 수 있으며 또 이러한 모습을 증강현실로 카메라를 통한 실제 배경위에 겹쳐서 표현도 가능하여 검색한 단어에 대해 훨씬 더 직관적인 체험 및 관찰을 가능하게 해 줍니다.

이제 더 이상 특정한 각도에서의 정적인 사진이나 그림을 통해 어떤 내용을 학습하지 않고 실제와 같이 구현된 증강현실 기술로 더 효과적인 학습이 이루어 질 수 있습니다.

Virtuali-Tee (증강현실 T-Shirt)

Landscapar 를 통한 등고선 변환 AR 활용 시뮬레이션

다음은 Virtuali-Tee라고 하는 프로그램인데 위의 왼쪽 사진과 같이 증강현실 T-Shirt라고 불리는 티셔츠를 입고 전용 어플의 카메라로 티셔츠를 입은 학생을 비추면 티셔츠에 있는 센서와 스마트폰의 카메라가 서로 반응하여 스마트폰의 화면에 인체의 내부가 해부한듯이 자세하게 관찰할 수 있도록 보여주는 기능이 있어 인체 구조에 대한 학습에 큰 도움을 주는 프로그램입니다. 이러한 기술을 활용한 프로그램은 직접 관찰하고 이해하기 어려운 개념을 입체적으로 살펴보며 학습할 수 있도록 하는 장점이 있는 증강현실의 대표적인 프로그램입니다.

다음으로 Landscaper라고 불리는 프로그램이 있습니다. 이 프로그램은 종이에 굵은 펜으로 등고선만 표시를 하고 나서 이 어플을 설치한 후 앱을 열고 앱 속의 카메라로 종이를 비추면 위 오른쪽 사진과 같이 평면상에 그려진 굵은 사인펜의 등고선을 3차원 입체영상으로 변환하여 보여주는 시뮬레이션 프로그램입니다. 이러한 증강현실 기술은 등고선에 대한 개념을 직관적으로 이해시킬 수 있고 학생들의 능동적인 참여를 이끌어 낼 수 있어 유용한 프로그램입니다.

디지털교과서 AR 콘텐츠

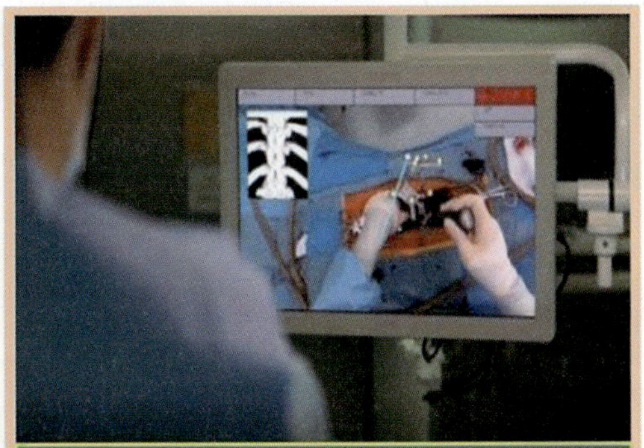
AR기반 척추수술 플랫폼

다음은 디지털교과서 AR 콘텐츠를 들 수 있습니다. 이 프로그램은 기존의 종이형 교과서에 멀티미디어 자료, 실감형 콘텐츠, 평가문항, 용어사전 등 다양한 학습자료 및 관리기능이 추가된 교과서로 여러 가지 학습 개념을 효과적으로 더 잘 이해할 수 있도록 도움을 주는 특징을 가지고 있습니다. 또한 학생들의 흥미와 적극적 참여 유도 및 다양한 경험을 제공하는 점도 장점이라 할 수 있습니다.

다음은 AR기반의 척추 수술 플랫폼을 들 수 있습니다. 이 프로그램은 척추 고정에 사용하는 척추경 나사를 인체 구조물 위에 겹쳐 증강현실 오버레이 그래픽으로 실시간 투영시키는 시뮬레이션 프로그램으로 가장 큰 장점은 수술 부위를 정확하게 파악할 수 있어 안전하고 정확한 수술을 할 수 있다는 점입니다.

이러한 사례들을 통해 알 수 있듯이 증강현실 기술은 실제감과 편의성을 도모하고 현실에 판타지를 더해 다양한 경험을 가능하게 해 주는 장점이 있으며 교육적 활용에서는 시각적 입체적이고 학습 맥락에 몰입된 체험을 통해 스스로 지식을 구성하고 효과적으로 문제를 해결할 수 있는 역량을 강화 시키는데 강점이 있다고 할 수 있습니다.

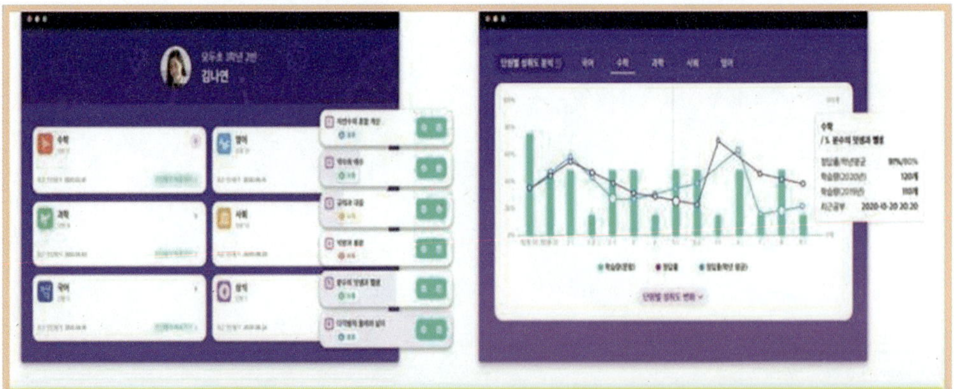

[클래스팅 AI] 전과목 AI분석 화면 및 단원별 성취도 변화 분포표 제공

라이프로깅

라이프로깅은 일상의 디지털화로 요약되며 스마트 기기를 이용하여 자신의 취미, 건강, 여가 등의 일상적인 활동 들에서 생성되는 전반적인 내용들을 기록하고 정리하며 보관하고 공유하는 페이스북, 트위터, 인스타그램 등과 같은 다양한 SNS 플랫폼들을 대표적인 예로 들 수 있습니다.

이러한 플랫폼들은 생산성과 융통성 관계지향성과 맞춤성의 특징 등으로 타인과 소통하며 학습자들의 경험과 지식을 표상하고 성찰하는 도구로 활용가치가 크다고 할 수 있습니다.

또 다른 라이프로깅 프로그램으로 위 사진과 같은 '클래스팅 AI'라는 프로그램이 있습니다. 이 프로그램은 개인 맞춤형 LMS프로그램으로 볼 수 있으며 기능으로는 학습자의 학업성취도를 분석하여 전과목 수준별 맞춤형 학습을 제공하는 특징이 있습니다. 따라서 장점으로 학습에 대한 흥미와 자신감을 높이고 학습동기를 불러일으키는 자기주도적 학습습관 형성에도 큰 도움이 되는 프로그램입니다.

AR glass를 활용한 고스트페이서(Ghost Pacer)

다음으로 증강현실과 라이프로깅이 결합된 AR 글래스를 활용한 '고스트 페이서'라는 프로그램이 있습니다. 이 프로그램은 사전에 같이 가상으로 같이 뛰어 줄 캐릭터를 선정하고 가상 파트너 캐릭터의 얼굴을 자신의 얼굴 또는 유명인의 얼굴 등으로 설정하면 VR안경을 통해 같이 달려주는 파트너가 자신과 함께 뛰는 모습을 볼 수 있는 기능을 제공하는 프로그램입니다. 이 프로그램은 달리는 속도나 기록도 설정할 수 있어 자신의 컨디션에 맞게 효과적으로 운동할 수 있고 동기부여 효과도 얻을 수 있습니다.

나이키 플러스(NIKE+)

다음은 애플의 디지털 센서와 나이키의 제품을 결합하여 만든 나이키플러스라는 상품으로 사용자의 운동 행위를 측정하고 분석하여 데이터를 다른 사용자와 공유하는 기능이 있어 자기 측정 및 경쟁을 통해 스스로 운동 실력 점검과 운동 노하우 공유 효과가 있습니다.

이렇듯 라이프로깅은 자신의 일상과 생각이 생산적으로 콘텐츠화되고 공유되는 과정에서 다른 사람들과 관계를 형성하고 소통하면서 그 누적된 정보들을 분석하여 부가가치를 만들 수 있는 기술적 특징이 있으며 교육적으로는 다른 사람들의 '좋아요'와 같은 피드백이 강화와 보상으로 연결되며 자신을 되돌아보고 성찰을 통해 개선할 수 있다는 장점을 가지고 있습니다.

미러월드

미러월드는 실제 지구의 모습을 가상으로 그대로 거울처럼 옮겨놓은 것을 의미하며 대표적인 프로그램으로는 '구글어스'를 들 수 있습니다. 구글어스는 지구의 지형을 인공위성으로 촬영한 3차원 이미지를 제공하여 전 세계 모습 또는 특정 위치를 3차원 이미지로 볼 수 있도록 지원해주는 프로그램으로 구글어스의 창작 도구를 사용하여 자신만의 프로젝트를 직접 만들고 공유할 수 있는 것이 특징입니다.

또 다른 예로 디지털 실험실 'Foldit'이라는 플랫폼이 있는데 이 프로그램은 참여자 누구나 게임을 통해 과학적 실험을 할 수 있도록 지원하고 있어 과학적 연구에 기여할 수 있는 기회를 제공해 주는 유용한 프로그램입니다. 실제로 워싱턴대의 한 연구팀이 이 플랫폼에 참여하였는데 이 실험실에서의 여러 가지 실험 연구를 통해 에이즈 치료제에 필요한 단백질 구조를 찾아내는 성과도 있었다고 합니다.

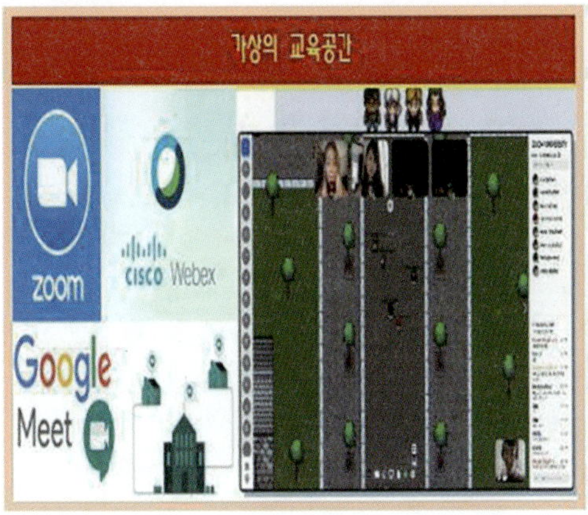

그 외에도 코로나 때 교육에서 많이 활용했던 Zoom이나 Webex 등도 실제로 교실에 모일 수 없는 특수한 상황에서 교실이라는 장소를 대신했던 하나의 미러월드 프로그램의 예로 볼 수 있습니다. 그러나 화면으로 얼굴을 보며 음성을 공유하며 대화도 하지만 실제로 바둑판 형태의 나열식 구조로 실제교실과는 차이점이 많았기에 지루함과 의사소통의 문제점들이 많이 지적되었습니다. 그러나 가상공간이긴 하지만 실제 교실의 구조를 비슷하게 구현한 플랫폼인 게더타운이나 ZEP 같은 플랫폼은 이러한 문제점을 잘 해결할 수 있어 개선된 미러월드의 한 영역에 해당합니다.

MZ세대들에게 잘 알려진 마인크래프트 플랫폼도 미러월드의 예에 해당하는데 마인크래프트는 블록을 쌓아 창의적 구조물을 만드는 기능까지 더해지면서 창의력과 상상력 강화에도 큰 효과가 있는 것으로 잘 알려져 있는 프로그램입니다.

이러한 미러월드는 GPS와 네트워킹의 결합으로 특정목적을 위해 현실세계를 효율적으로 확장하는 기술을 적용하여 교육적으로는 공간적 물리적 한계를 극복하면서 가상공간 속에서 협력학습을 재미있게 수행할 수 있는 장점을 가지고 있습니다.

가상현실

마지막으로 가상현실은 실제 세계에는 없는 새로운 공간과 환경을 제공해 주는 것으로 대표적인 프로그램은 제페토와 로블록스를 들 수 있습니다.

제페토는 네이버z가 운영하는 증강현실 아바타 서비스로 3d아바타로 소통하고 다양한 가상세계에서 여러 가지 경험을 할 수 있는 서비스들을 제공하는 플랫폼입니다. 활용은 다양한 맵을 통해 게임이나 교육적 역할극 같은 활동들이 가능하기 때문에 교육적 활용 가치도 크다고 할 수 있습니다.

로블록스는 가장 많은 가입자를 보유하고 있으며 최근 급성장하고 있는 가상현실의 대표적인 플랫폼으로 제페토와의 가장 큰 차별성은 '로벅스'라고 하는 가상 화폐로 경제 생태계까지 갖춘 가장 앞서가는 플랫폼입니다. 활용 시 동기유발, 협력적 학습, 문제 해결력, steam교육, 사회적 상호작용 등의 많은 부분에서의 효과성을 기대할 수 있는 장점이 있습니다.

가상현실은 현실과 다른 정교하게 구축된 공간을 구현하는 기술로 고비용 고위험의 경험을 몰입적으로 체험할 수 있는 교육적 효과성을 기대할 수 있습니다.

메타버스 VR 활용

VR/AR을 활용하면 현실에서 하기 힘든 아주 많은 것들을 실행하고 체험할 수 있습니다.

위의 왼쪽 사진은 원거리에 있는 두 참여자가 VR장비를 착용하고 한 장소에 있는 것처럼 옆에 서서 대화하고 다양한 협업 활동을 하는 모습을 보여주고 있습니다. 또 실제로 엔진 공장에 견학 갔다고 하더라도 위의 사진과 같이 엔진 부품 하나하나를 손 동작 하나로 분리하여 관찰할 수 있는 것은 불가능한 일입니다. 이렇게 현실에서도 재현하기 힘든 다양한 체험이나 관찰을 가능하게 하는 것이 VR활용의 가장 큰 장점이라고 할 수 있습니다.

또 위 오른쪽 사진은 건축 설계도에 따른 가상의 건물을 입체로 구현해 놓고 여러 명의 서로 다른 곳에 있는 참여자들이 상호작용을 통한 협업을 통해 손쉽게 건물의 높이나 구조 벽면의 색깔 등을 변경하면서 실시간으로 관찰하는 모습을 보여주고 있습니다. 실제 건축 축소 구조물을 직접 만들어서 같은 작업을 한다면 조그만 변화를 위해서도 다시 처음부터 구조물을 만들어야 하는 불편함이 있을 것입니다.

그리고 이 가상 협업 공간에 만약 AI가 영화 '아이언맨'의 AI비서 '자비스'처럼 가상의 동료 역할과 여러 가지 복잡한 임무들을 수행하면서 협업에 참여한다면 훨씬 더 쉽고 빠르게 더 우수한 결과물을 생성해 낼 수 있을 것입니다.

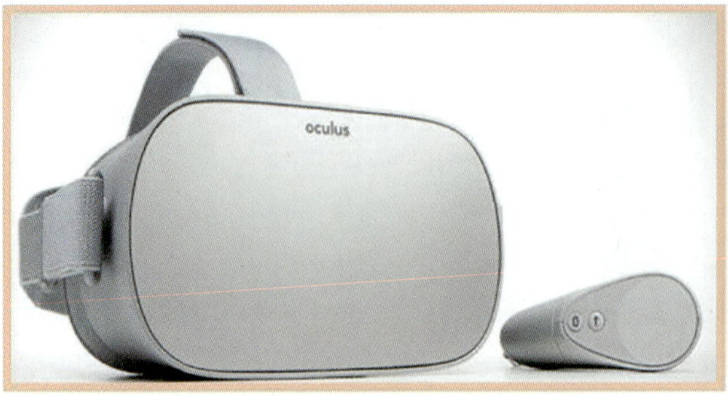

오큘러스 퀘스트2 사용법 (PC연결)

에어링크로 무선 연결하기

에어링크를 사용하면 보안 와이파이를 통해 PC에 무선으로 연결할 수 있습니다.

연결하는 방법은 다음과 같습니다.

1. PC에서 oculus.com/setup 의 Oculus PC 소프트웨어 다운로드
2. Oculus PC를 실행 후 설정에서 베타메뉴 선택
3. Air Link 옆의 버튼 선택 후 헤드셋 착용
4. 오른쪽 컨트롤러로 오큘러스 버튼을 클릭해 유니버셜 메뉴 실행
5. 유니버셜 왼쪽 시계 위의 빠른 설정 클릭하여 설정 패널 들어가 오른쪽 상단 설정 선택
6. 테스트 선택하고 에어링크 옆의 토글을 선택하여 페어링 시작
7. 에어링크 요구사항 읽은 후 계속 선택
8. 사용할 수 있는 PC선택 목록에서 연결할 PC선택 후 페어링 시작
9. VR화면에 표시된 페어링 코드 기억
10. 헤드셋 벗고 PC모니터에 표시된 코드와 동일한지 확인
11. 페어링 코드가 동일하면 Oculus PC앱에서 확인 선택
12. 다시 헤드셋 착용 후 시작을 선택하여 에어링크 실행

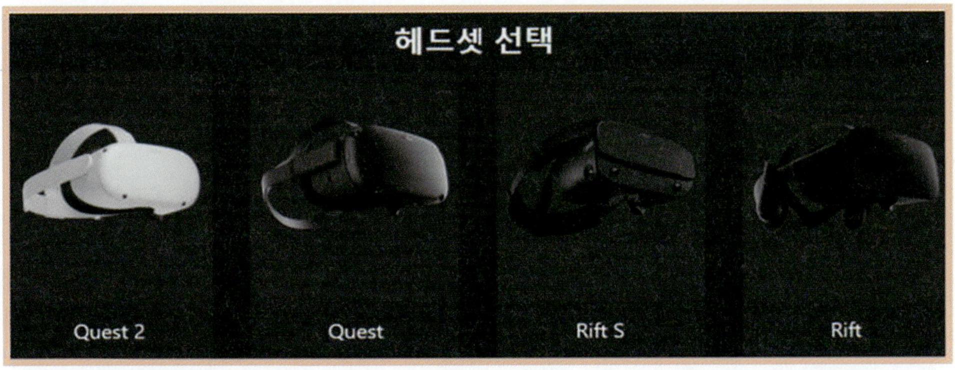

오큘러스 퀘스트2 사용법 (PC연결)

버추얼 데스크탑으로 무선 연결하기

버추얼 데스크탑으로 연결하기 이해서는 PC가 와이파이 공유기에 연결된 상태여야 하며 오큘러스 퀘스트2의 와이파이 접속은 PC에 연결된 동일한 공유기를 사용해야 합니다.

연결하는 방법은 다음과 같습니다.

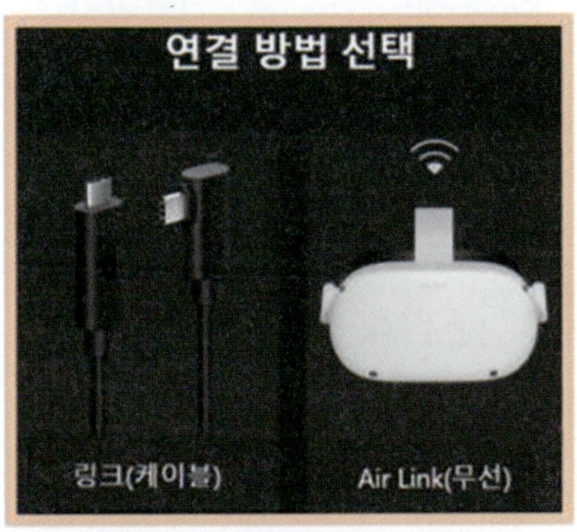

1. PC용 버추얼 데스크탑 프로그램 설치
2. 오큘러스 링크 프로그램 설치
3. PC용 사이드 퀘스트 프로그램 설치
4. PC용 스팀 VR설치
5. 위 4가지 프로그램 설치 후 Virtual Desktop Streamer를 실행
6. 오큘러스 퀘스트2에서 구입한 버추얼 테스크탑 실행
7. 동일한 네트워크에 PC와 퀘스트2가 연결되어 있는지 확인
8. 버추얼 데스크탑 앱에서 PC목록 확인
9. Connect를 선택하여 두 기기 연결
10. 오큘러스 퀘스트2에 데스크탑 화면이 보이는 것 확인
11. 원하는 콘텐츠 선택하고 실행

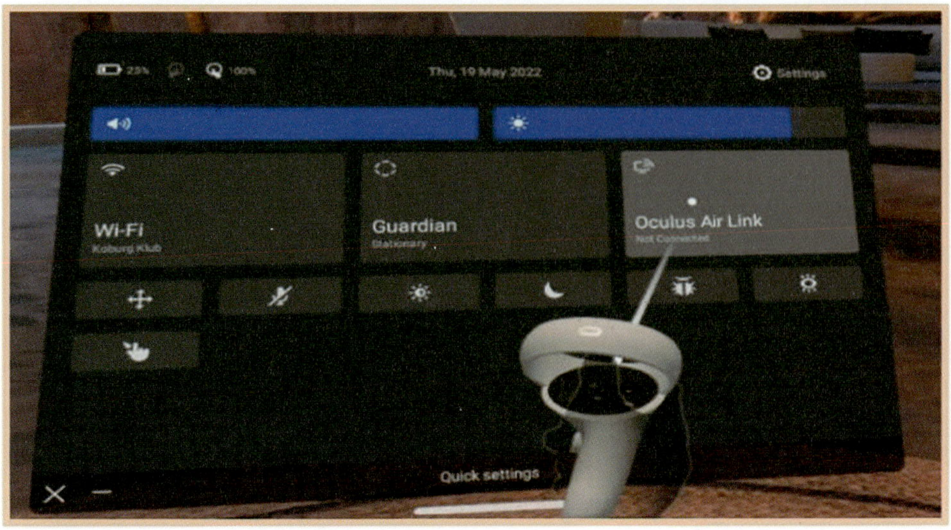

오큘러스 퀘스트2 사용법 (PC연결)

링크 케이블로 유선 연결하기

유선 케이블 구입 후 PC에 유선으로도 연결할 수 있습니다.

연결하는 방법은 다음과 같습니다.

1. PC용 버추얼 데스크탑 프로그램 설치
2. 오큘러스 링크 프로그램 설치
3. PC용 사이드 퀘스트 프로그램 설치
4. PC용 스팀 VR설치
5. 위4개 프로그램 설치 후 링크 케이블로 PC와 헤드셋 연결
6. PC에서 오큘리스 링크 프로그램 실행
7. 새로운 헤드셋 추가 후 헤드셋 착용
8. 오큘러스 활성화를 묻는 질문에서 활성화 선택
9. PC에서 원하는 콘텐츠 선택하고 실행

오큘러스 퀘스트2 사용법 (PC연결)

처음 연결시에는 설치도 까다롭고 구매해야 할 것도 많아 어렵게 느낄 수 있지만 한 번 설정해 놓으면 재설정 없이 자동으로 연결되기 때문에 편하게 사용할 수 있습니다.

유선연결과 무선연결의 장단점을 정리하면 다음과 같습니다.

유선연결의 장단점

1. 무선인터넷 없이도 연결 가능
2. 유선이므로 인터넷 연결상태에 영향을 받지 않음
3. 비싼 정품이 아닌 저렴한 비 정품 케이블도 사용 가능
4. 케이블로 연결되어 있어 움직일 때 몸에 걸려 불편
5. 실수로 케이블이 뽑히면 다시 연결해야 함

무선연결의 장단점

1. 와이파이 공유기가 없으면 PC와 연결 불가
2. 인터넷 연결상태에 큰 영향
3. 5G또는 wifi6 미지원 공유기는 사용 시 심한 렉 발생
4. 버추얼 데스크탑 업데이트 시 화질이 저하되거나 향상되는 것이 반복되는 현상
5. 케이블이 없어 움직임이 자유로움

2. 메타버스 게더타운 플랫폼 활용

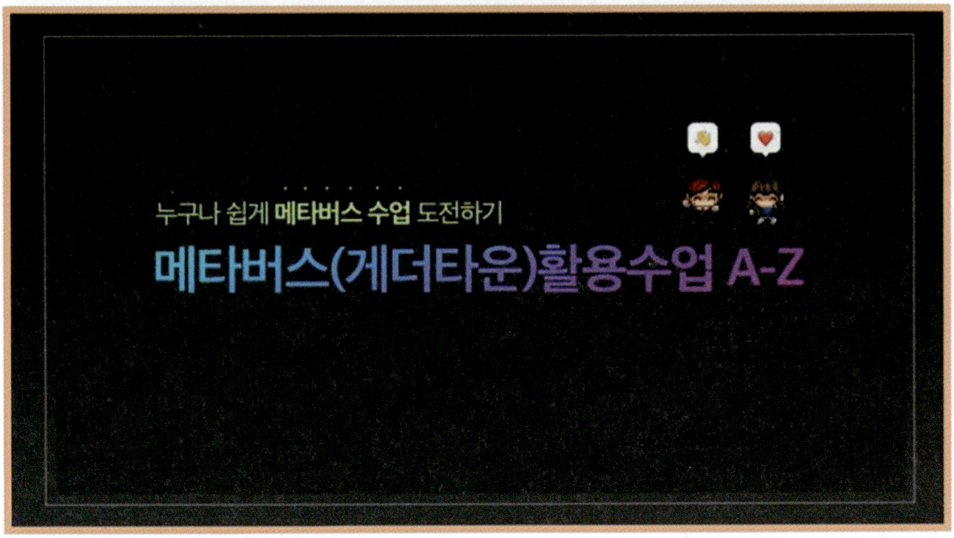

메타버스 게더타운 플랫폼 활용에 대한 내용을 알아보도록 하겠습니다. 이 자료는 울산대 교원을 대상으로 제공한 게더타운 플랫폼 활용수업 가이드 내용입니다. 울산대 게더타운 캠퍼스로 접속 시 아래 사진과 같이 운동장 중앙에 처음 들어오게 됩니다.

캐릭터 이동은 키보드 방향 키와 WASD키 또는 마우스로 가고 싶은 위치를 더블 클릭하여 이동할 수 있으며 같이 단축키로는 X버튼은 실행, G버튼은 캐릭터간 겹침 없이 통과, Z버튼은 춤추기, F버튼은 축하 꽃가루 날리기 등이 있습니다. 또한 아래사진과 같이 멀리 이동하는 경우는 마우스 오른쪽 버튼을 클릭한 후 Move here을 클릭하면 이동할 수 있습니다.

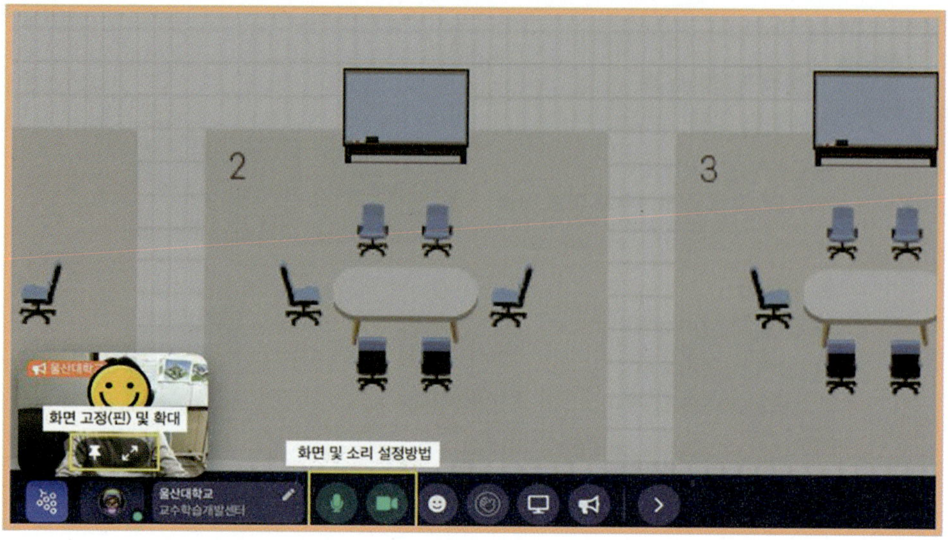

화면 및 소리설정은 위 사진과 같이 하단에 있는 마이크와 카메라 아이콘으로 설정할 수 있으며 화면과 소리가 나오지 않을 때는 아래 사진과 같이 좌측 메뉴 설정 아이콘을 클릭 후 다른 디바이스를 선택하여 소리나 화면이 나올 수 있도록 할 수 있습니다. 또한 다른 윈도우 창이 보이지 않을 때는 아래의 메뉴를 비활성화 하면 됩니다.

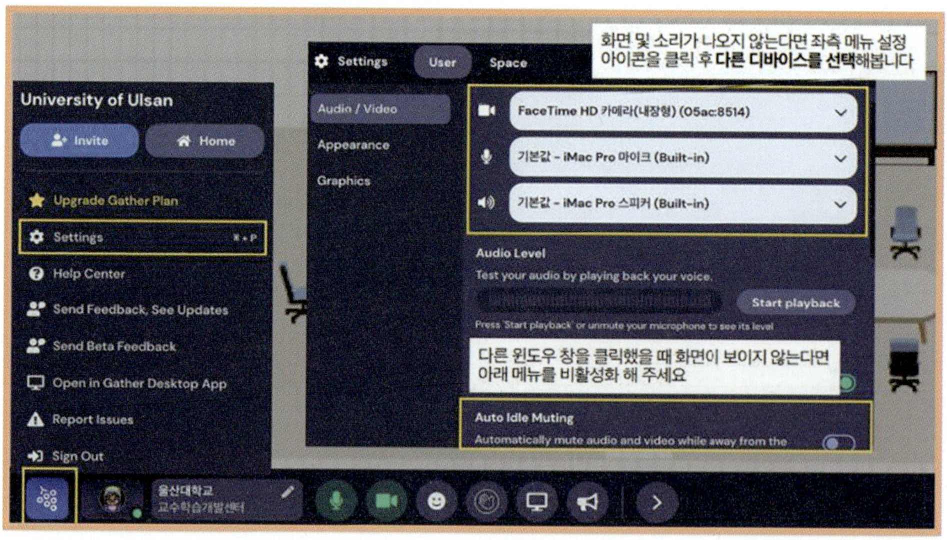

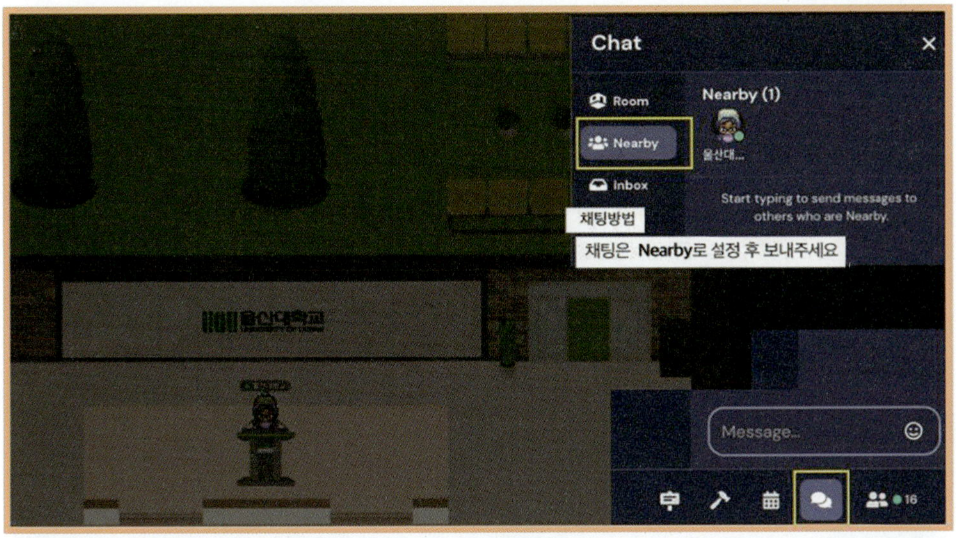

채팅 방법은 위 사진과 같이 Nearby를 클릭하여 설정한 후 내용을 보내면 됩니다.

자신의 이름을 변경하는 방법은 아래 사진과 같이 하단 상태바의 기존 이름과 오른쪽에 작은 펜 그림이 그려진 곳을 클릭한 후 오른쪽에 작은 글씨로 나오는 Edit를 클릭하면 원하는 이름으로 재 변경이 가능합니다.

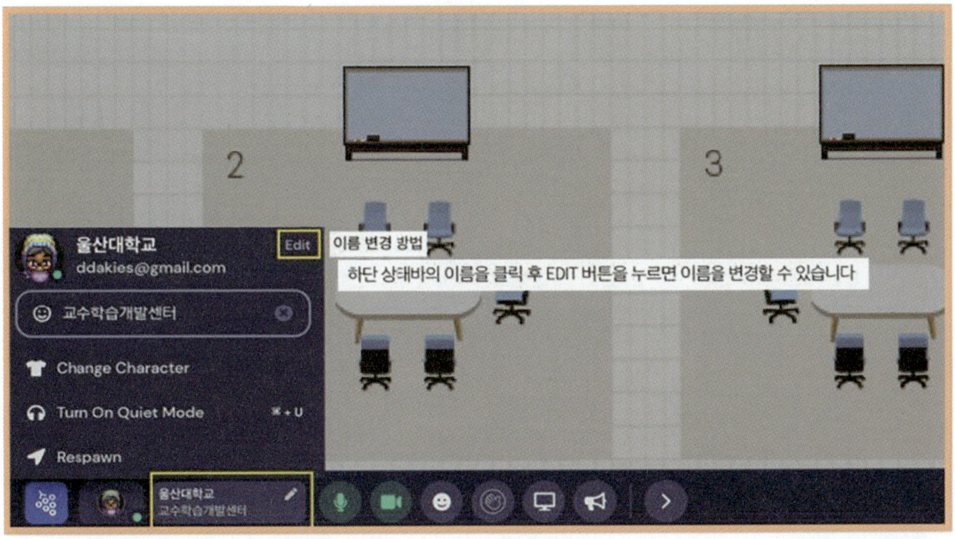

참석자 전체 화면보기는 위 사진과 같이 한 줄만 보이는 참석자 화면의 오른쪽 끝에 있는 양쪽 화살표 버튼을 누르면 아래 사진과 같이 참석자 웹 캠 화면이 확대되어 전체 참여자의 모습을 모두 더 많이 볼 수 있게 활성화 됩니다.

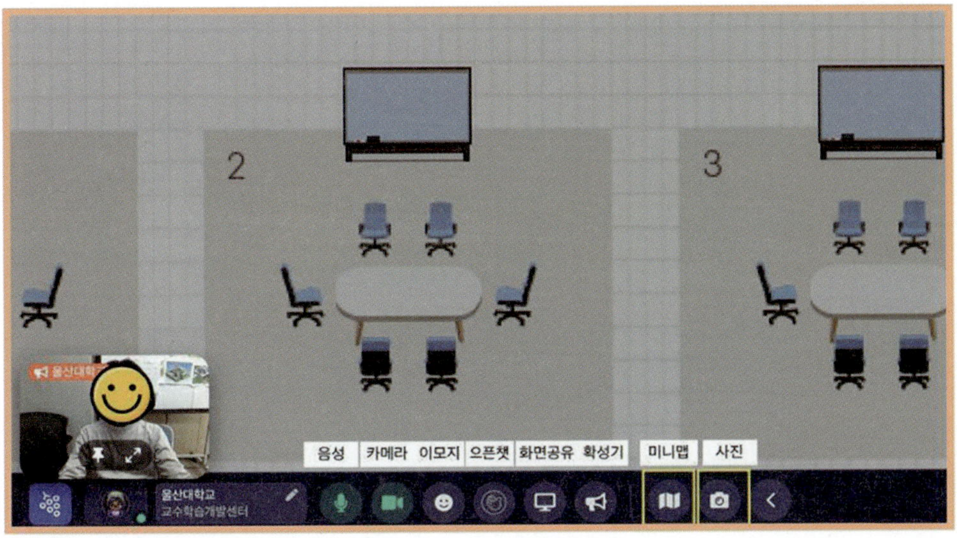

전체 지도를 볼 수 있는 기능으로는 위 사진과 같이 하단에 있는 미니맵 아이콘을 클릭하면 볼 수 있으며 그 옆에 있는 사진기 아이콘은 현재 화면에 보이는 장면을 캡쳐하여 기념 사진을 찍고 저장할 수 있습니다. 게더타운 플랫폼의 가장 큰 장점으로 공간을 직접 꾸미는 커스터마이징이 가능한 부분이 있는데 아래 사진과 같이 곡괭이 모양을 클릭하고 Build안의 다양한 가구나 사물을 쉽게 추가하여 위치시킬 수 있습니다.

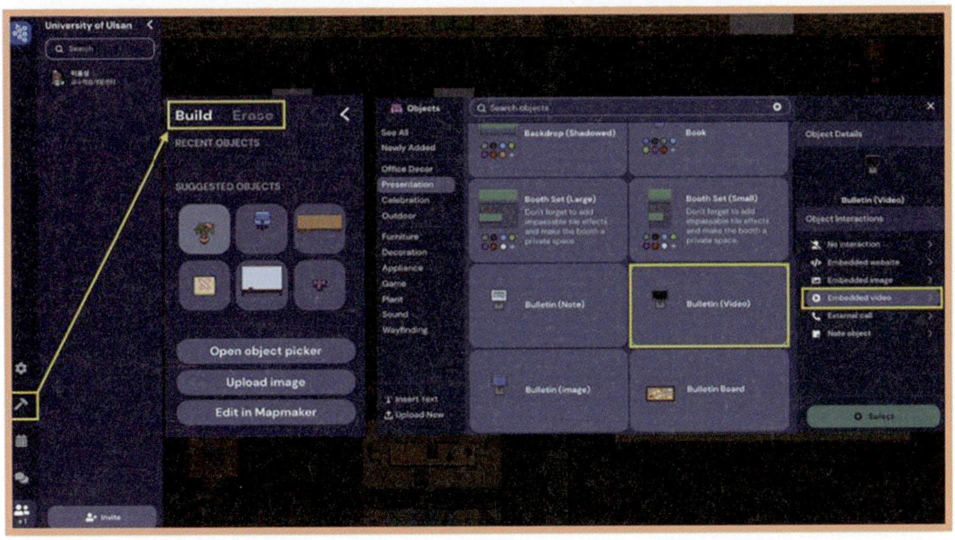

예를 들어 Build에서 모니터를 하나 선택하고 적당한 곳에 위치시킨 후에는 영상이나 문서의 URL 주소를 링크 시켜서 학습자들이 키보드의 'x'실행키를 눌러 위 사진과 같이 볼 수 있습니다. 그리고 원본 배경을 근본적으로 수정하고 싶을 때는 아래 사진과 같이 메뉴 중 Edit in Mapmaker를 클릭하면 수정과 설계가 가능합니다.

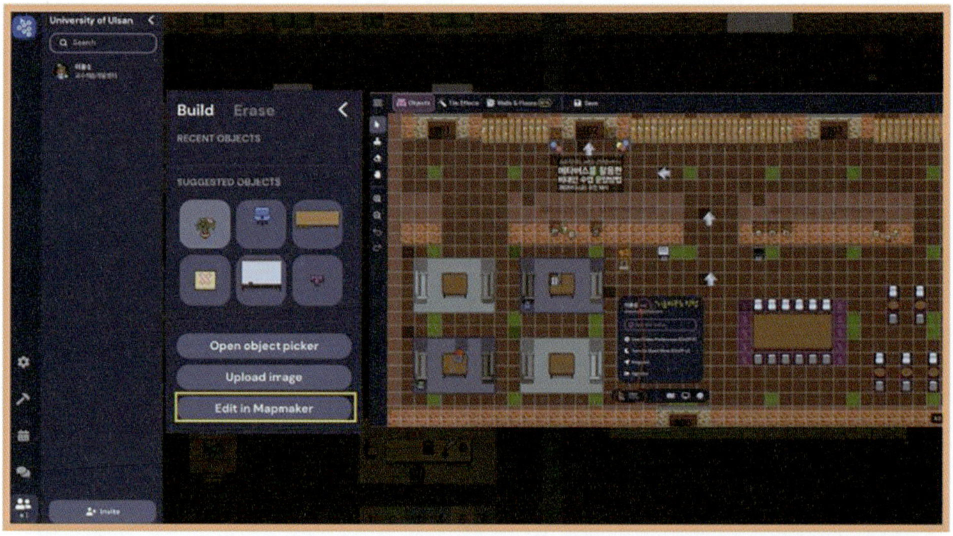

구체적인 사용법을 살펴보면 위 사진과 같이 확성기 캐릭터를 위치시키면 확성기 아이콘이 주황색으로 활성화 되며 모든 학생들에게 음성이 들리게 됩니다. 그리고 ZOOM에서와 마찬가지로 화면공유로 강의를 하고자 할 때에는 아래 사진과 같이 하단의 모니터 모양의 아이콘을 선택하면 화면공유가 가능합니다.

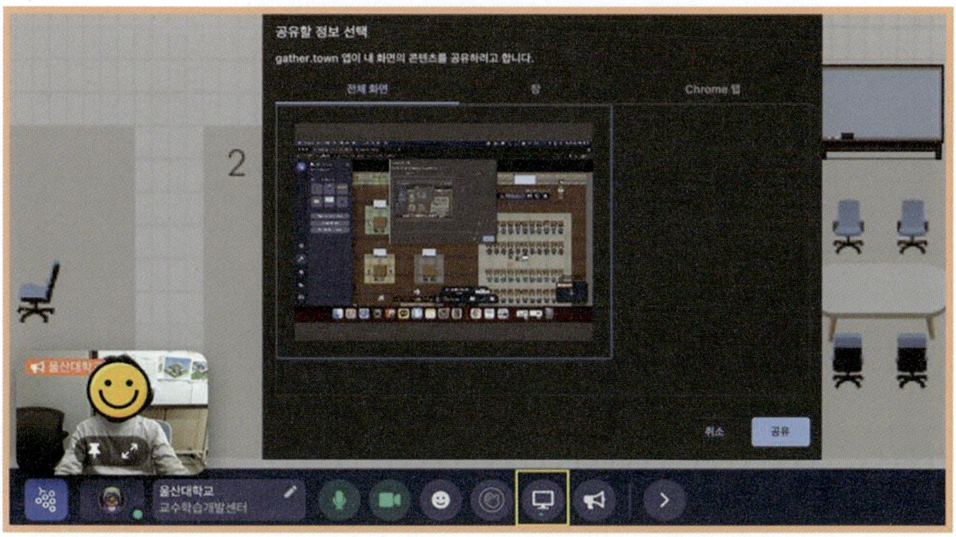

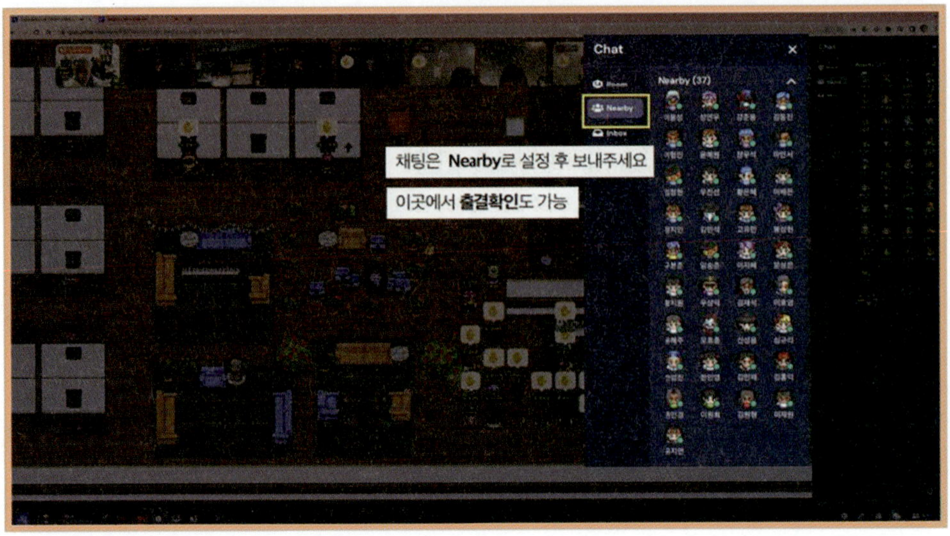

출석체크를 하고자 할 때에는 위 사진과 같이 Nearby를 클릭하면 앞에서 언급했듯이 채팅과 함께 전체 참여인원을 볼 수 있어 출결 확인을 쉽게 할 수 있습니다. 다음은 조별 팀활동과 발표 및 강의 사용에 대해서 알아보겠습니다. 아래 사진의 왼쪽이 조별 활동 존을 오른쪽이 발표 및 강의존을 보여주고 있습니다.

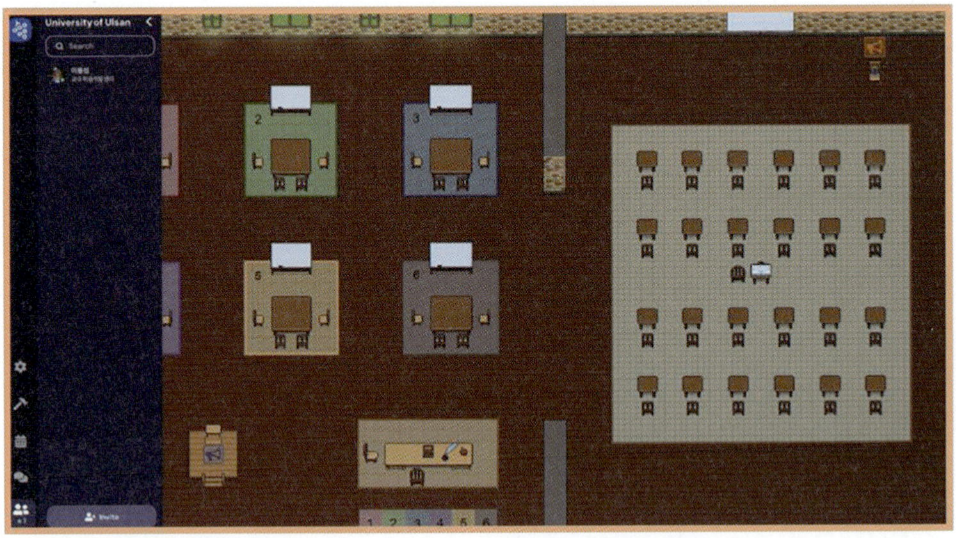

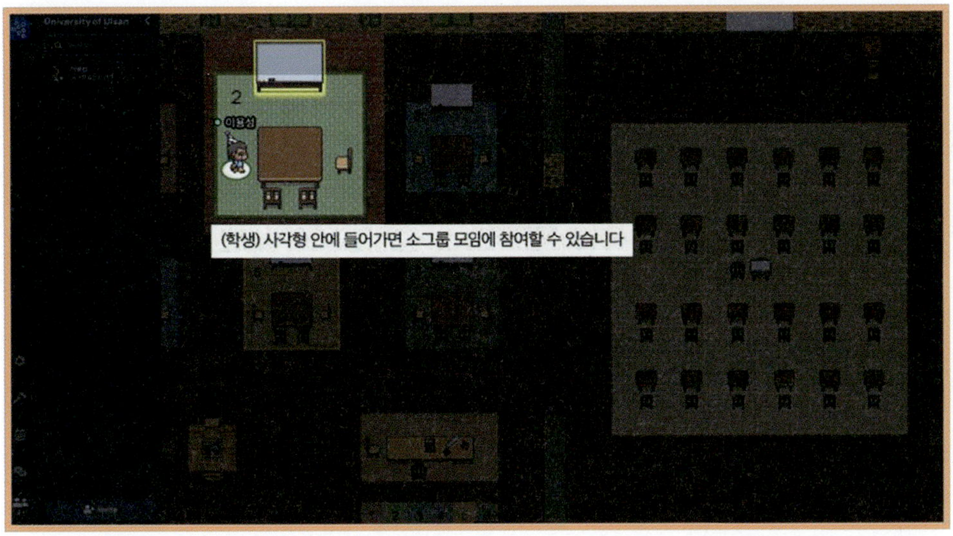

조별 팀활동은 위 사진과 같이 사각형 팀 영역 안에 캐릭터가 들어가면 주변이 어둡게 변하면서 영역 안에 들어온 참여자끼리만 음성이 들리게 되어 소그룹 활동이 가능해집니다. 교수자는 각 조로 번거롭게 이동할 필요없이 하단의 숫자 칸에 올라가서 각 해당 조에만 음성으로 내용을 전달할 수 있습니다.

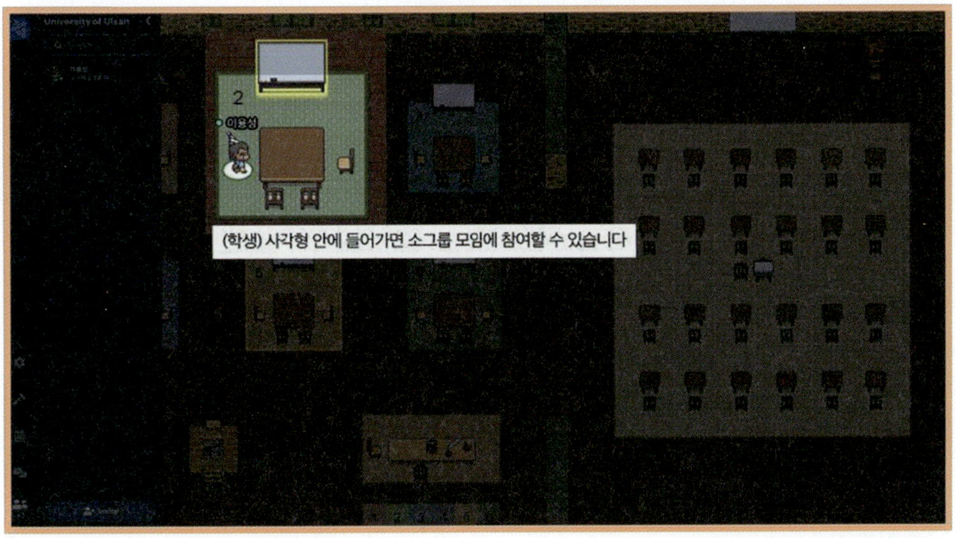

위 사진과 같이 강의실 곳곳에 있는 확성기 아이콘 위에 서면 교수자뿐 아니라 참여 학생들도 누구나 전체 음성 공지가 가능하며 아래 사진과 같이 교수자와의 면담을 할 수 있는 존이 따로 있어 조별 활동 중 이 장소를 활용하면 학습자들과 다양한 소통과 피드백이 가능합니다.

울산대학교는 한 학기의 시범 운영 후에 본격적인 수업활용을 위해 위 사진과 같이 실제 캠퍼스의 일부를 그대로 재현한 울산대 전용 게더타운 캠퍼스를 구축하게 되었고 강의실도 기존의 강의실을 개선하여 Flipped Learning의 사전학습자료를 배치할 수 있도록 사전 학습 존을 추가한 Flipped Learning 전용 강의실을 본 저자가 직접 디자인하여 구축하였습니다. 아래 사진은 기존의 강의 및 발표 존과 팀 활동 존에 사전 학습 존이 추가 설계된 Flipped Learning 전용 강의실을 보여주고 있습니다.

Session3

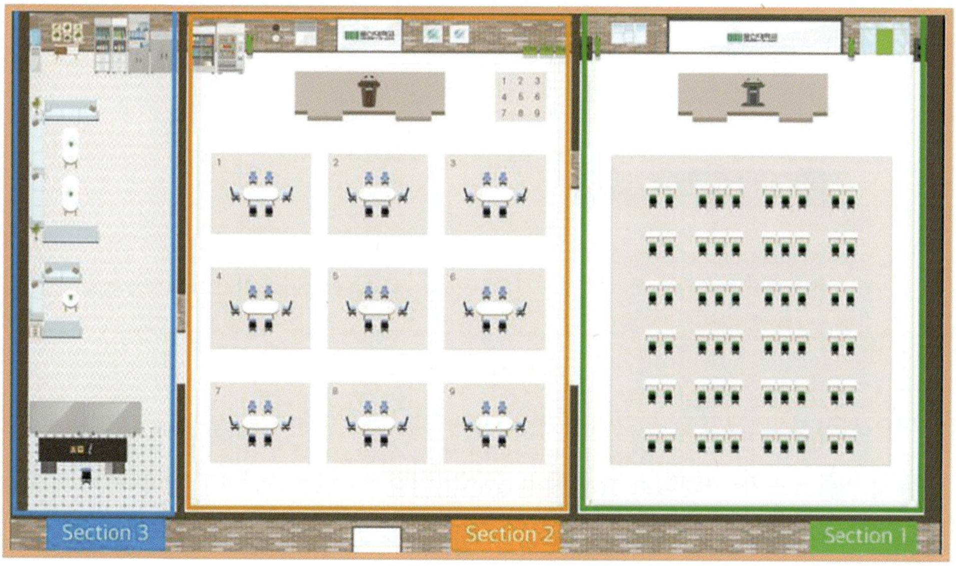

3. 메타버스 ZEP 플랫폼 활용

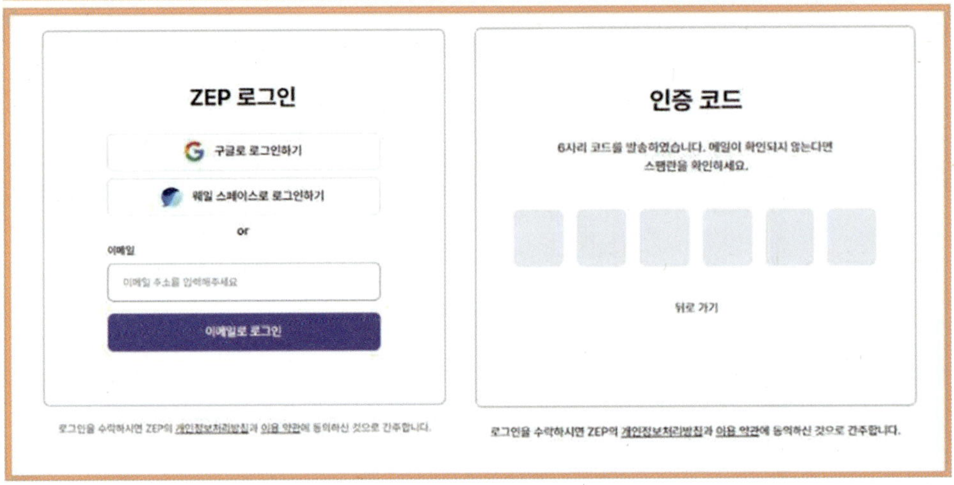

ZEP 시작하기: 구글로 로그인하기와 이메일로 로그인하기가 있는데 이메일로 로그인 시 인증코드가 이메일로 발송되며 6자리 인증코드를 입력해야 합니다.

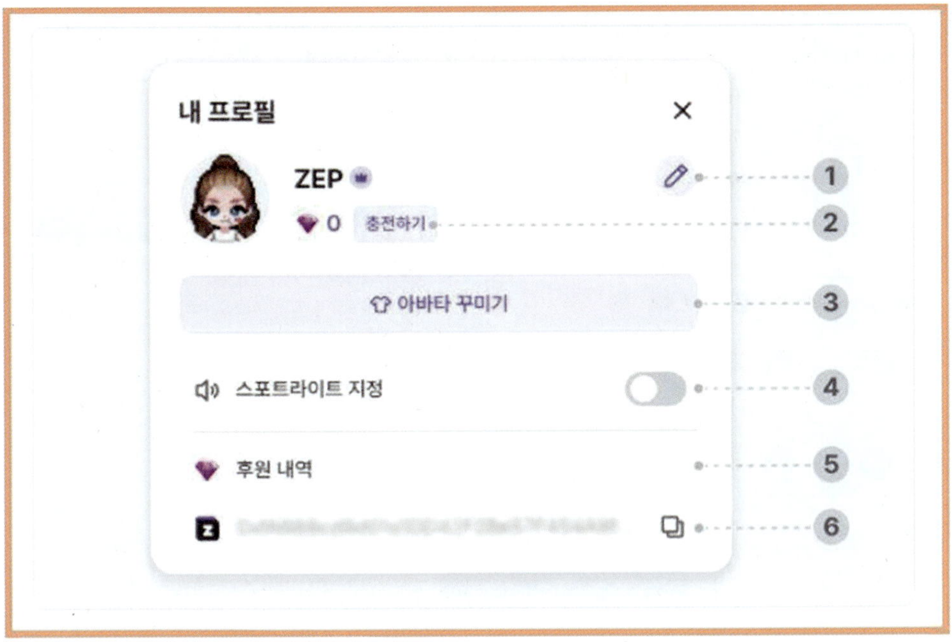

우측 상단의 아바타 아이콘을 클릭하거나 내 아바타를 클릭하면 위와 같이 내 프로필창을 열 수 있습니다.

위 그림에 숫자로 표시된 기능을 하나씩 살펴보겠습니다.

1. 내 닉네임 및 상태 메시지를 수정할 수 있습니다.
2. 충전하기는 ZEP의 유료재화 ZEM을 충전할 수 있는 충전 페이지가 열립니다.

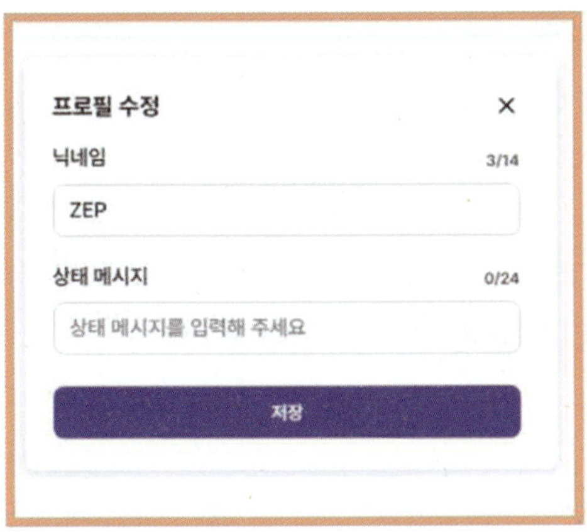

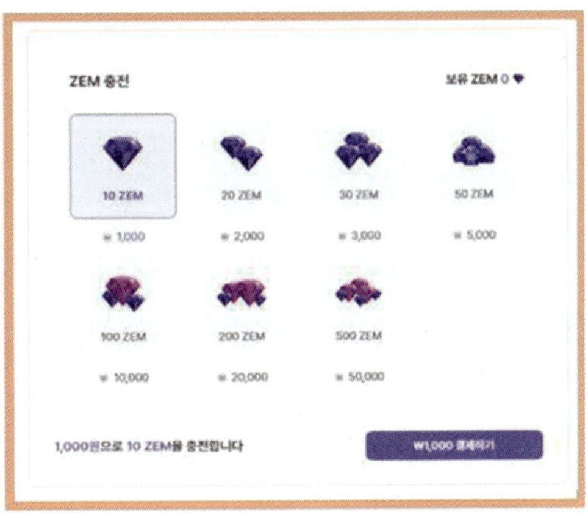

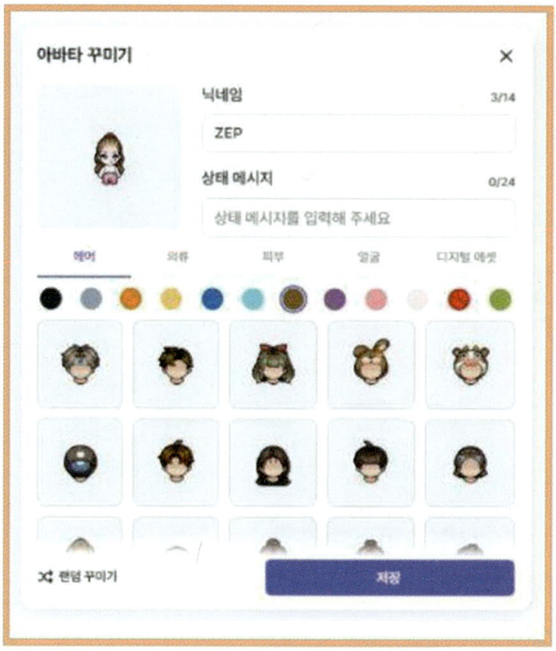

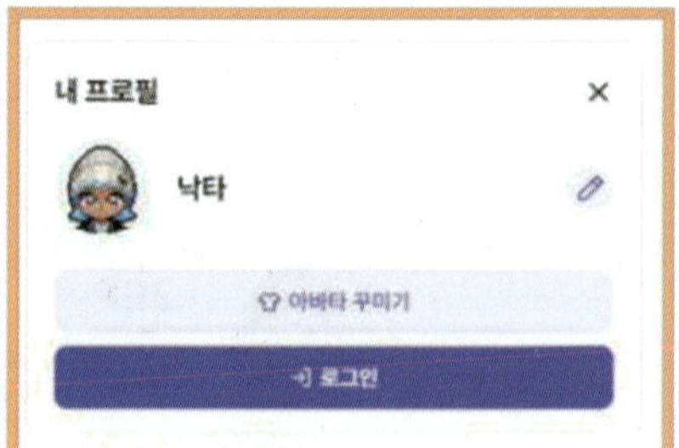

<비로그인 시 내 프로필>
프로필 창 로그인 버튼을 누르면, 로그인할 수 있습니다.

3. 아바타 꾸미기 창으로 아바타를 꾸밀 수 있습니다. 디지털 에셋 탭에서는 지갑이 연결되었을 경우 내가 소유한 디지털 지갑을 볼 수 있으며 엠블럼으로 작용 가능한 디지털 에셋은 내 아바타 머리 위에 장착됩니다.
4. 스포트라이트 기능으로 스포트라이트가 지정된 사용자가 비디오나 오디오를 키면 맵 전체에 공유됩니다.
5. 후원 내역을 볼 수 있는 기능으로 클릭 시 내 후원 내역 페이지가 열립니다.
6. 월렛 주소를 볼 수 있는 기능으로 클릭 시 지갑이 연결되어 있을 경우 내 지갑 주소가 표시되며 주소를 복사할 수 있습니다.

<비 로그인 시 내 프로필>

위 오른쪽 그림과 같이 비로그인 시 프로필 창의 로그인을 누르면 로그인을 할 수 있습니다.

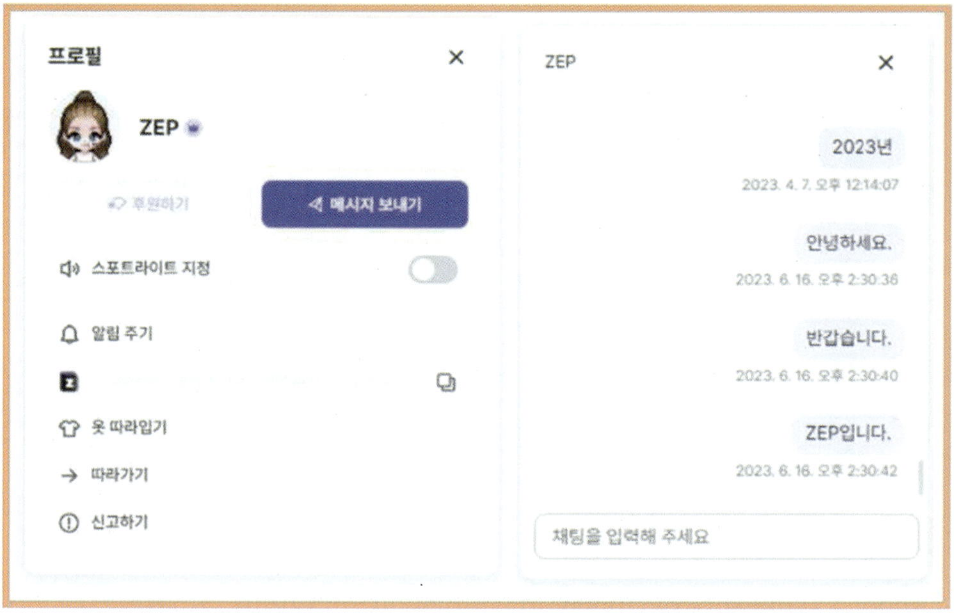

Session3

참가자 프로필

- 후원하기: 해당 사용자에게 후원이 가능합니다. ZEM 유료 재화 기능 안내에서 더 자세한 내용을 확인할 수 있습니다.
- 메시지 보내기(DM): 위 그림과 같이 해당 사용자에게 개인 메시지를 보낼 수 있습니다.
- 알림 주기: 상대방이 움직임이 없을 땐 알림 주기 기능을 사용하면 상대에게 소리가 울립니다.
- 옷 따라 입기: 원하는 스타일의 옷을 입고 있는 참가자가 있다면 상대 프로필 창에서 옷 따라 입기를 클릭하면 같은 옷을 입을 수 있습니다.
- 따라가기: 다른 사용자가 이동하는 곳으로 따라갈 수 있습니다. 중간에 이동키 조작 시 따라가기가 해제됩니다.
- 신고하기: 불건전한 행위를 하는 사용자가 있다면 신고하기를 눌러 신고할 수 있습니다.

ZEP의 조작 방법은 PC와 모바일에 따라 차이가 있으며 조작법은 위 그림과 같습니다.

우측 상단의 사용자 버튼을 사용하여 같은 공간에 있는 다른 참가자들과 관련된 기능을 활성화할 수 있고 다른 사용자 캐릭터를 클릭하여 프로필 창을 띄울 수도 있으며 그 창에서는 알림을 주거나 메시지를 보낼 수 있는 등 다양한 이용이 가능합니다.

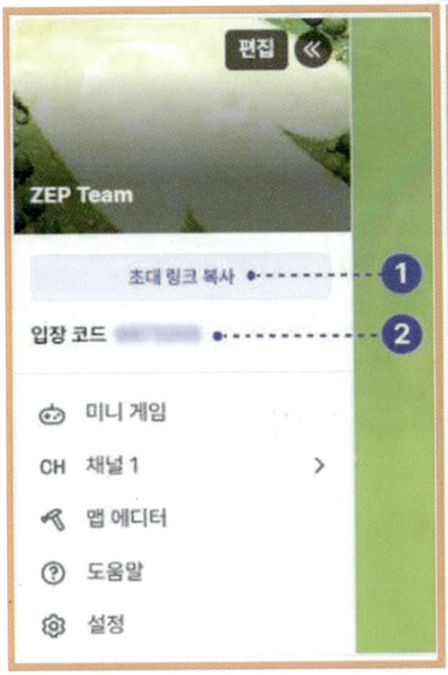

Session3

초대하기

초대 기능을 사용하면 다른 사람들을 쉽게 공간에 초대할 수 있습니다.

1. 초대 링크 복사 버튼

초대 링크 복사 버튼을 클릭하면, 스페이스의 링크가 복사됩니다.

2. 입장 코드

홈 화면에서 코드로 입장할 수 있는 숫자를 확인할 수 있습니다. 모바일에서는 입장 코드로 쉽게 입장이 가능합니다.

다양한 상호 작용

상호작용 실행 방법으로 PC는 F버튼을 클릭하면 되고 모바일은 우 하단의 상호작용 아이콘을 클릭하면 상호작용을 실행할 수 있습니다.

ZEP 조별모임 및 스포트라이트 기능 안내

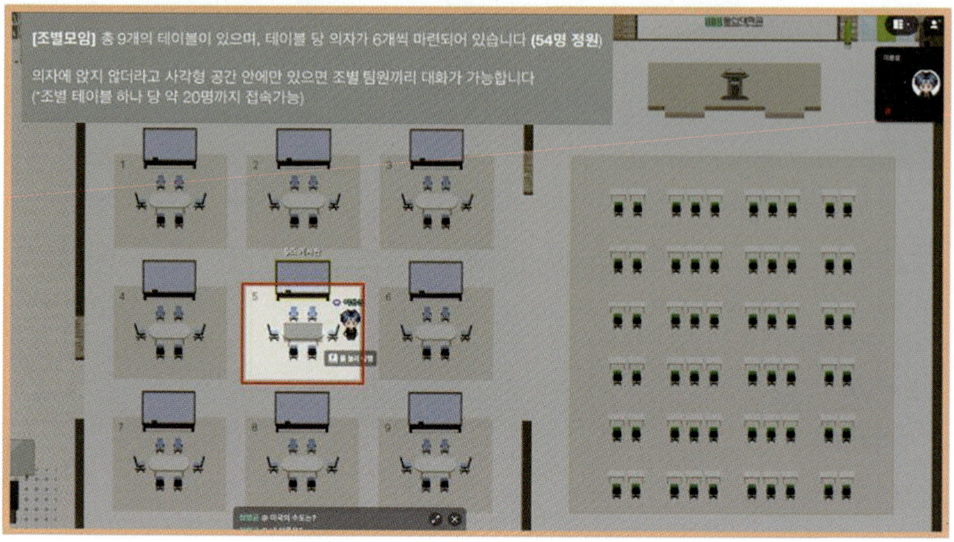

위 그림은 울산대학교 전용 ZEP 캠퍼스에서 혁신교수법 수업에 메타버스 ZEP을 적용할 때 조별모임 과 스포트라이트 기능에 대해서 대해 안내했던 내용으로 한조에는 6개의 테이블이 있으며 지한 조 테이블에는 20명까지 접속이 가능합니다.

아래 그림은 스포트라이트 기능에 대한 설명으로 강단에서 강연 및 공지가 가능합니다.

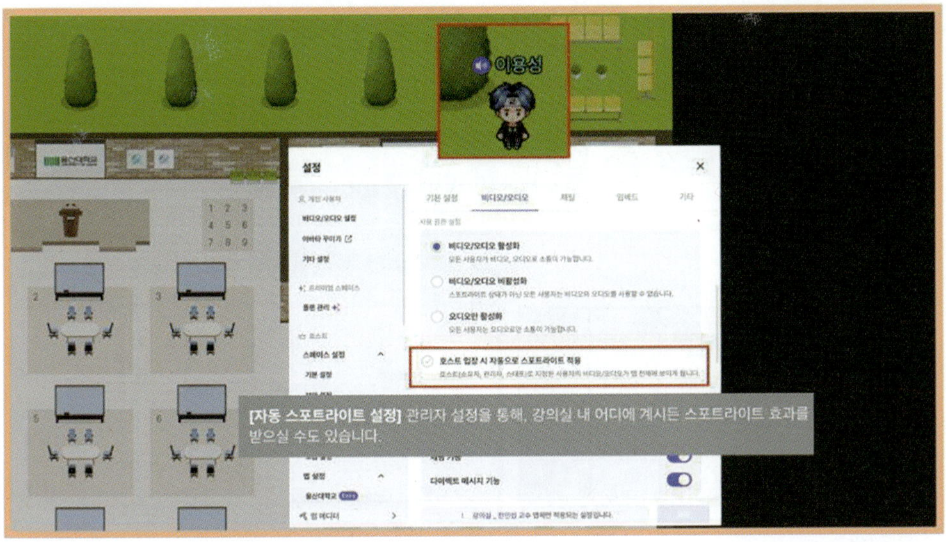

자동 스포트라이트 설정은 위 그림과 같이 관리자 설정으로 들어가서 [호스트 입장 시 자동으로 스포트라이트 적용]을 선택하여 강의실 내 어디에 있든 스포트라이트 효과를 받을 수 있습니다.

자동 스포트라이트 해제는 아래 그림과 같이 아바타를 클릭하고 팝업 메뉴에서 스포트라이트 지정을 해제하면 됩니다.

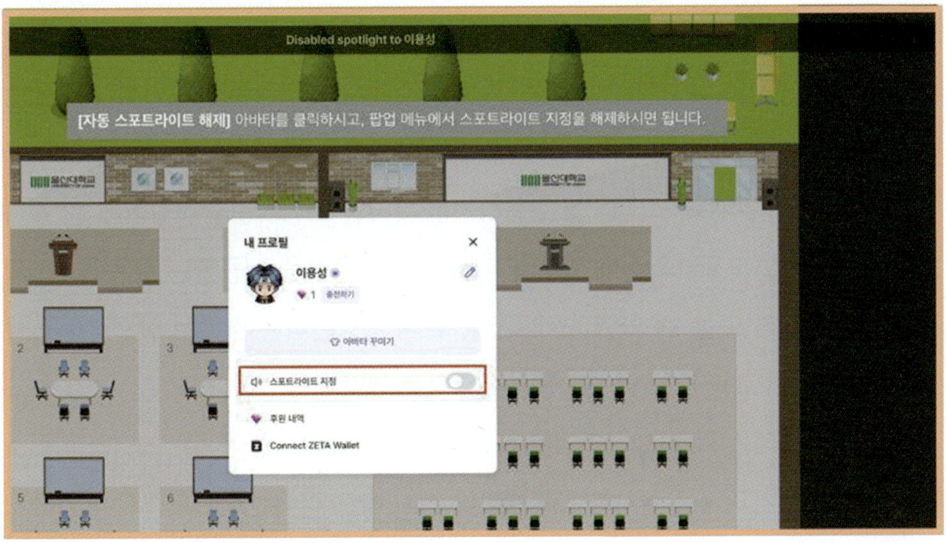

Session3

4. 메타버스기반 혁신교수법 수업적용

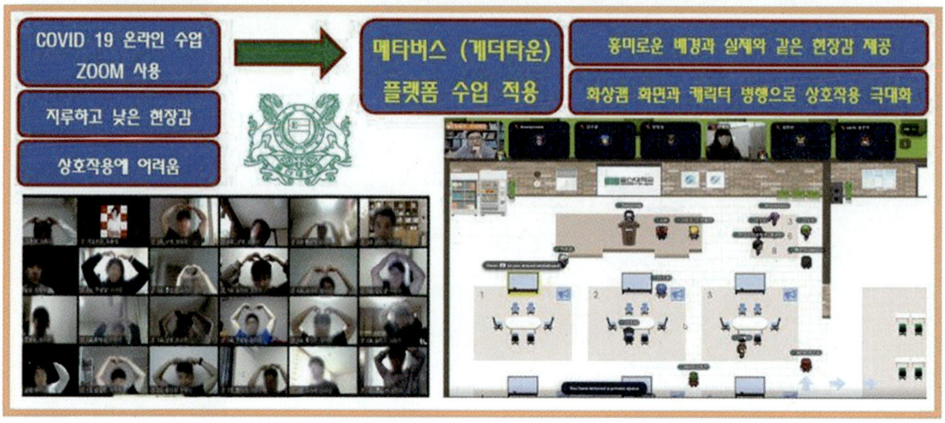

메타버스 플랫폼 혁신교수법 도입

코로나 19로 많은 수업이 ZOOM과 같은 프로그램으로 온라인 형태로 진행되었습니다. 울산대학교에서도 ZOOM으로 대부분 수업이 진행되었는데 ZOOM수업에 참여했던 학생들을 대상으로 설문 조사를 실시한 결과 많은 학생들이 ZOOM수업의 단점으로 지루하고 낮은 현장감과 상호작용에 어려움이 많다고 답했습니다.

이에 이러한 온라인 수업의 낮은 현장감과 상호작용의 문제점을 해결하기 위해 울산대학교 에서는 다양한 메타버스 플랫폼 중에서 게더타운을 도입하게 되었습니다.

제페토가 훨씬 뛰어난 그래픽을 구현하기는 하지만 게더타운을 선정하게 된 계기는 위 그림과 같이 흥미로운 배경과 실제와 같은 현장감을 제공하는 것은 물론이고 제페토와는 달리 화상 캠 화면과 캐릭터를 같이 제공한다는 점에서 상호작용을 극대화 할 수 있어 교육 활용에는 더 장점이 크다고 생각해서 입니다.

따라서 울산대는 2021년 2학기 초에 50여 명의 교원이 참여하는 게더타운을 소개하는 교수법 세미나를 실시하였고 세미나 직후 바로 라이선스 계약으로 도입하게 되었습니다.

게더타운 플랫폼은 코로나19와 맞물리며 그 활용도가 높아지며 널리 사용자가 확산하게 되는데 2021년 가입자 400만명을 달성하며 2600만 달러 투자 유치를 받으며 급성장 하였고 창업 1년 만에 기업가치 2조원의 플랫폼으로 발전하였습니다.

게더타운은 전체 상황파악에 유리하도록 하늘에서 내려다보는 탑 뷰 형식을 채택하고 가까이 가면 소리가 커지는 거리조절 오디오 가능 여러 가지 실제와 같은 사무실이나 교실 같은 환경에서 서로 다양하게 소통할 수 있는 기능 등의 특징으로 다양한 온라인 상호작용을 할 수 있습니다.

그리고 일반 ZOOM에서와 같이 개인이나 팀 화상회의에서 음성으로 소통할 수 있고 실시간 문서공유와 화면공유 기능으로 발표를 진행할 수도 있으며 많은 인원이 참가하는 대규모의 회의 및 행사도 진행 할 수 있는 공통기능들을 갖추고 있습니다.

특히 가장 큰 장점으로는 공간을 내가 원하는 대로 꾸미는 커스터마이징이 가능하다는 점입니다. 즉 전체 교실안에 총 몇 개의 테이블과 몇 개의 의자를 어떻게 배치시킬 것인지와 칠판을 포함하여 모니터 화분 등의 다양한 소품들로 어떻게 꾸밀 것인지를 다 하고 싶은 대로 구현할 수 있습니다.

Session3

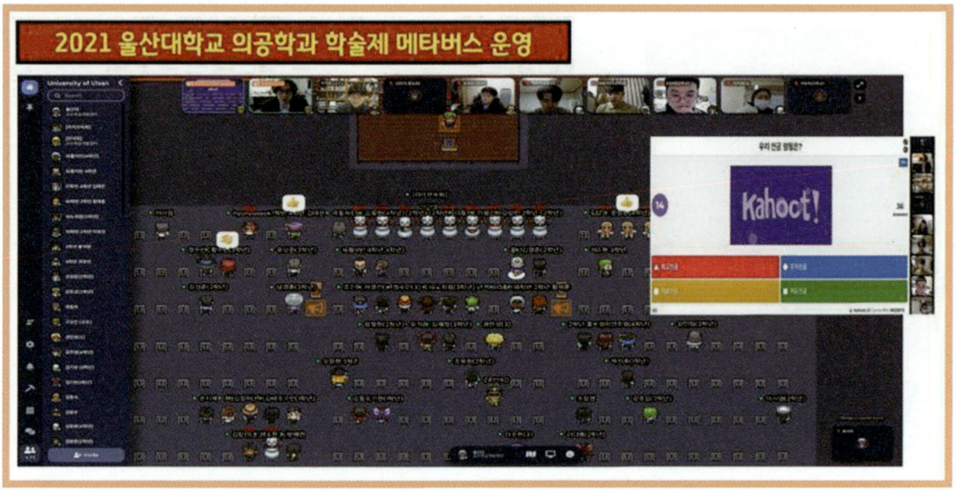

위 그림은 실제로 2021년 울산대학교 의공학과에서 학술제를 온라인 게더타운 플랫폼에서 진행했던 모습입니다. 당시 코로나로 인해 많은 사람들이 모이기 힘든 상황에서 수많은 학생들과 교수들이 온라인 공간에 참여하여 여러 가지 학술 발표도 진행하였고 또 KAHOOT과 같이 게임처럼 즐기며 참여할 수 있는 퀴즈대회도 진행하는 등 다채로운 프로그램으로 성공적으로 온라인 행사를 진행하였습니다.

그런데 본 저자는 대학에서의 메타버스 적용은 단지 새로운 아이디어를 적용하는 단순한 기술중심적 접근 보다 메타버스 기술을 교육적 효과가 잘 반영될 수 있도록 활용하는 페다고지(교육학) 중심적 접근이 더 중요하다고 생각합니다. 따라서 기존의 메타버스를 활용한 입학식, 축제, 전시회, 시상식 등의 온라인 행사참여와 ZOOM을 대신하는 단지 흥미로운 메타버스 온라인 수업 운영만으로는 효과적 활용이라 할 수 없습니다. 즉 메타버스 환경에서 혁신교수법 수행을 위한 공간을 설계하여 PBL 활동 및 MAKER 창의 활동 등의 상호작용이 온라인상에서도 극대화 될 수 있도록 수업모형설계 및 메타플랫폼 지원으로 혁신 메타교수법의 적극적 활용이 필요합니다.

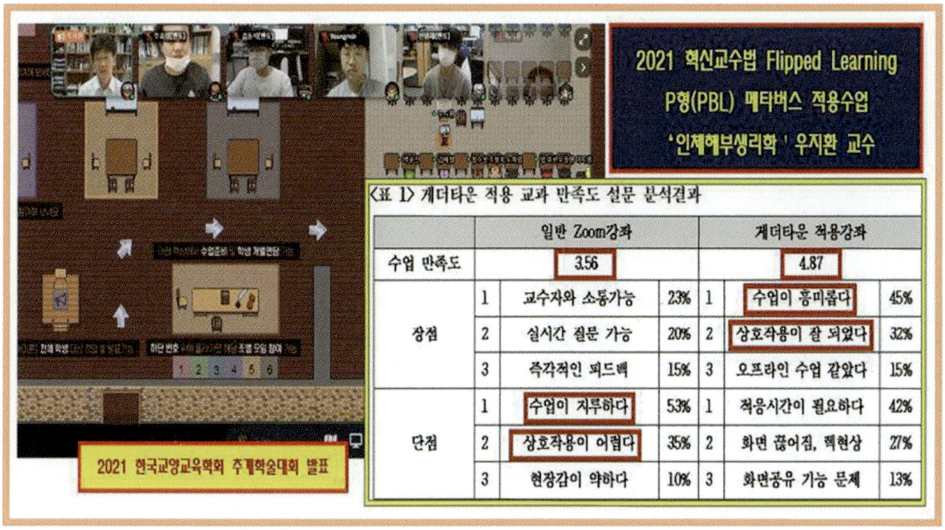

〈표 1〉 게더타운 적용 교과 만족도 설문 분석결과

	일반 Zoom강좌			게더타운 적용강좌		
수업 만족도	3.56			4.87		
장점	1	교수자와 소통가능	23%	1	수업이 흥미롭다	45%
	2	실시간 질문 가능	20%	2	상호작용이 잘 되었다	32%
	3	즉각적인 피드백	15%	3	오프라인 수업 같았다	15%
단점	1	수업이 지루하다	53%	1	적응시간이 필요하다	42%
	2	상호작용이 어렵다	35%	2	화면 끊어짐, 렉현상	27%
	3	현장감이 약하다	10%	3	화면공유 기능 문제	13%

메타버스 플랫폼 혁신교수법 운영사례

위 그림은 2021년 울산대학교 의공학과 전공과목인 '인체해부생리학' 수업에 Flipped Learning PBL(P형) 수업을 메타버스 플랫폼을 활용한 형태로 진행했던 사례입니다.

수업 진행 후 실시했던 설문조사에서 만족도는 기존의 zoom강좌의 3.56에 비해 메타버스 게더타운 적용 강좌는 4.87로 통계적으로 유의하게 향상되었음을 알 수 있었습니다.

또한 설문내용 분석에서도 가장 의미 있었던 부분은 기존 Zoom강좌에서의 단점으로 나타났던 '수업이 지루하다'와 '상호작용이 잘 이루어지지 않았다'는 부분이 메타버스 게더타운 적용 강좌에서는 '수업이 흥미롭다'와 '상호작용이 잘되었다'의 장점으로 나타났다는 점이었습니다. 따라서 메타버스 공간에서의 수업 운영은 학습자들에게 온라인 상호작용과 흥미도 향상에도 큰 효과가 있음을 알 수 있습니다.

이러한 혁신교수법 메타버스 플랫폼 적용 사례 및 효과성의 연구결과를 2021년 한국교양교육학회 추계학술대회에서 사례로 소개하기도 하였습니다.

게더타운 활용을 위한 교과목 설계

주차	주차별 목표	동영상 강의	게더타운 온라인 강의		
		월요일	QUIZ (10분)	토론 (40분)	발표(20분)
2W	청감각 기관의 구조와 기능의 이해	60분 수업 동영상 제시	O	1. 어떤 사람이 피아노 건반의 A 영역의 소리는 잘 들을 수 있으나, B 영역으로 갈 수록 소리를 잘 인지하지 못한다. 이 사람의 상황을 청각 시스템의 해부생리학적으로 설명하자.	O
3W	시각 기관의 구조와 기능의 이해	60분 수업 동영상 제시	O	1. 시력 교정이 필요한 경우, 안경, 라식/라섹 등의 방법이 있다. 어느 방법을 선택하는 것이 최선의 방법이라고 생각하는가? 2. 인공 눈은 과연 가능할까? 가능/불가능하다면 왜 그런가? 가장 극복해야할 문제는 무엇인가?	O
7W	심장의 구조와 기능의 이해	50분 수업 동영상 제시	O	1. 일상 생활에서 심장의 신호를 측정법, 심장의 신호를 활용하여 건강 feedback으로 사용할 수 있는 방법, 생활의 패턴 등 다양한 방법에 대하여 아이디어를 도출하자.	O

PBL 과제 제시

구체적인 수업설계를 살펴보면 위 그림과 같이 주차별로 교과목을 설계하였고 2주차 3주차 7주차에 걸쳐 세 가지의 주제로 사전 영상학습 제시 및 각 차시의 학습 목표에 맞는 PBL과제에 대해 토론과 발표를 진행하였습니다.

게더타운 활용에 있어서는 아래 사진과 같이 게더타운 강의실에서 온라인으로 수업을 진행하였습니다.

여기서 울산대학교 학습관리시스템인 UWINS기반 온라인 Quiz를 아래 사진 오른쪽 부분과 같이 여러 가지 사항을 반영하여 실시하였습니다.

게더타운 수업: 수업 요약 및 Quiz 실시

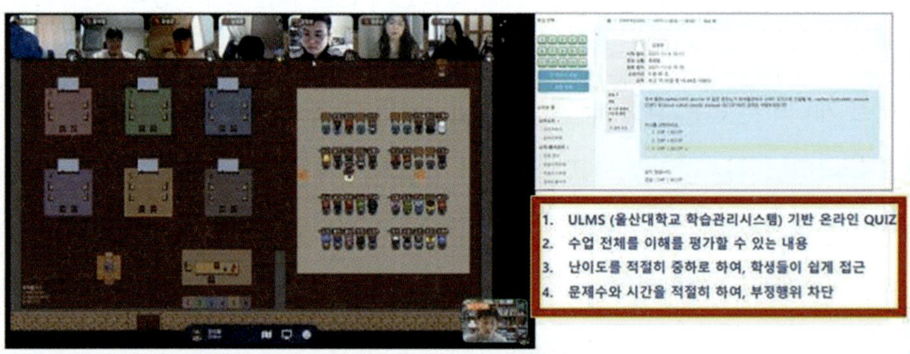

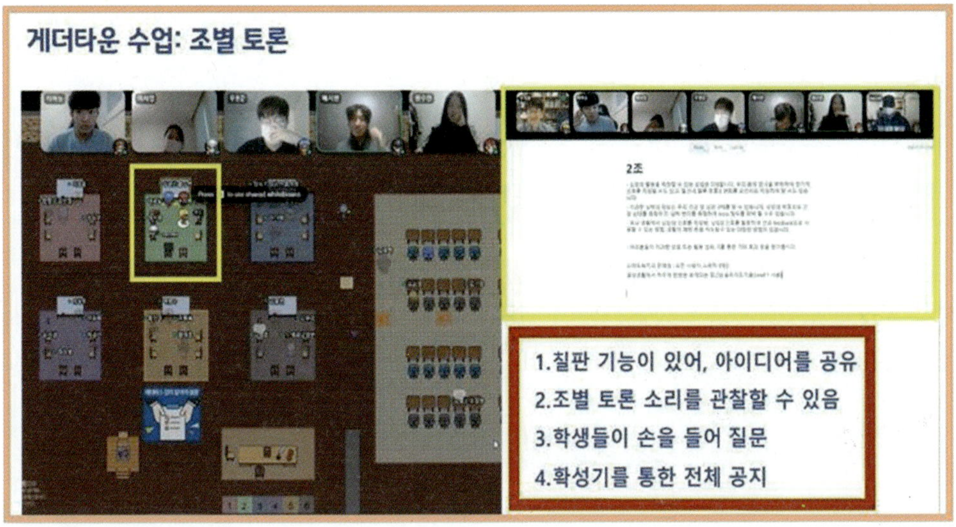

조별 활동에 있어서는 위 사진과 같이 공유칠판을 사용하여 아이디어를 공유하였고 교수자가 조별 활동을 관찰할 수 있었으며 이모티콘 기능과 확성기를 통해 다양한 소통이 이루어졌습니다. 팀 활동 후에는 오른쪽 발표 존으로 이동하여 아래 사진과 같이 전체토론에 참여하여 다양한 의견들을 공유하고 피드백을 받는 활동들을 진행하였습니다.

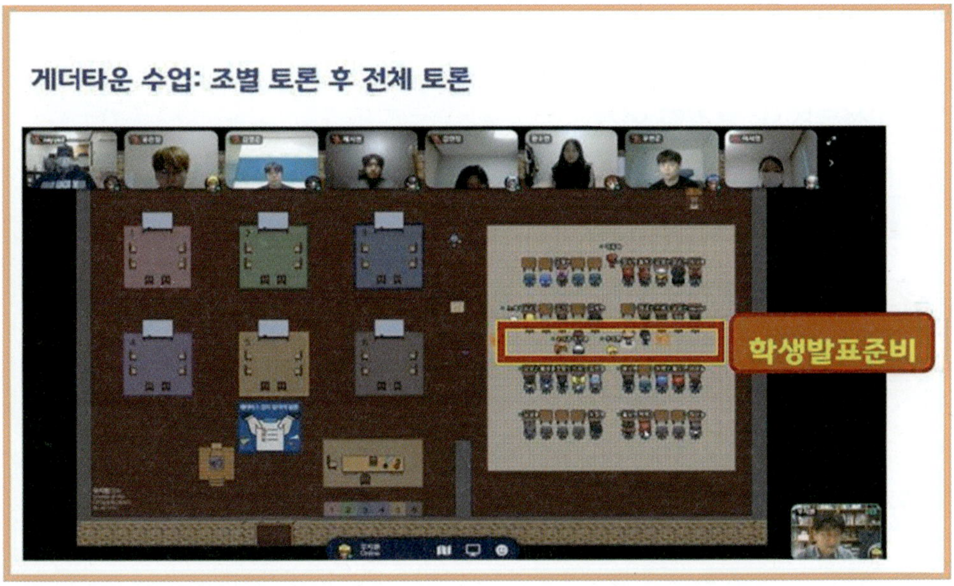

학생 설문조사: 긍정적 의견

- 수업 중간에 토론하는 시간이 있어 zoom 수업 보다 수업 몰입도가 좋았다
- 오랜만에 같이 모여서 토론하고 목소리 들으니까 좋아요.
- 너무 재밌었고, 발표도 실제 사람들 앞에서 하는 것 같아 긴장되기도 했습니다.
- 기존의 줌 수업은 단조로웠는데 메타버스 기반의 수업은 훨씬 더 적극적인 참여가 가능했습니다. 수업 자체가 더욱 더 재미있게 느껴졌으며, 조별 토론도 더욱 잘 되었다고 느낍니다. 학교를 못 가서 속상했는데 마치 학교에서 수업을 듣는 듯한 느낌도 들어 기분이 좋았습니다.

모든 수업 진행 후 참여 학습자들을 대상으로 실시한 설문조사에서는 긍정적 의견과 부정적 의견이 모두 나왔는데 긍정적인 부분은 ZOOM보다 훨씬 실제 같은 환경에 몰입도가 높아 수업에 집중할 수 있어 좋았다는 의견이 많았고 부정적인 부분은 기술적인 부분인 속도나 끊김 현상에 대한 불편함과 새로운 방식에 대한 생소한 점을 들었습니다. 그러나 이러한 단점들은 기술적 보완과 지속적으로 사용하며 개선될 수 있는 내용들이기 때문에 보완을 통해 더 효과적 활용이 기대되는 수업적용 사례로 볼 수 있었습니다.

학생 설문조사: 부정적 의견

- 노트북으로 진행하면 줌에 비해 반응속도가 느립니다.
- 캐릭터가 움직이면 집중이 다소 흐려지는 것 같습니다
- 처음 접하는 방식의 수업이다 보니 조금 헷갈렸습니다.
- 모바일로 들어갈 수 없는게 아쉽다. 줌보다 자주 끊기는 느낌이 든다

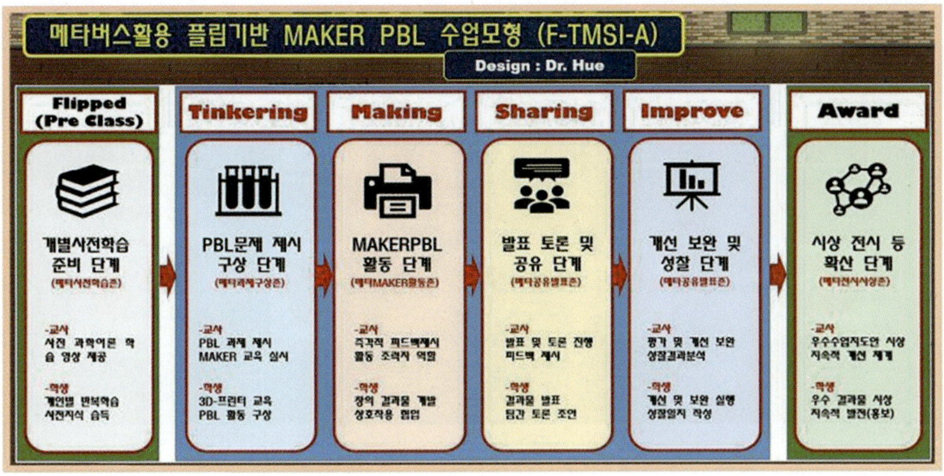

메타버스 활용 플립기반 MAKER PBL 수업모형

위 그림은 메타버스 플랫폼을 활용한 플립기반 MAKER PBL 수업 모형인 F-TMSI-A 모형으로 본 저자가 직접 설계한 모형입니다. 보통 MAKER 수업의 모형으로 많이 쓰이는 것이 TMSI모형인데 제일 앞에 플립러닝의 사전 학습을 의미하는 F단계와 마지막에 시상 및 성과물 확산을 위한 A단계를 추가하여 완성하였습니다.

MAKER의 TMSI모형을 살펴보면 T단계는 Tinkering으로 PBL문제 제시와 함께 활동을 구상 하는 단계입니다. M단계는 Making으로 구상한 내용을 바탕으로 창의적 결과물을 개발하고 만드는 단계이며 S단계는 Sharing으로 발표를 통해 결과물을 공유하고 피드백을 받는 단계입니다. 마지막 I단계는 Improve로 받은 피드백을 바탕으로 개선 및 보완을 통해 성찰하는 단계입니다.

즉 기존의 MAKER 수업을 앞의 사전 학습 단계를 추가하여 Flipped Learning으로 진행하고 마지막에 시상(Award)을 통해 지속적으로 개선해 나간다는 의미를 가지고 있는 수업 모델입니다. 이러한 수업을 메타버스 플랫폼에서 진행하게 되는데 단계별로 자세하게 하나씩 살펴보도록 하겠습니다.

F단계 (Flipped-pre-class)

첫 단계는 F단계로 Flipped Learning의 사전 학습 단계로 볼 수 있습니다. 메타버스 플랫폼에서 사전 학습을 위한 zone을 추가하여 그 부분에 본 학습을 위한 영상 및 자료 등을 링크하여 제시하게 됩니다.

그러면 학습자들은 자유롭게 시공간 제약없이 수업 전에 언제든지 접속하여 들어와서 다양한 자료들을 통해 사전 학습을 자기 주도적으로 실시하게 되며 개인 수준별로 반복학습이 가능하여 본 수업의 심화 팀 과제 활동 수업에 대비하여 학력차를 줄일 수 있는 효과를 기대할 수 있습니다.

또한 메타버스 공간에서 개별적으로 영상 학습을 하지만 다른 사전 학습을 하는 학습자와 학습내용에 대한 소통과 함께 의견을 나눌 수도 있어 기존의 오프라인 환경 Flipped Learning 수업에서 했던 LMS에 일괄적으로 올려놓으면 개별적으로 영상을 보는 사전 학습의 형태보다 훨씬 더 장점이 많습니다.

수업 후에도 이 공간에 수업 자료나 활동 결과물 등을 공유하는 용도로 활용할 수 있고 특히 시험기간에는 시험대비 자료나 보충자료들도 위치기반으로 배치하여 활용할 수 있어 수업의 항상성을 유지하는 데에도 큰 도움이 될 수 있습니다.

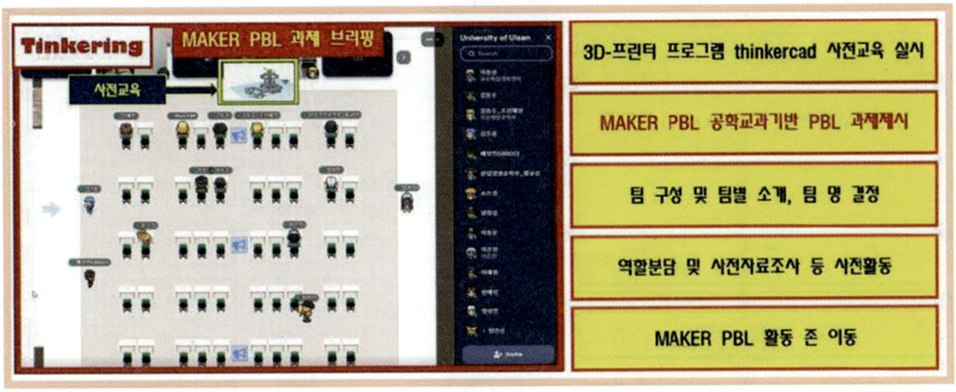

T단계 (Tinkering)

MAKER 수업의 대표 유형인 TMSI유형 첫 단계로 메타버스 사전교육을 위한 수업 zone에서 진행하게 됩니다.

먼저 MAKER 수업을 위해 3D-프린터 활용 프로그램인 thinkcad 프로그램 사용법에 대한 교육을 실시하고 MAKER PBL 과제를 제시하게 됩니다. 과제에 대한 이해를 위해 짧은 이론 강의가 포함될 수도 있습니다.

공과대학에서는 더 심화된 프로그램의 교육을 할 수도 있으나 가장 쉽고 30분 안에 모든 기능을 쉽게 배울 수 있는 프로그램으로 본 저자는 thinkcad 프로그램을 추천합니다. MAKER의 본질은 어려운 프로그램으로 정교한 결과물을 만드는 것이 아니라 창의적인 아이디어가 얼마나 잘 반영 되었는지의 여부에 있기 때문에 쉽게 나의 아이디어를 적용해서 표현할 수 있는 프로그램이 훨씬 더 활용도가 좋습니다.

과제 제시 후에는 학습자들의 팀을 구성하고 팀 명을 정한 후 팀 소개를 하는 시간을 가집니다. 그리고 본 팀 활동에 앞서 역할분담을 하거나 사전 자료를 조사하는 등의 사전 활동도 이 단계에서 진행합니다.

그리고 모든 팀 활동 준비가 완료 되었으면 바로 옆에 있는 팀 별 활동을 위한 팀 활동 Zone으로 이동하게 됩니다.

Session3

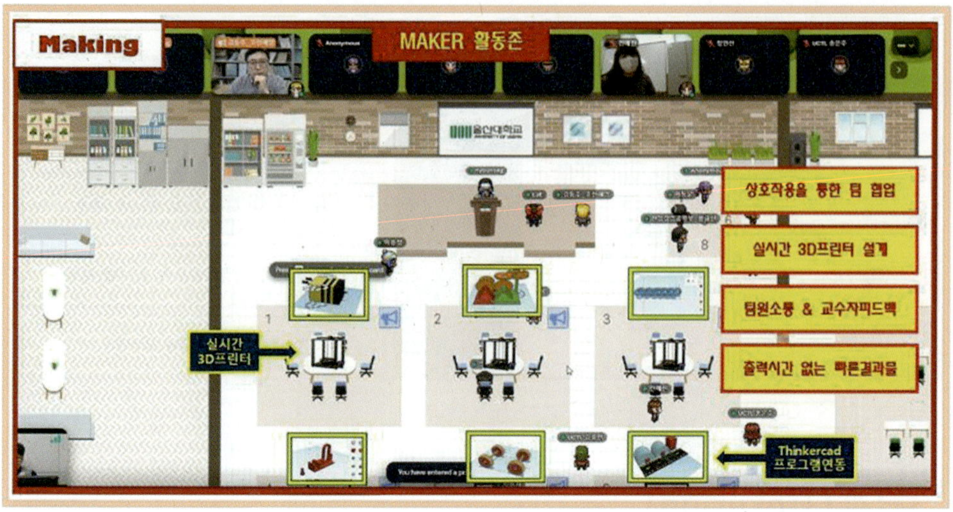

M단계 (MAKING)

이 단계에서는 본격적으로 팀 별로 창의 제작 활동을 상호작용을 통한 협업으로 진행하게 됩니다. 팀원들끼리 실시간으로 thinkcad 프로그램으로 만든 결과물들을 공유하며 다양한 의견과 교수자의 피드백을 반영하면서 결과물을 수정해 나갑니다.

이때 중간중간에 진행되는 과정에 대한 중간 결과물을 교수자의 피드백과 함께 게시하여 다른 팀원들도 볼 수 있도록 하면 전체적으로 결과물의 퀄리티를 높이는데 도움이 될 수 있습니다.

본 저자는 메타버스 공간에서 MAKER 수업을 진행했을 때의 가장 큰 장점은 결과물 출력이 필요 없다는 부분이라고 생각합니다. 오프라인 수업에서 아주 작은 결과물을 하나 출력하는데 걸리는 시간은 2~3시간 이상이 소요됩니다. 사실상 다음주 수업시간쯤 되어야 출력된 실제 결과물을 가지고 다음 단계를 논의할 수 있는 것이 현실입니다.

그러나 메타버스 공간에서의 MAKER 수업은 결과물을 출력할 필요없이 온라인 상에서도 결과물을 모두가 다양한 각도에서 관찰할 수 있도록 공유할 수 있어 훨씬 더 좋았던 것 같습니다.

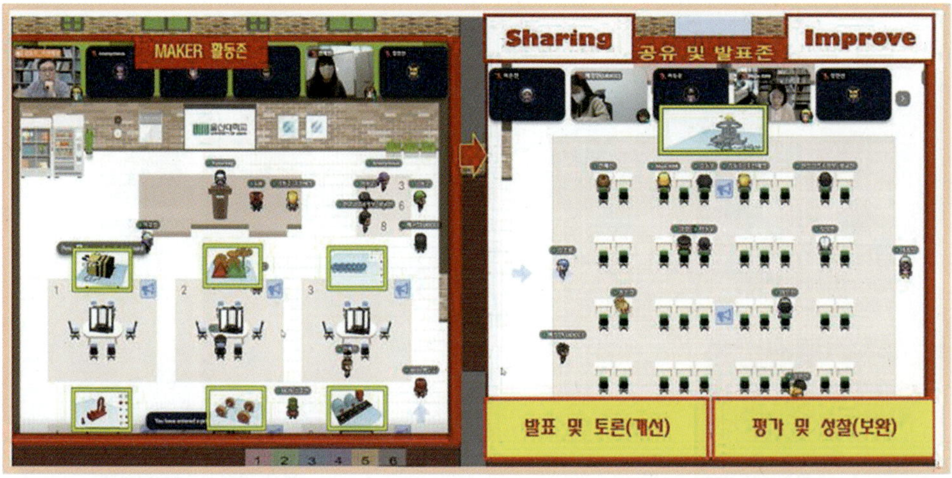

S단계 (Sharing)

모든 팀 활동이 끝나면 공유 및 발표를 위해 다시 사전교육을 했던 Zone으로 돌아와서 팀 활동을 통해 나온 창의적 결과물들에 대한 발표를 진행하게 됩니다. 한 팀씩 나와서 결과물에 대한 파일을 전체 공유하며 특징에 대해서 발표하고 교수자의 피드백과 다른 팀원들의 질의 응답 등을 통해 토론하면서 결과물에 대한 개선 방향도 함께 고민하게 됩니다.

I단계 (Improve)

이 단계에서는 학습자와 교수자가 모두 참여하는 평가 활동과 함께 전체적인 과정에 대한 성찰을 하게 되는 단계입니다. 평가 시 평가항목은 수업 전에 미리 학생들에게 평가요소들과 반영 비율 등에 대한 자세한 안내가 이루어져 공정성을 유지해야 하며 성찰은 성찰일지를 작성하게 하고 그 결과를 교수자와 학습자들이 공유하면서 학습자는 반성을 통해 보완이 이루어 질 수 있고 교수자는 다음 수업의 개선을 위한 자료로 활용하게 됩니다.

A단계 (Award)

마지막 A단계는 모든 수업이 끝나고 우수 결과물들을 다른 교수자나 학습자와 공유하기 위한 시상 및 전시를 위한 단계입니다. 그런데 여기서 본 저자는 우수한 사례를 공유를 통해 확산하기 위해서는 위 그림과 같이 교과목 별로 우수한 결과물을 전시할 수 있는 존을 온라인 상에서 운영해야 하며 특히 이 공유 존의 접속을 모바일도 가능하게 구축해야 한다고 생각합니다.

싸이월드가 한 때 많은 사용자로 전성기를 누렸지만 많은 사용자들이 페이스북으로 이동하게 된 결정적인 계기는 싸이월드는 PC기반으로 접속하지만 페이스북은 모바일기반으로 언제 어디서나 접속할 수 있는 장점이 있어서라고 합니다.

페이스북이 최근 사명까지 '메타'로 변경하며 메타버스 구축에 뛰어들면서 메타환경이 완성되기 위한 7가지 조건을 강조하였는데 그것은 바로 지속성, 동시성, 무제한, 경제권, 조밀성, 상호운영성, 풍부한 콘텐츠라고 합니다.

따라서 공유 존에는 언제 어디서나 쉽게 접속할 수 있어야 하고 풍부한 컨텐츠가 무한하게 지속적으로 제공되어야 하기 때문에 모발일 기반 운영이 유리합니다.

앞에서 언급한 전시 존 안으로 들어가면 위 그림과 같이 구체적인 결과물들을 전시해 놓은 공간들로 꾸밀 수 있습니다. 많은 방문자들은 마치 미술관이나 박물관에 전시를 온라인으로 둘러보는 것과 같이 전시장 공간을 이동하며 여러 가지 결과물들을 공유하게 됩니다.

공유 존 구축 시 유의점

이러한 공유 존의 구축을 위해서는 학과별 과목별로 체계적인 수업설계 및 개발을 지원하여 많은 교과목을 수업에 적용할 수 있도록 해야 합니다.

또한 효과적인 공유를 위해 수업 후 결과물들에 대한 정보를 체계적으로 잘 관리하여 공유를 위해 데이터베이스를 구축해야 합니다.

또한 창의적이고 우수한 결과물에 대한 저작권 문제를 해결하여 특허나 상품화 가치가 있을 시에는 기업과 연계하여 상품화도 가능하게 할 수도 있어야 합니다.

그리고 더 효과적인 확산을 위해서는 언제 어디서나 가지고 있는 스마트폰으로 쉽게 방문하여 실시간으로 다양한 공유 및 확산할 수 있도록 모바일 중심의 공유시스템을 구축해야 합니다.

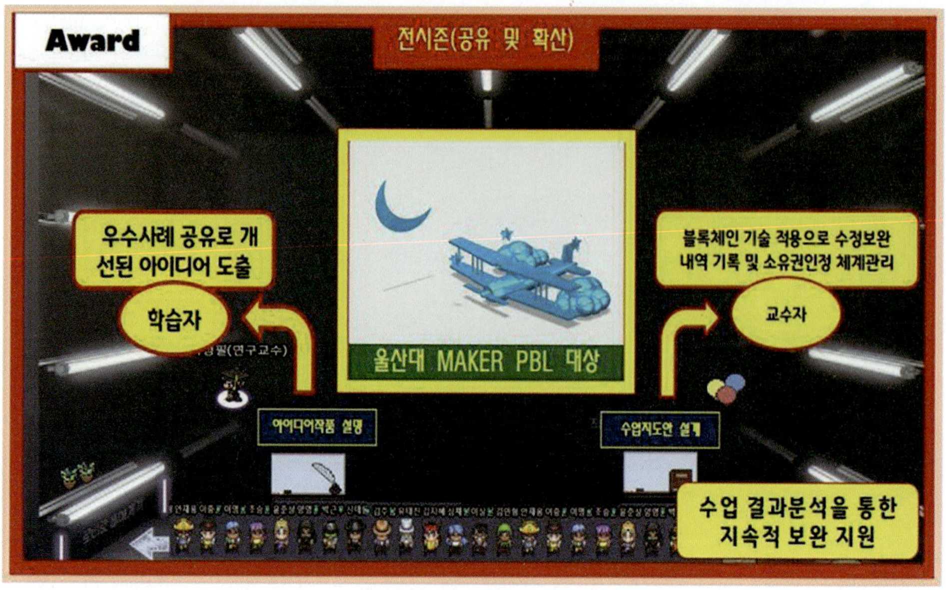

그리고 각 전시 존의 작품이나 결과물들 중 최고로 뛰어난 건에 대해서는 위의 그림과 같이 특별 전시관을 따로 만들어 결과물에 대한 설명을 볼 수 있는 '아이디어작품 설명' 세션과 수업을 어떻게 설계하고 운영했는지를 알 수 있는 '수업지도안 설계' 세션을 함께 배치하여 전시하게 됩니다.

그러면 여러 다른 학습자는 결과물들에 대한 설명을 보면서 더 추가적인 아이디어를 글로 남기거나 자신의 새로운 수업의 프로젝트 구상에 도움을 받을 수도 있을 것이고 교수자들은 수업지도안을 보면서 자신의 교과목에 맞는 형태로 변형해서 활용하거나 더 좋은 의견들을 추가로 제시하면서 개선시켜 나갈 수도 있을 것입니다.

이 때 최초의 수업지도안에 대한 소유권에 관련해서 블록체인 기술로 수정 보완되는 과정의 내역을 기록한다면 좀 더 체계적으로 관리될 수 있을 것입니다.

이러한 단계는 수업 결과 분석을 통해 지속적인 보완과 지원을 해 나가기 위해 꼭 필요한 단계라고 생각되며 메타버스 기반 혁신교수법의 확산에 큰 도움이 될 것입니다.

메타버스 공간에서는 공유 존과는 별도로 학기 마지막에 수업에 참여했던 학습자들이 자신이 진행했던 프로젝트에 대한 설명이나 창의적인 문제해결책을 제시한 이유 그리고 이번 수업이 기존 수업과 비교하여 좀 더 의미 있었던 사례 등을 직접 발표하고 소통하기 위한 방안으로 우수사례 공유회를 개최할 수도 있습니다.

이를 위해서는 위의 그림과 같은 공유 행사를 위한 강당과 같은 플랫폼이 별도로 구축되어야 하며 이 메타버스 행사장에서는 큰 운영비용 없이도 많은 참여자들을 수용할 수 있는 장점과 함께 플랫폼 특성상 발표 중에도 많은 사람들이 발표중인 내용에 대해서 실시간으로 토론할 수 있는 환경도 지원됩니다.

울산대학교에서는 매 학기말에 우수사례에 대한 세례들을 발표하고 시상하는 경진대회를 실시하고 있는데 코로나로 인해 경진대회 운영에 어려움이 많았습니다.

그러나 메타버스 게더타운 플랫폼 도입 이후에는 경진대회를 온라인으로도 원활하게 진행할 수 있었고 시공간의 제약이 없어 발표자위주로만 참여했던 행사를 모든 학습자와 교수자까지도 참여하는 행사로 확대 운영하여 더 효과적인 공유가 가능했습니다.

Session 4
ChatGPT 교육활용

1. ChatGPT(AI)의 개념과 특성
2. ChatGPT 연계 프로그램 활용
3. ChatGPT 활용분야
4. ChatGPT 혁신교수법 수업적용
5. ChatGPT 대학교육활동 세미나

1. ChatGPT(AI)의 개념과 특성

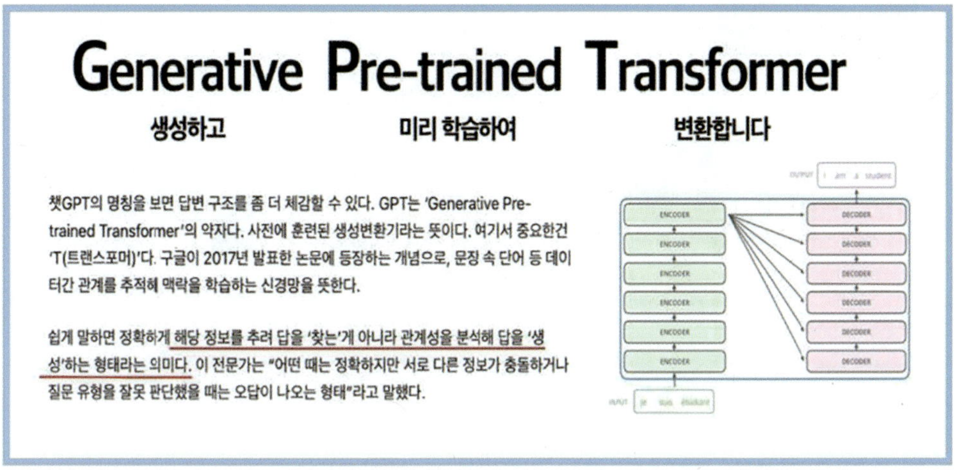

ChatGPT의 개념

ChatGPT의 개념은 'Chat'은 말 그대로 대화한다는 뜻이고 GPT는 'Generative Pre-trained Transformer'의 약자로 사전에 미리 학습한 내용으로 정보를 생성하고 변환한다는 뜻입니다.

여기서 T 즉 'Transformer'는 구글이 2017년 발표한 논문에 등장하는 개념으로 문장 속 단어 등 데이터간 관계를 추적해 맥락을 학습하는 신경망을 뜻합니다.

다시 말해서 해당 정보를 추려서 답을 찾는 게 아니라 관계성을 분석해 답을 '생성'하는 형태라는 뜻입니다.

따라서 ChatGPT로 검색 시에 자주 나오는 '환각오류'는 서로 다른 정보가 충돌하거나 질문 유형을 잘못 판단했을 때 나오는 형태로 볼 수 있습니다.

또한 생성 AI는 가짜뉴스 즉 딥페이크나 기타 여러 가지 잘못된 정보를 생성하는데 악용되어 사용할 가능성도 있어 사용에 대한 윤리적 기준이 필요하기도 합니다.

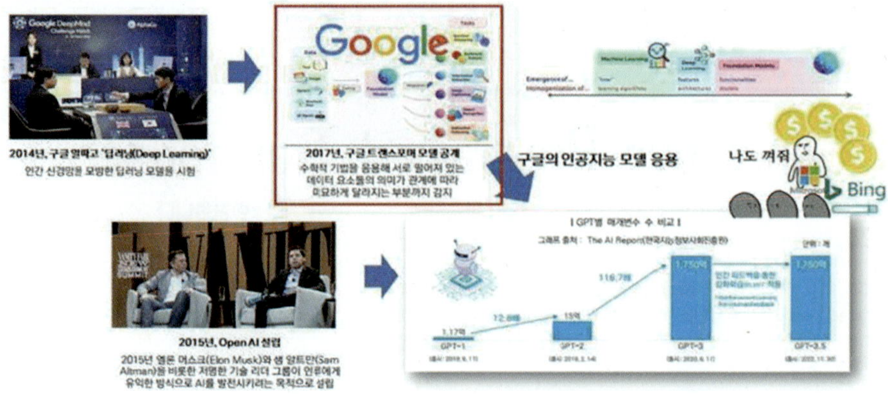

구글 인공지능 모델과 ChatGPT의 개발과정

구글의 인공지능 모델과 ChatGPT의 개발과정

최근 인공지능의 개발 과정을 살펴보면 2014년 구글의 '알파고'가 인간신경망을 모방한 딥러닝 기술을 적용한 학습으로 인간 바둑대표 '이세돌'에게 승리하는 성과를 거둡니다.

다음해인 2015년에 ChatGPT를 만든 회사인 Open AI사를 일론머스크, 샘 알트만을 비롯한 저명한 기술 리더 그룹이 인류에게 유익한 방식으로 AI를 발전시키려는 목적으로 설립하게 됩니다.

그리고 2017년에는 다시 구글에서 수학적 기법을 응용해 서로 떨어져 있는 데이터 요소들의 의미가 관계에 따라 달라지는 부분까지 감지하는 능력이 있는 트랜스포머 모델을 공개하게 되며 Open AI는 이러한 구글의 인공지능 모델을 응용하여 2018년 6월에 드디어 GPT-1을 개발하게 됩니다.

그 이후 계속 진화를 거쳐 2019년 2월에는 매개변수가 12.8배 향상된 GPT-2를 출시하였고 2020년 6월에는 GPT-2 보다 매개변수가 116.7배나 향상된 GPT-3를 출시하게 되며 여기에 인간의 피드백을 통한 강화학습을 거쳐 2022년 11월 드디어 GPT-3.5를 출시하게 됩니다.

| ChatGPT와 기존 검색 엔진 간 차이점 |

구 분	ChatGPT	검색 엔진
인공지능 기술	인공지능 기술인 언어 모델링을 사용하여 사용자 질문에 대한 답변 생성	키워드 검색을 통한 정보 제공
생성성	사용자 질문에 대해 새로운 정보를 생성하는 기능이 있어 기존 검색 엔진보다 더 생성적인 답변 제공	새로운 정보를 생성할 수 없음
상호작용	사용자 친화적인 상호작용을 통해 질문을 이해하고 대답하는 방식	키워드 검색을 통한 정보 제공으로 사용자와의 상호작용은 없음
질의 및 컨텍스트 이해도	자연어처리 기술을 통해 사용자 질문을 이해하여 의도에 맞는 결과를 제공하며, 사용자의 이전 질문을 기억하고 연관성을 고려하여 유연성 있게 답변	사용자 질문을 이해하고 답변하는 방식이 아닌 키워드 검색을 통한 정보 제공 방식으로 질문에 대한 답변을 제공하지 않으며 각 검색마다 독립적으로 정보를 제공*

* 최근에는 검색 엔진도 인간의 언어를 더 잘 분석하고 이해할 수 있도록 자연어처리(NLP) 기반 알고리즘을 적용하며 진화 중

ChatGPT VS 검색엔진

ChatGPT의 등장은 기존의 검색엔진과의 차별성 때문에 많은 관심을 받게 됩니다.

대표적인 특징들을 살펴보면 먼저 인공지능 기술부분에서는 기존의 검색엔진이 키워드 검색을 통해 여러 가지 정보를 제공했다면 ChatGPT는 언어 모델링을 통해 질문에 대한 답을 생성하여 제공한다는 차이가 있습니다.

다음으로 생산성 부분에서는 기존의 검색엔진은 새로운 정보를 생성할 수는 없지만 ChatGPT는 질문에 따라 새로운 정보를 생성하는 것이 가능하기 때문에 더 유용하게 활용할 수 있습니다.

또 상호작용 부분에서는 기존 검색엔진은 키워드 검색을 통해 정해진 정보만 그대로 제공하게 되니 사용자와의 상호작용은 없다고 할 수 있으나 ChatGPT는 사용자 친화적인 상호작용을 통해 질문을 이해하고 답변하기 때문에 상호작용성이 크다고 할 수 있습니다.

마지막으로 질의 및 컨텍스트 이해도 부분에서 검색엔진은 다양한 정보를 검색때마다 독립적으로 제공하여 질문에 대한 이해도가 거의 없지만 ChatGPT는 자연어처리 기술로 질문을 이해하고 이전 질문도 기억하고 연관성을 고려한 답변을 제공합니다.

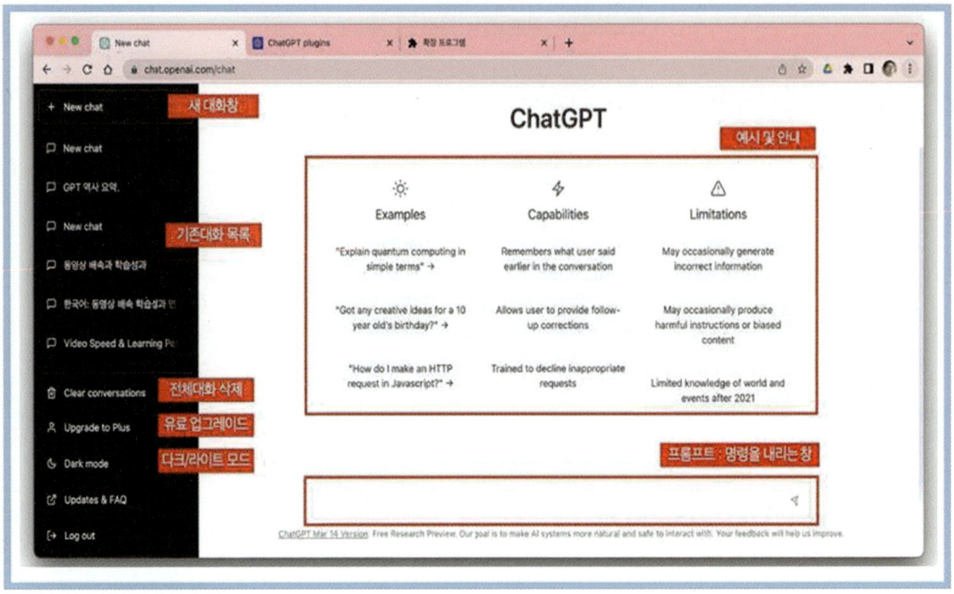

ChatGPT 사용법

ChatGPT는 간단한 가입 절차 후에 3.5 버전에 대해서는 무료로 사용할 수 있으며 입장 시 초기 화면은 위 그림과 같습니다.

기본적으로 왼쪽 검은 라인은 다양한 메뉴를 보여주고 있으며 오른쪽 상단은 예시 및 안내를 아래쪽에는 질문을 하는 창인 프롬프트 입력창이 위치합니다.

왼쪽 메뉴의 가장 위에는 '+New chat'이 있어 기존에 하던 대화 이외에 새로운 대화를 하고 싶을 때 클릭하여 사용하면 됩니다.

그 아래로는 기존에 대화 하던 창들의 목록이 나열되어 보이게 되며 아래 부분에는 기존 대화목록들을 모두 삭제할 수 있도록 왼쪽에 휴지통 그림과 함께 'Chat conversation'라는 항목이 있습니다. 그 밑으로는 ChatGPT 4.0과 같이 유료버전 사용을 위한 유료 업그레이드 기능인 'Upgrade to Plus' 가 있으며 그 아래에는 야간에 눈부심을 막기 위한 Dark mode 및 light mode기능을 전환할 수 있는 항목도 있습니다.

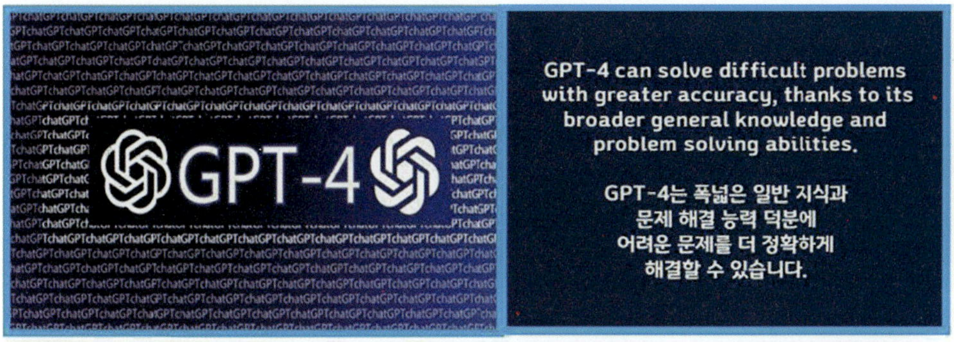

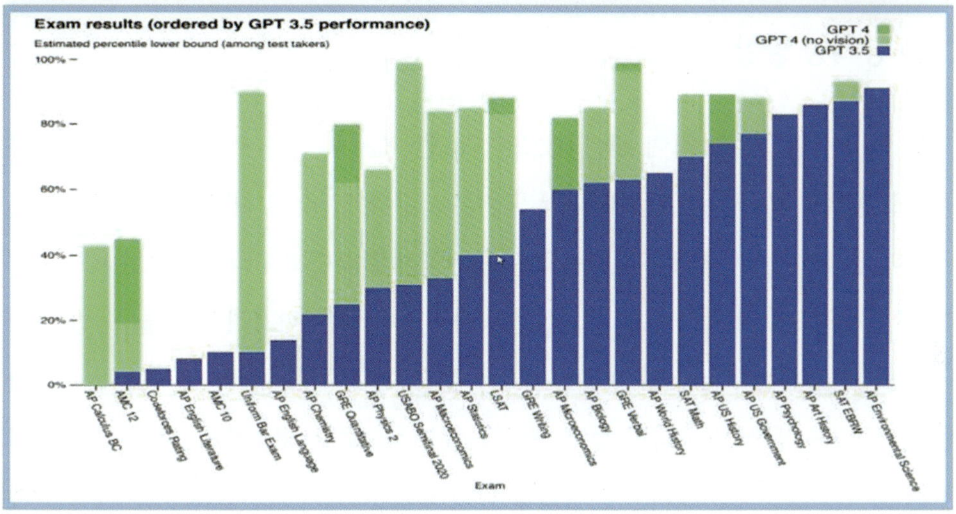

ChatGPT 새로운 버전인 4.0버전이 3월 15일에 발표가 되었습니다. 새 버전은 기존의 3.5 버전에 비해서 훨씬 더 능력이 향상 되었다라고 많이 알려져 있습니다. 위 그림의 그래프처럼 파란색 그래프가 기존의 3.5 버전의 성능을 나타내고 있고 연두색이 4.0 버전의 성능을 나타내고 있습니다.

그래프를 통해 많은 부분의 능력이 향상 되었다는 것을 알 수 있는데 이러한 개선들로 기존의 3.5 버전의 여러 가지 오류 및 문제점들이 보완되어 ChatGPT의 활용에 긍정적인 영향을 끼칠 것으로 예상해봅니다. 그러면 새 버전의 대표적인 특징 6가지에 대해서 간단하게 살펴보도록 하겠습니다.

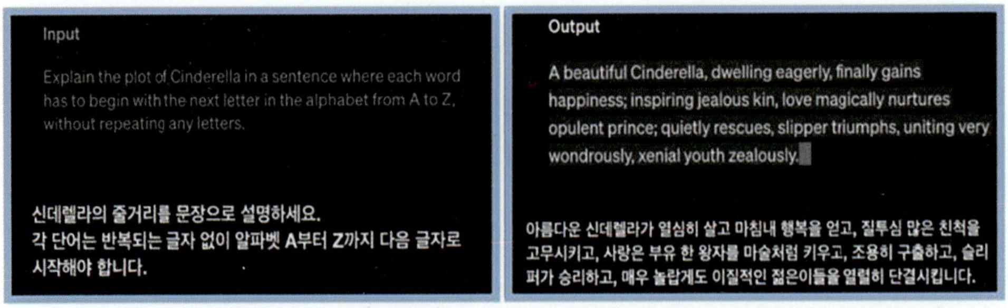

1. 창의성 향상

첫 번째는 창의성이 많이 개선되었습니다. 한 예시로서 신데렐라 줄거리를 한 문장으로 설명하세요라는 질문에 대한 답변은 누구나 할 수 있지만 여기에 까다로운 조건이 추가되어 각 단어에는 반복되는 단어없이 알파벳 A부터 Z까지 순서로 구성하여 한 문장으로 설명하세요라고 질문이 바뀌면 사람은 여기에 대한 답을 쉽게 하기 힘들 것입니다. 그러나 ChatGPT 4.0은 몇 초 이내에 거뜬하게 규칙을 다 지켜가면서 그럴싸한 문장을 뚝딱 만들어 냅니다. 문법적으로나 내용적으로는 조금 어색할 수는 있지만 기존의 존재하는 문장들을 단순 조합한 것이 아닌 스토리를 반영한 새로운 창의적인 문장을 완성하는 예시를 통해 창의적인 부분이 많이 향상 되었음을 알 수 있습니다.

2. 그림 입력 가능

두 번째는 기존 ChatGPT 3.5 버전은 글자로만 입력이 가능했지만 ChatGPT 4.0 버전은 그림을 인식할 수 있게 되었다는 점입니다. 여기서 주목할 부분은 단순하게 어떤 그림인지 판단하는 정도의 인식이 아니라 사진을 통해 판단한 사물들 간의 상황적 물리적 맥락까지 이해할 수 있다는 점입니다.

예시를 살펴보면 먼저 첫번째 사진에서 밀가루와 계란 그리고 반죽의 모습을 보여주면서 이 재료로 무엇을 만들 수 있나요?라고 질문을 하였는데 ChatGPT는 먼저 재료들의 종류를 인식하고 판단한 후에 이 재료들을 조합해서 만들 수 있는 음식에 대해서 정보를 분석하여 질문에 대한 답변으로 팬 케익이나 와플, 그리고 크레페 등을 만들 수 있다고 답하였습니다.

두 번째는 수많은 풍선들이 줄어 묶여 있고 그 모든 줄들을 하나로 모아서 길 위의 무거운 물체에 묶어 놓은 사진을 보여주면서 이 그림에서 선들을 자르면 어떤 일이 일어날까?라고 질문했더니 ChatGPT는 단순히 풍선과 풍선을 어어 주는 끈 그리고 무거운 물체라는 사실만 인식하지 않고 전체적인 상황을 이해하여 줄들을 자르면 풍선이 위로 날아갈 것이다라고 답하였습니다.

그리고 세 번째 사진을 입력하면서 글러브를 아래로 내려치면 어떤 일이 일어날까?라고 질문하니 공의 물리적인 성질과 중력 등을 고려한 전체적 맥락을 이해해서 글러브를 내려치면 공이 위로 튀어 오를 것이다라고 답하였습니다.

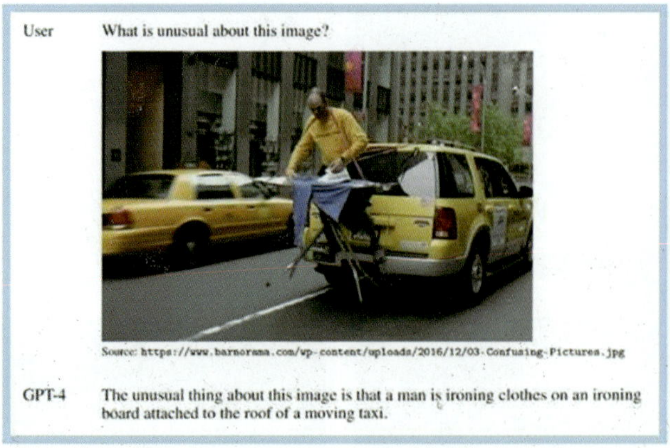

또한 위 왼쪽과 같이 좀 우스꽝스러운 사진인 택시 뒤에서 사람이 다림질판을 놓고 다리미질을 하고 있는 사진을 보여주면서 이 사진에서 뭐가 이상하냐고 물으니 ChatGPT는 이 맥락이 맞지 않는 사진을 보고 택시 뒤에서 다림판을 놓고 다리미질을 하는 사람의 모습이 일반적인 상황과 맞지 않다라고 답변을 하였습니다.

마지막으로 위 오른쪽 그림을 보여주면서 상황에 대해서 물었는데 ChatGPT는 스마트폰에 연결되어 있는 케이블은 일반적으로 스마트폰이 사용하는 케이블이 아니라고 지적하면서 이 케이블은 주로 컴퓨터에서 사용하는 케이블이다라고 케이블의 종류도 구분하여 답변하였습니다.

위 사례들을 통해 ChatGPT 4.0의 사진 인식 기능은 사진 속의 물체 이름에 대한 판단뿐 아니라 그 물체들 간의 종합적 상황에 대해서도 잘 파악하는 능력을 보여주고 있다는 것을 알 수 있습니다.

그리고 이는 ChatGPT를 활용함에 있어 한정된 글자라는 정보만으로는 한계가 있었던 활용도를 그림이나 사진 또는 글자와 그림이 결합된 여러 자료들을 입력하고 활용할 수 있게 확장되었기 때문에 텍스트로 입력이 불가능했던 광범위한 내용들에 대해서도 활용이 가능해진 아주 유용한 새로운 기능이라 할 수 있습니다.

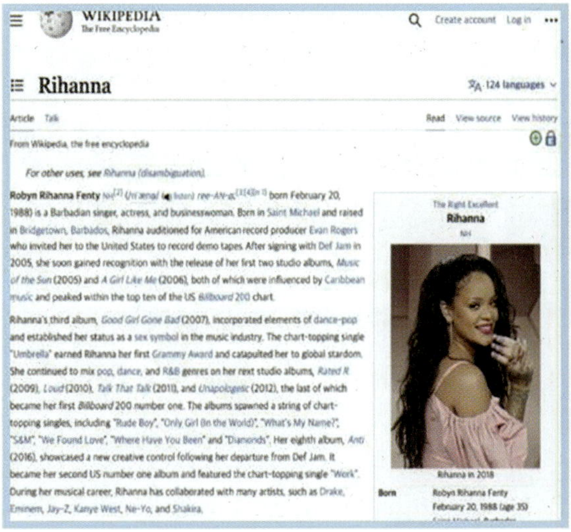

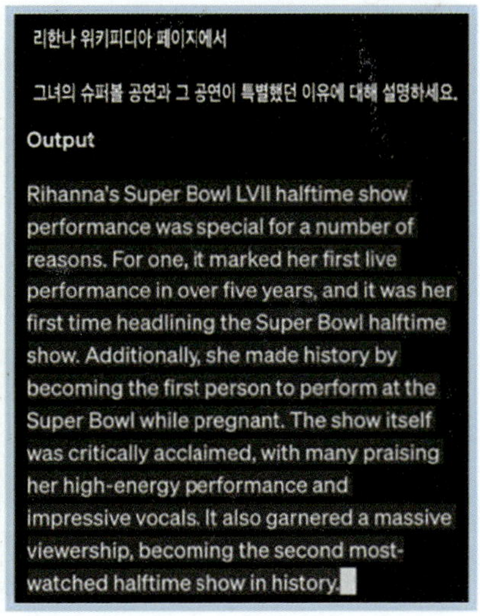

3. 한 번에 더 많은 글 입력 가능

세 번째는 한번에 입력할 수 있는 단어의 양이 훨씬 많아졌다는 점입니다. 기존 ChatGPT 3.5에서는 한 번에 입력할 수 있는 단어가 3000단어 수준이었지만 ChatGPT 4.0에서는 25,000 단어 수준으로 크게 향상되었습니다.

예를 들어 유명한 연예인 리한나의 위키피디아에 있는 모든 내용도 25,000단어를 넘지는 않으므로 한꺼번에 다 입력 하고 그 속에 있는 하나하나의 세부적인 내용에 대해서 자세하게 물었을 때 아주 디테일한 부분까지 아주 잘 설명을 해줄 수 있습니다.

본 저자는 특히 이 부분이 ChatGPT를 수업에 활용함에 있어 아주 유용한 개선이라고 생각하는데 그 이유는 보통 한 차시 수업에서 학습하게 되는 모든 이론적 내용의 양이 25,000 단어를 넘지 않으므로 수업 시작 전에 한꺼번에 학습자료를 입력하고 수업이 끝날 때까지 수업 내용에 대한 어떤 질문에 대한 답변도 잘 해줄 수 있기 때문에 개별 수준별 학습 및 보조교사로의 활용 그리고 나아가 팀 활동 시 새로운 한 팀원으로서 역할까지 가능해져서 다양한 활용이 가능한 아주 유용한 개선점인 것 같습니다.

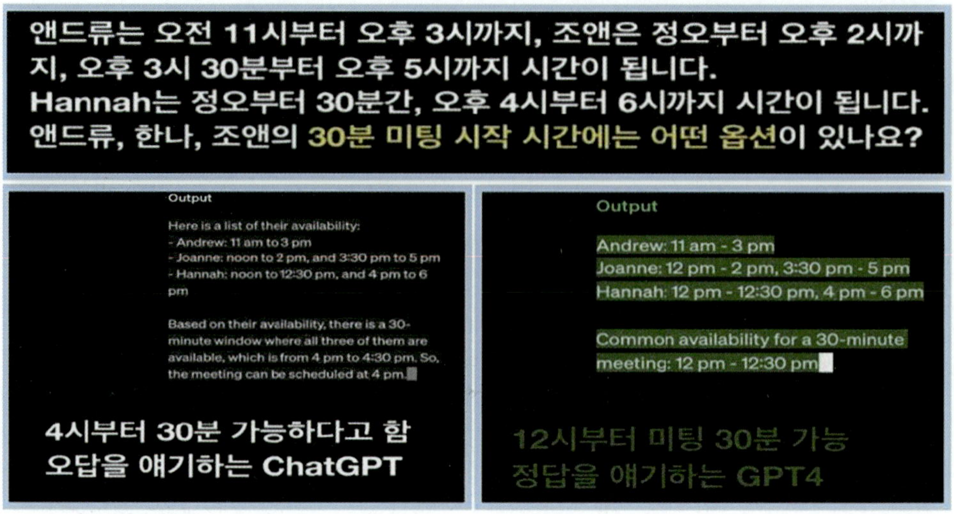

4. 더 고차원적인 추론이 가능

네 번째는 고차원적인 추론이 가능해졌습니다. 일반적으로 ChatGPT가 제일 못하는 것이 수학 계산이라고 잘 알려져 있습니다. 그러나 이번 사례는 수학적 계산이 아니라 논리적인 추론에 대한 부분입니다. 제시문에서 앤드류, 한나, 조앤의 일정을 제시하면서 30분간 세 명이 모두 참석 가능한 시간이 언제인지에 대해서 질문했을 때 기존의 ChatGPT 3.5에서는 잘못된 추론으로 오답을 제시했었습니다.

그러나 ChatGPT 4.0에서는 같은 질문에 대해서 세 사람의 일정시간을 정확하게 파악하여 30분간 세 사람이 동시에 참석 가능한 시간이 12시부터 가능하다고 답변하여 논리적으로 추론하는 부분의 능력이 향상되었음을 알 수 있었습니다.

이러한 추론 능력의 향상으로 다양한 복합적인 상황에서 더 효율적인 논리 판단에 큰 도움을 줄 수 있을 것으로 예상되어 수업에서 여러 가지 프로젝트 과제를 수행하는 과정에서 부딪히는 복잡한 문제들의 해결에 효과적인 판단을 제시하여 도움을 줄 수 있을 것으로 기대해 볼 수 있습니다.

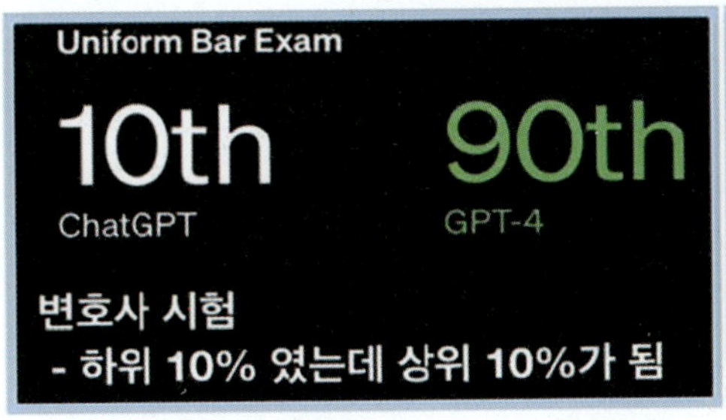

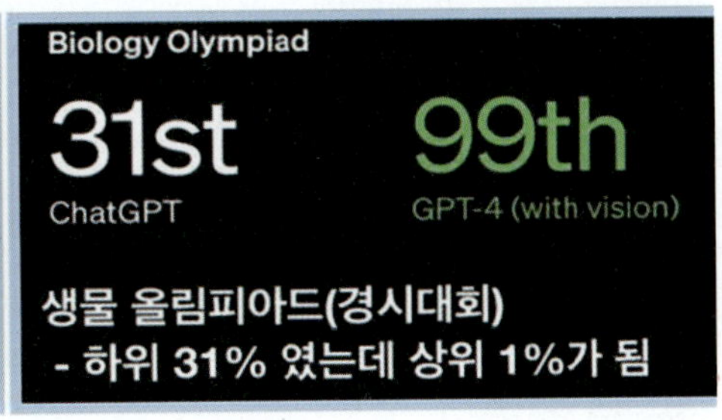

5. 시험 능력 향상

다섯 번째는 시험 능력이 훨씬 향상되었습니다. 기존의 ChatGPT 3.5도 미국 변호사 시험에 합격하여 주목을 받았었지만 기존의 버전은 하위 10%로 합격을 한데 비해 ChatGPT 4.0은 같은 시험에서 상위 10%로 합격하여 크게 시험 능력이 향상되었고 또 생물 올림피아드 경시대회 같은 경우도 기존 버전은 하위 31% 수준이었는데 4.0버전은 상위 1%로 나타나 시험 문제 해결 능력 부분에서도 크게 향상된 것을 알 수 있습니다.

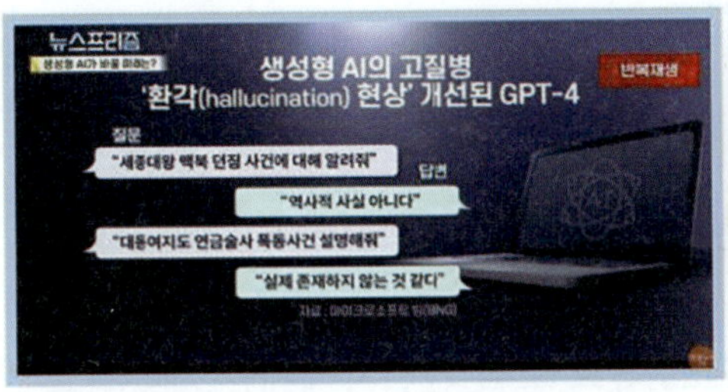

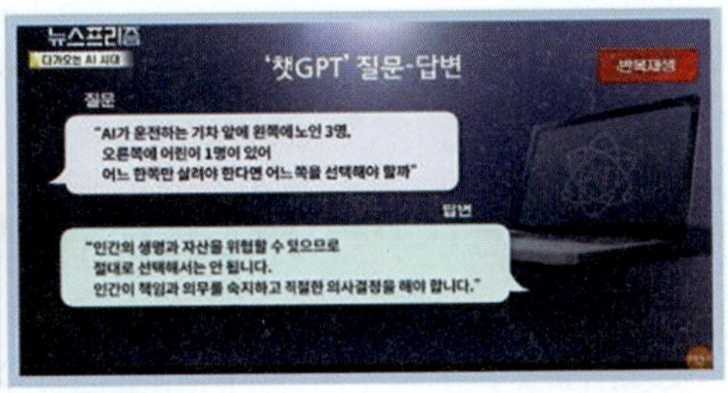

6. 사실과 허구에 대한 판단 능력 향상

여섯 번째는 판단 능력이 향상되었습니다. 흔히 할루시네이션이라고 부르는데 ChatGPT 3.0버전에서는 기존에 있지 않은 사실에 대한 질문에 대해서 마치 있었던 사실인 것처럼 그럴듯한 오답을 내어놓는 오류가 많아서 문제점으로 지적이 많았습니다.

특히 이슈가 되었던 예시로서 세종대왕이 맥북을 던졌던 사건에 대해서 설명해 달라고 질문했을 때 이전 버전에서는 실제로 있었던 사건인 것처럼 자연스럽게 가짜 사실을 묘사했었으나 개선된 4.0버전에서는 역사적 사건이 아니다라고 하면서 올바른 판단을 하여 사실과 허구에 대한 판단 능력이 향상되었음을 할 수 있습니다.

Session4

2. ChatGPT 연계 프로그램 활용

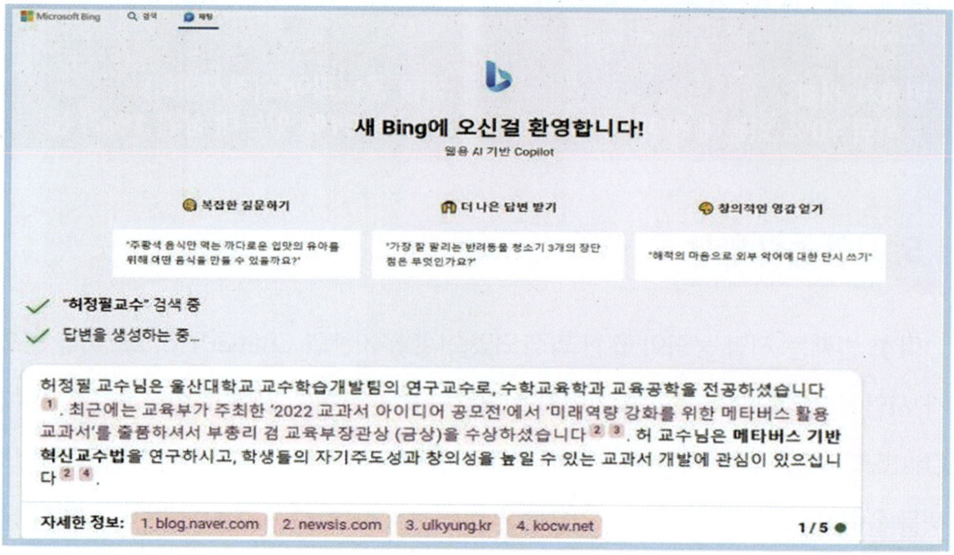

다음은 ChatGPT와 함께 활용할 수 있는 유용한 프로그램들에 대해서 알아보겠습니다.

Bing 활용(ChatGPT 4.0 무료사용)

ChatGPT 4.0 버전은 현재 ChatGPT Plus 유료 모델 가입자에게만 제공되고 있으며 월 사용료는 20달러입니다. 그러나 ChatGPT 4.0을 검색엔진으로 사용하는 microsoft의 Bing을 사용하면 하루20회(접속자 상황에 따라 5회로 축소 되기도 함) 제한이 있기는 하지만 ChatGPT4.0을 무료로 사용해 볼 수 있습니다. Bing 을 접속하면 위 그림의 초기 화면이 나오며 대화스타일을 창의적으로 할지 균형 있게 할지 정밀하게 할지 3가지 중에서 선택할 수 있습니다. 기존의 ChatGPT 3.5에서 본 저자에 대해서 검색 했을 때는 동명이인이 아닌 전혀 다른 이력의 가상의 인물에 대한 내용으로 답을 했었지만 ChatGPT 4.0엔진을 사용하는 Bing에서는 위의 예시와 같이 정확한 소속과 전공 그리고 최근의 이력까지 상세하게 잘 답변해 주는 것을 확인할 수 있었습니다.

하루20회 이내 사용하는 적은 양의 활용에서는 Bing이 아주 유용할 것 같습니다.

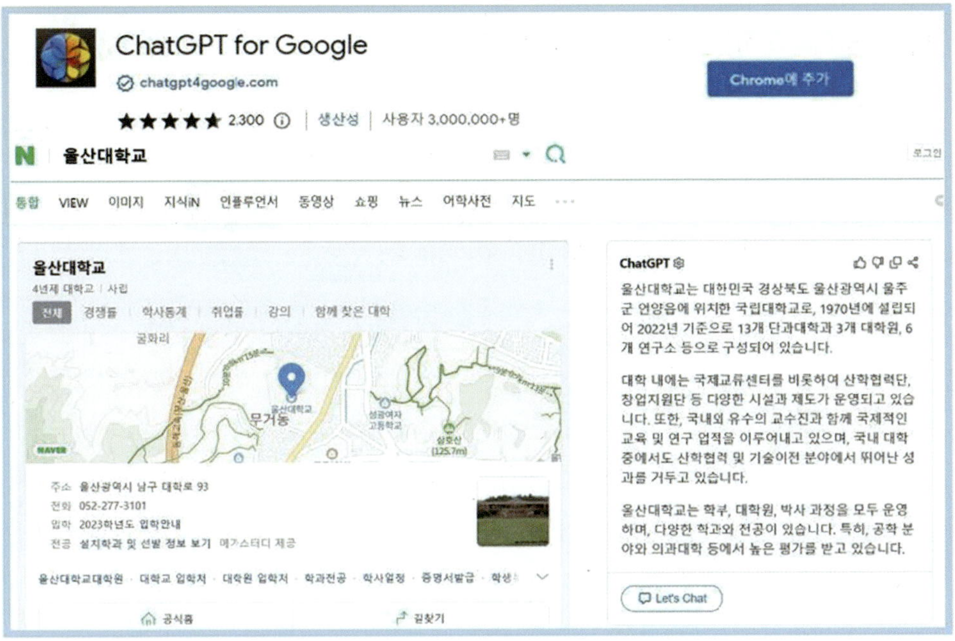

ChatGPT for Google 활용

다음은 자주 쓰는 검색엔진과 함께 ChatGPT의 결과물을 항상 동시에 보여주는 기능을 가진 프로그램으로 ChatGPT for google이 있습니다. 검색창에 ChatGPT for Google을 검색하고 Chrome에 추가를 클릭하면 설치가 되며 Google뿐 아니라 Naver나 yahoo 등(Daum은 실행 안됨)에서도 추가 설치 없이 자동으로 적용됩니다. 위 예시와 같이 naver에서 검색창에 울산대학교를 검색하면 기존의 검색 내용과 함께 오른쪽 상단 부분에 ChatGPT의 결과물도 항상 보여줍니다. 울산대학교는 사립대학교인데 국립대학으로 잘못된 설명을 하는 것을 보면 아직은 검색과 ChatGPT 병행지원에서는 3.5버전을 사용하고 있어 정보의 정확성은 떨어지는 것 같습니다. 그러나 머지않아 ChatGPT 4.0버전이 제공되리라고 생각하며 기존 검색을 통한 여러 가지 정보와 ChatGPT에서의 단 하나의 답에 대한 내용을 동시에 얻을 수 있어 아주 유용한 프로그램이라고 생각됩니다.

ChatGPT 자동 번역기 활용

다음은 한글로 된 프롬프트 입력 내용을 영어로 번역하여 자동으로 입력해주고 ChatGPT의 영어 답변을 한글로 자동번역하여 제공해 주는 ChatGPT 자동 번역기 프로그램입니다. 검색창에 ChatGPT 자동 번역기를 검색하고 Chrome에 추가를 클릭하면 바로 설치가 되며 위의 예시와 같이 '울산대학교에 대해서 알려줘'라는 단 한번의 한글 검색만으로 영어로 번역하여 질문, 영어 답변, 영어 답변 한글 번역이 순차적으로 이루어지며 결과물을 제공해주는 편리한 프로그램입니다. ChatGPT는 영어로 된 정보가 훨씬 많아서 한글로 프롬프트를 입력하는 것보다 영어로 입력했을 때의 답변에 대한 퀄리티가 훨씬 높다고 잘 알려져 있습니다. 특히 한국역사에 대한 질문에서 오류(할루시네이션)가 많은 이유도 한글에 대한 정보가 상대적으로 적어서 나타나는 현상이기도 합니다. 따라서 영어를 능숙하게 잘 사용하지 못하는 사용자들도 높은 퀄리티의 정보를 얻기에 아주 유용하게 활용할 수 있는 프로그램이라고 생각됩니다.

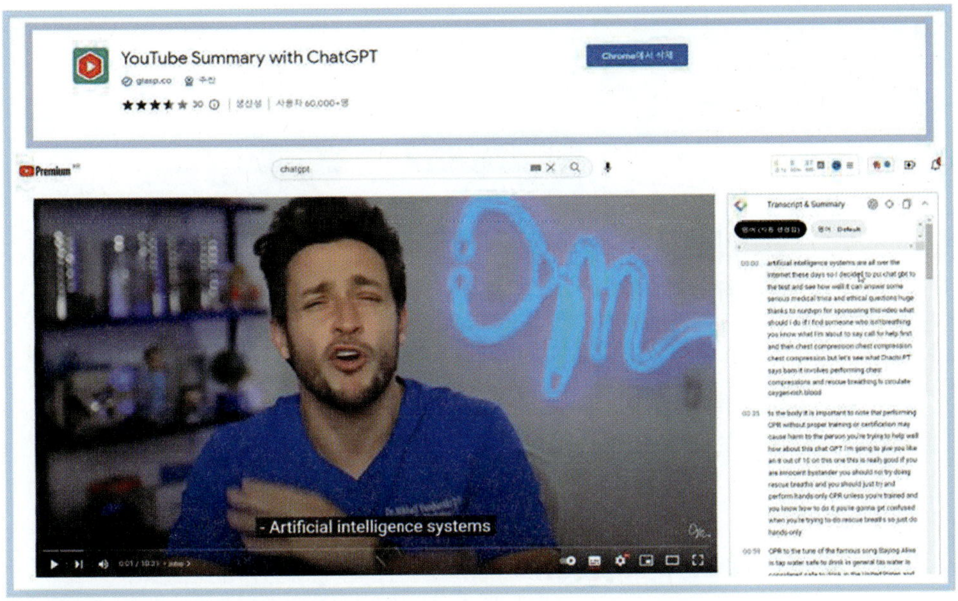

YouTube 번역 요약 AI

다음은 'YouTube Summary with ChatGPT'라고 하는 프로그램입니다.

이 프로그램은 영어로 외국 유튜버들에 의해 만들어진 영상 콘텐츠의 내용을 한국어로 해석해 주고 핵심적인 내용까지 요약할 수 있는 유용한 프로그램입니다. 프로그램을 설치 후 유트브로 가서 원하는 영상을 실행하면 위 그림과 같이 오른쪽 상단에 새로운 메뉴인 'Transcript & Summary'라는 항목이 생긴 것을 볼 수 있습니다. 그 항목을 클릭하면 하단으로 동영상의 자막이 텍스트로 추출되며 복사하기와 붙여넣기 기능을 통해 ChatGPT에서 번역 및 요약도 할 수 있습니다. 주요 기능설명은 다음과 같습니다.

1. 디자인 테마: 화면의 라이트/ 다크모드 중 선택 가능, 2. 텍스트 복사 형식: 동영상 자막 텍스트 복사 시 링크까지 포함 유무 선택, 3, ChatGPT 버전 선택, 4. 언어선택: 한글 및 기타 여러 가지 언어 중 선택, 5. 유투브 화면에 요약메뉴 노출 여부 선택, 6. 키보드 단축키 설정: Ctrl+X+X를 하면 새 창이 뜨고 유투브 영상 자막을 ChatGPT와 연결하여 바로 요약 제공

카카오톡 ChatGPT ASKUP

다음은 카카오톡으로 쉽게 ChatGPT를 활용하는 프로그램 입니다. 바로 'ASKUP'이라고 불리는 프로그램인데 한글발음으로 '아숙업'이라고도 부릅니다. 이 프로그램은 카카오톡에서 돋보기 모양의 검색창에 'ASKUP'을 검색하면 최근 사용자의 증가로 최상단에서 쉽게 찾을 수 있으며 '채널추가'와 '완료' 등의 몇번의 클릭만으로 설치가 완료되어 사용할 수 있습니다.

설치가 완료되면 채팅 리스트에 'ASKUP'이라고 쓰여진 창이 새로 생겼음을 알 수 있으며 카카오톡 채팅 하듯이 들어가서 ChatGPT에게 질문을 하면 됩니다. 참고로 ASKUP은 ChatGPT 3.5 버전을 기반으로 하고 있으며 무료이기는 하지만 입력은 1,000글자 이하로 제한되고 하루 100회까지만 무료로 제공되고 있습니다.

이 'ASKUP'의 가장 큰 장점은 PC기반이 아닌 모바일 기반이기 때문에 언제 어디서나 항상 쉽게 사용이 가능하다는 점과 평소에 해오던 카카오톡의 채팅방에서 기존에 하던 채팅과 마찬가지로 사용하다 보니 ChatGPT를 처음 사용하지만 오래 사용해 온 것처럼 아주 친숙하게 사용할 수 있다는 점입니다.

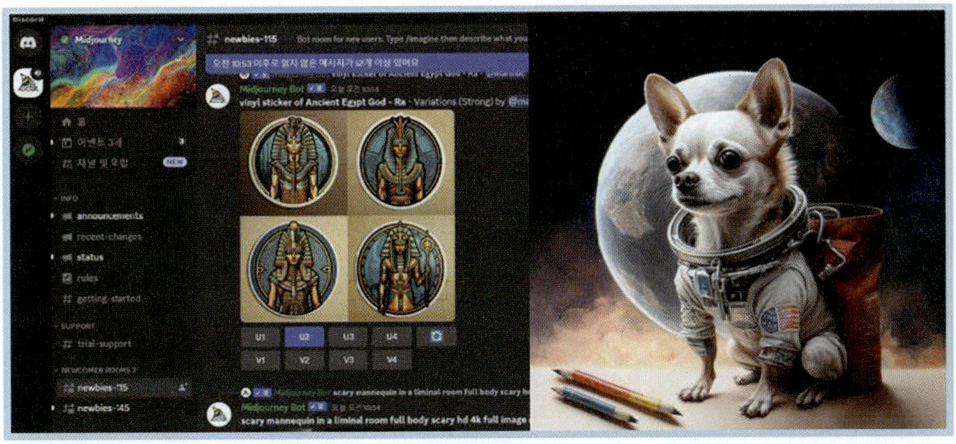

Midjourny 연계 활용

다음은 그림을 그려주는 AI에 대해서 소개하겠습니다. 대표적으로 midjourny라는 프로그램이 있는데 검색 창에 midjourny를 검색하고 들어가 가입하면 사용할 수 있으며 원하는 그림에 대한 설명을 입력하면 그림을 그려주는 그림 생성형 AI라고 보시면 됩니다. 사용법은 왼쪽에 newbies-**라고 되어있는 ROOM을 클릭하여 들어간 뒤 아래 입력 창에 '/imagine' 명령어와 함께 그 뒤에 그리고 싶은 그림에 대한 설명을 입력하면 위의 예시와 같이 4컷의 그림을 생성해서 보여줍니다. 아래에 나열해 있는 u1은 위 왼쪽 그림을, u2는 위 오른쪽 그림을, u3는 아래 왼쪽 그림을, u4는 아래 오른쪽 그림을 의미하며 두번째 라인의 v1, v2, v3, v4는 다른 버전을 의미합니다. 원하는 항목을 클릭하면 해당 위치 원하는 버전의 그림을 훨씬 더 고 퀄리티로 생성해서 다운 받을 수 있게 제공합니다. 위 오른쪽 예시는 본 저자가 장모치와와를 키우고 있어 '우주복을 입은 장모치와와가 달에 있는 책상에 앉아서 지구를 바라보고 있는 모습을 그려줘'라고 입력하여 얻은 결과물입니다. ChatGPT와 연계 활용 방안으로는 그리고 싶은 내용은 짧게 작성한 뒤 ChatGPT에 입력하면서 이 내용을 30줄 분량으로 더 자세하게 설명해줘라고 한 뒤 답변을 다시 midjourny에 입력하면 쉽게 고 퀄리티의 그림을 얻을 수 있습니다.

Dall-E2 연계 활용

ChatGPT를 만든 회사인 open AI사에서 만든 그림 생성 AI로 Dall-E2 프로그램이 있습니다. Misjourny와 같이 프롬프트에 입력한 내용을 기반으로 그림을 생성해주는 프로그램으로 역시 입력 창에 그리고 싶은 그림에 대해서 자세하게 묘사하여 입력하면 해당하는 그림을 잘 생성해줍니다. Midjourney와 다른 점은 4컷의 그림을 제시하는 Midjourny와는 달리 단 하나의 높은 퀄리티의 그림만 제공한다는 점입니다. 그러나 이 프로그램은 아웃 페인팅이라고 하는 기능이 있어서 기존에 있던 그림을 창의적으로 확장해서 그려주는 기능을 제공하고 있다는 특징이 있습니다. 위의 예시를 보면 좌측 그림이 기존의 그림인데 아웃 페인팅 기능을 적용하면 위 오른쪽 그림과 같이 기존의 없는 부분을 확장해서 이런 모습의 그림이었을 것이다라고 창의적으로 예측하여 비슷한 질감으로 잘 그려줍니다. ChatGPT와 연계 하는 부분도 보통 ChatGPT를 활용해서 글을 작성하고 그 글에 맞는 적합한 그림은 Dall-E2로 그려서 조합하는 형태로 활용하면 아주 유용할 수 있다고 생각됩니다.

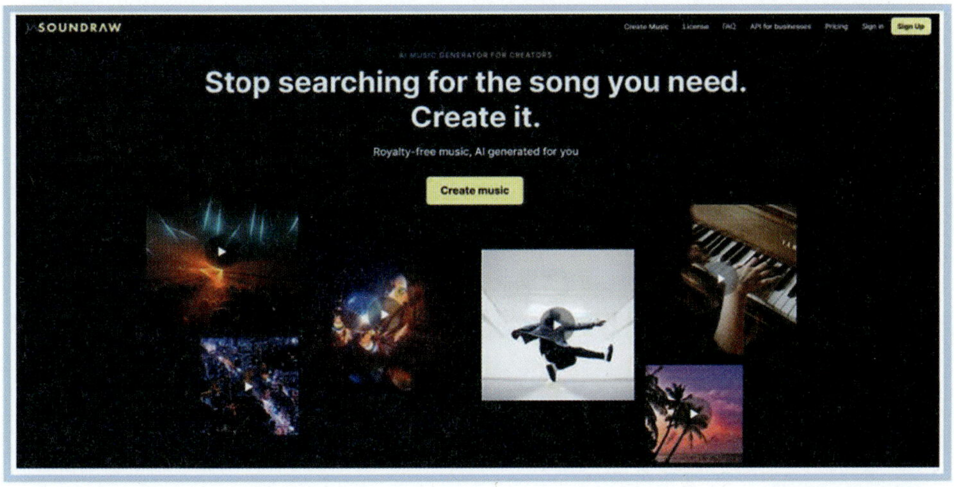

음악생성 AI SOUNDRAW

원하는 느낌의 기존에 없던 새로운 음악을 생성해주는 AI로 SOUNDRAW가 있습니다. 이 프로그램은 검색창에서 SOUNDRAW를 검색하여 쉽게 접속할 수 있으며 사용법 또한 아주 간단합니다.

위 그림과 같은 첫 화면에서 'Create music'을 클릭하면 아래 그림과 같이 어떤 느낌의 음악을 생성할 것인지를 묻는 화면이 나오는데 여기서 중복을 허용하여 원하는 느낌을 클릭하기만 하면 바로 해당음악을 생성하여 들려주는 유용한 프로그램입니다.

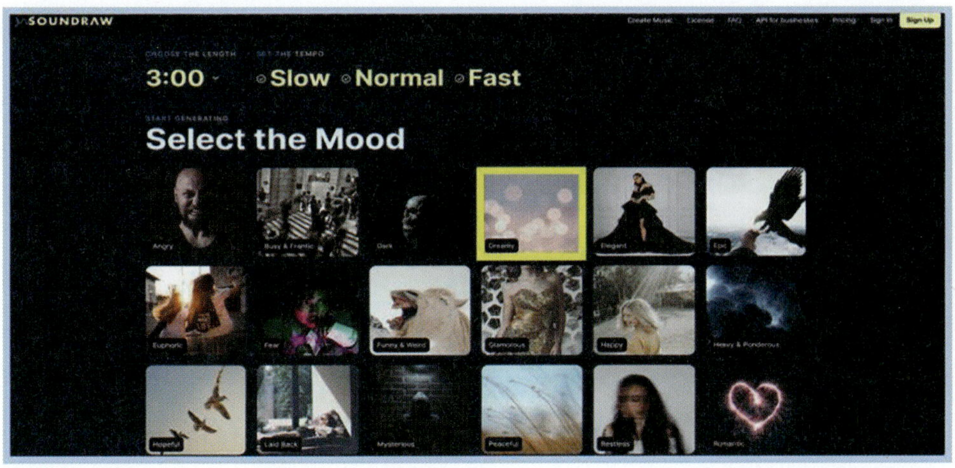

영상제작 AI PICTORY

원하는 영상을 아주 쉽게 만들 수 있는 AI로 PICTORY가 있습니다. 이 프로그램 역시 아주 간단한 몇 가지의 선택만으로 원하는 영상을 제작할 수 있습니다.

만들고자 하는 컨텐츠의 종류와 화면비율(16:9, 9:16, 1:1 등) 그리고 'AUDIO'에서 배경음악 등을 선택하고 난 후 아래 그림과 같이 배경으로 넣을 그림이나 영상을 선택하기만 하면 바로 원하는 영상이 제작되어 이제는 더 이상 힘들게 영상을 제작하는데 시간을 낭비할 필요가 없는 아주 유용한 프로그램입니다.

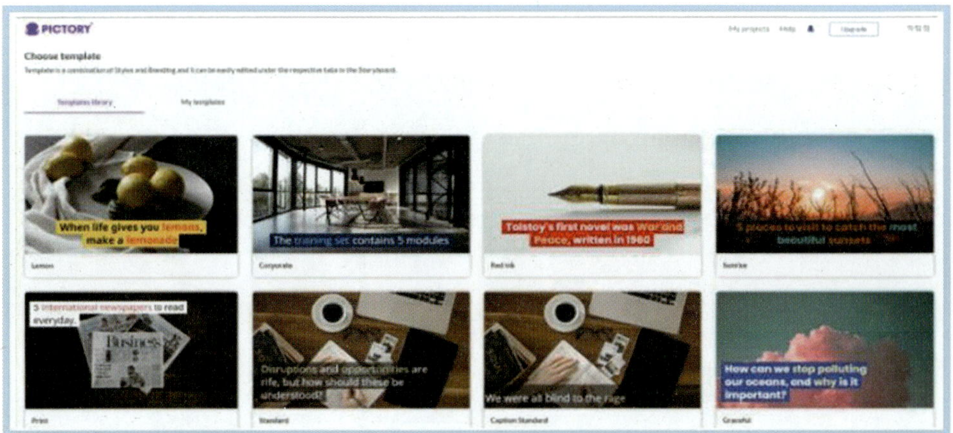

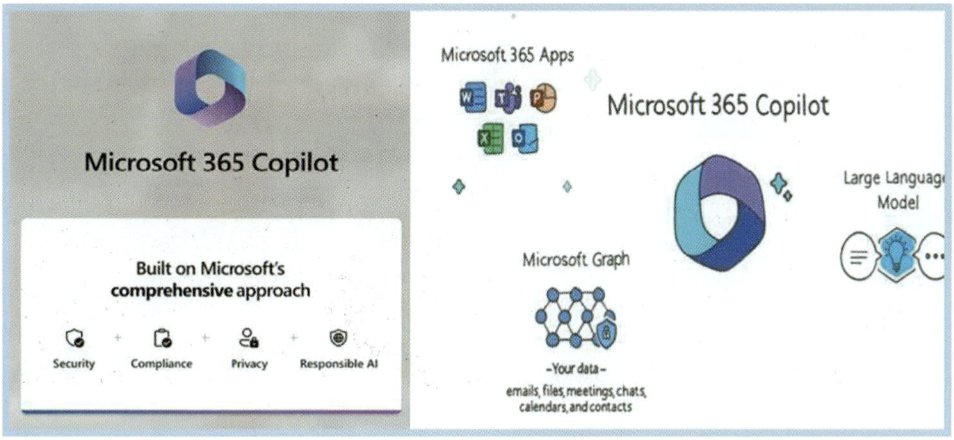

Copilot 연계 활용

다음은 마이크로소프트사에서 출시한 부조종사라는 의미의 Copilot이라는 AI 프로그램입니다. 이 프로그램은 워드, 엑셀, 파워포인트, 팀즈 등 여러 가지 확장자의 서로 다른 파일의 내용을 쉽게 공유할 수 있으며 다양한 기능을 익히고 사용했던 기존과는 달리 관련자료가 들어있는 폴더만 지정한 후에 모든 작업을 오른쪽 하단의 채팅 창을 통해 대화 형태로 진행하면 됩니다. 보통 PPT자료에 애니메이션 기능을 추가하는 것은 고급 기술에 속하지만 copilot의 채팅 창에 '모든 페이지에 애니메이션 기능을 추가해줘'라는 단 하나의 명령을 주면 단번에 수십 페이지의 PPT에 상황에 맞는 애니메이션을 추가해 줍니다. 또 엑셀에서의 활용은 엑셀파일을 불러오기만 하면 내용을 분석하여 특징을 요약해서 알려주기도 하고 데이터의 내용을 그래프로 그려주며 전문가들도 어렵게 하는 앞으로의 예상 추이까지 예측해주는 등의 고급 기술도 정확하고 빠르게 제공해 줍니다.

또 팀즈 에서는 화상회의를 진행할 때 copilot이 회의 내용을 듣고 중요한 내용을 요약해서 제시해 주기도 하고 여러 가지 문서들을 변환해서 제공해 주는 등 아주 똑똑하고 유능한 비서의 역할을 충분히 해 내는 유용한 AI입니다. 현재 유료로 사용 가능하며 월 19달러를 지분하면 사용할 수 있습니다.

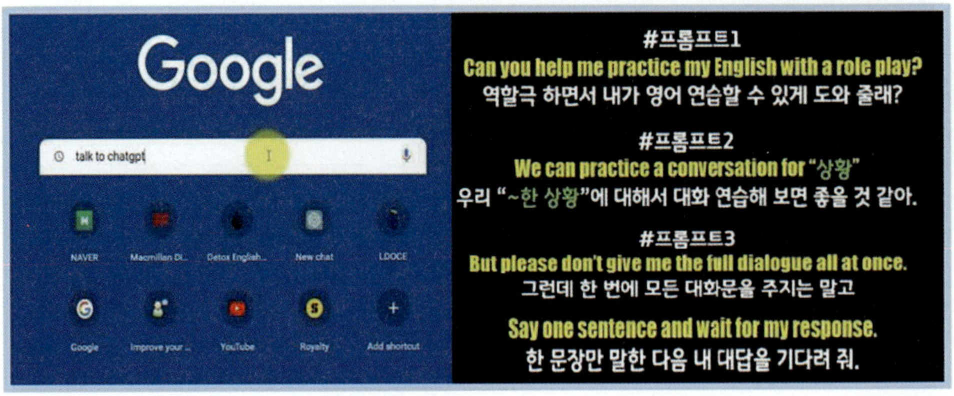

Talk to ChatGPT 연계 활용

마지막으로 talk to ChatGPT라는 프로그램을 소개하겠습니다. 기존의 ChatGPT는 입력을 글이나 사진 등의 형태로 하고 있는데 이 프로그램을 설치하고 마이크를 연결하면 모든 기능을 음성으로도 활용이 가능해 집니다. 타이핑 하는 것보다 훨씬 빠르고 편한 점이 가장 큰 장점이며 특히 VR기기를 활용하는 메타버스 플랫폼에서는 타이핑으로 입력이 불편할 수 있는데 이 프로그램을 활용하면 활용도가 아주 높을 것으로 예상이 됩니다. 그리고 무엇보다도 이 프로그램은 영어회화 학습에 아주 큰 교육적 효과성을 가져다 줄 수 있습니다. 실제 외국인과 영어회화 학습을 하게 되면 비용도 많이 들지만 영어에 대한 부담감에 위축되고 주눅이 들 수도 있는데 이제 이 프로그램에서 프롬프트로 위의 예시와 같이 입력하고 나면 내 수준에 맞는 다양한 상황에서의 영어회화 학습이 시 공간에 제약없이 항상 가능해 져서 영어 학습에 획기적인 변화를 가져올 수 있는 너무나도 유용한 프로그램입니다. 많은 대학들이 영어수업을 지정하여 운영하고 있지만 실제로 많은 실력 차와 영어에 대한 벽으로 인해 잘 이루어지지 못하고 있는 실정에서 이 프로그램은 개개인의 수준별 맞춤식 영어회화 학습을 지원하여 많은 학생들이 영어수업을 이수하는데 도움이 많이 될 것으로 예상됩니다.

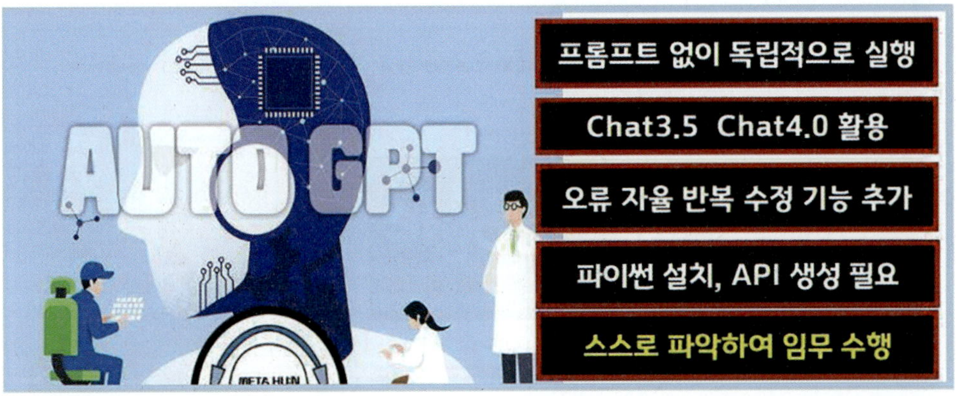

AutoGPT의 등장

최근 AutoGPT가 새롭게 출시되어 큰 화제가 되고 있습니다. AutoGPT와 기존의 ChatGPT의 가장 큰 차이점은 ChatGPT는 질문이나 명령을 내리면 단 하나의 임무만 수행하고 종료되지만 AutoGPT는 처음 한번만 목표를 설정해 주기만 하면 그 목표를 달성하기 위해 끊임없이 스스로 임무를 찾아 계속해서 실행한다는 점입니다. ChatGPT 3.5와 4.0엔진을 사용하고 있는 AutoGPT는 목표 설정 후 그 목표를 달성하는 과정에서 필요한 프로그램이 있으면 스스로 파악하여 설치하기도 하고 오류가 발생하면 자율반복수정 기능을 통해 수정해가면서 추가 프롬프트 명령 없이 임무를 수행해 나갑니다. 파이썬 프로그램이 설치되어 있어야 하고 OpenAI API생성 등 사전에 준비도 필요하고 상용화에는 고비용이 발생하는 단점이 있으나 빠른 시간 내에 그러한 문제점이 해결되어 상용화 될 날이 멀지 않았다는 것이 전문가들의 예측입니다.

이 프로그램 관련 에피소드로는 특정사업기획 명령에 AutoGPT가 시장분석, 광고전략 웹사이트 구축까지 스스로 실행했으며 나를 부자로 만들어 달라는 명령에 AutoGPt가 재무상태 확인을 위해 은행 검색 후 비밀번호로 접속을 시도하여 명령을 중단시켰다는 일화도 전해지고 있습니다.

구글 생성형 AI 바드 출시

구글에서는 ChatGPT에 대항마로 '바드'를 출시하여 구글 메시지 앱에 AI챗봇으로 적용한다고 대대적으로 발표하였습니다. 그러나 실제 사용해본 많은 사용자들은 기대보다 실망스럽다는 반응들이 많아 혹평을 받고 있는 실정입니다. 바드는 프랑스 파리의 공식적인 시연장에서 '9살 어린이에게 제임스 웨브 우주망원경의 새로운 발견에 대해 어떻게 설명해 줄 수 있을까?'라는 질문에 '태양계 밖의 행성을 처음 찍는 데 사용되었다.'라고 명백한 오답을 말해 이 여파로 구글 주가가 이틀간 10% 이상 빠져나가며 시가총액도 150조원이 증발하기도 했습니다. 그러나 바드는 한국어와 일본어를 지원하는 등 적극적인 공세와 함께 ChatGPT보다 더 많은 정보로 더 현실적인 답을 제공하는 아래 그림과 같은 사례들을 시연하며 확산을 위해 노력하고 있습니다.

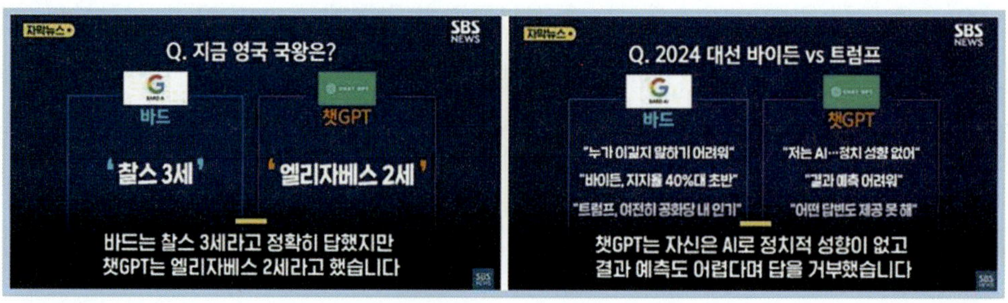

한국어 최적화 생성형 AI <CLOVA X>

네이버에서도 ChatGPT에 맞서 ChatGPT 3.5보다 6,500배 더 많은 한국어를 학습하여 우리나라 환경에 더 최적화된 모델인 CLOVA X를 공개하였습니다. 네이버 대표는 당시 기자회견장에서 '한국어를 비롯한 한국 역사, 법, 제도 등을 모두 이해하고 있는 한국형 생성 AI다.'고 강조하며 최근 정보도 반영하여 환각과 같은 오류 현상은 CLOVA X 에서는 찾아보기 힘들다고 장점을 강조하였습니다.

특히 ChatGPT 3.5에서의 대표적인 환각인 세종대왕 맥북 던짐 사건에 대해서도 CLOVA X는 아래 그림과 같이 역사적 사실이 아니며 해당 내용은 허구나 재치 있는 이야기로 해석된다는 답변을 하였습니다.

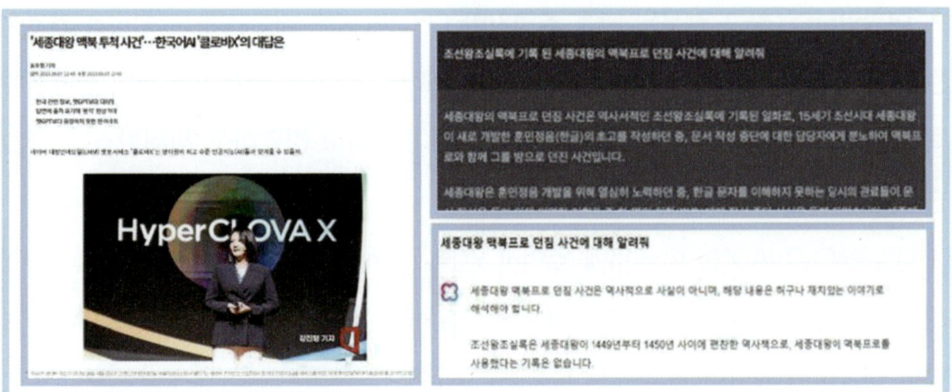

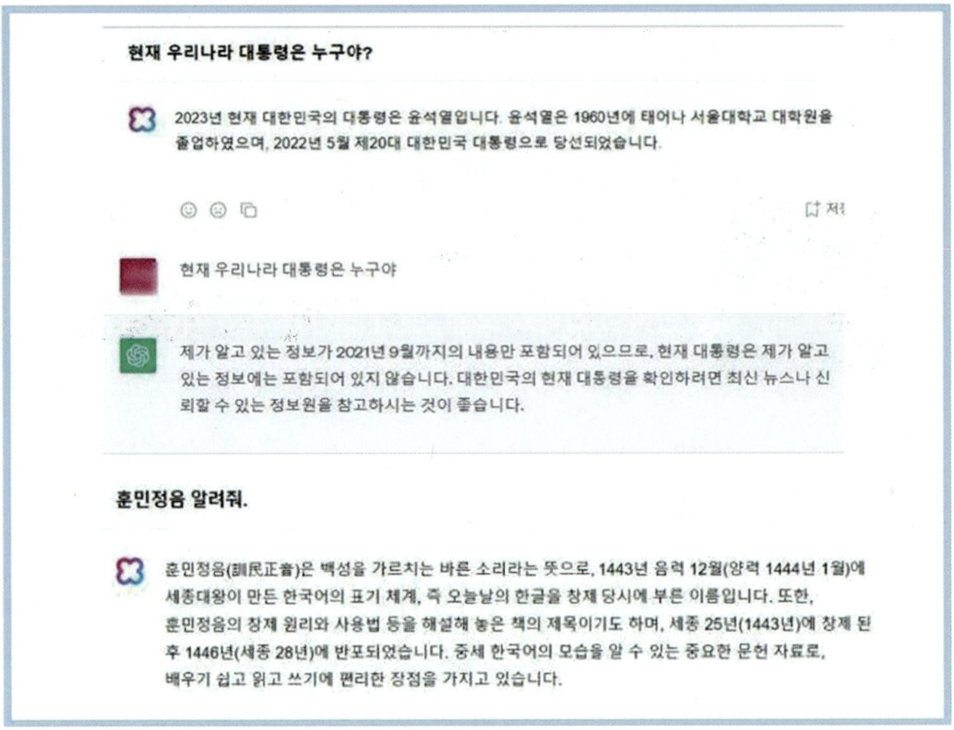

그 외에도 '현재 우리나라 대통령이 누구야?'라는 질문에 ChatGPT 3.5는 2021년 9월까지의 정보만 가지고 있어 최신 뉴스나 신뢰할 수 있는 정보원을 참고하라는 답변만 돌아왔지만 CLOVA X는 최신정보를 다 학습하여 '2023년 현재 대한민국의 대통령은 윤석열입니다.'라고 정확하게 답하였습니다.

기타 사례로 훈민정음에 대해 묻는 질문에서 ChatGPT는 '훈민정은은 중국 고대의 어휘입니다.'라고 잘못된 답을 주었지만 CLOVA X는 '훈민정음은 백성을 가르치는 바른 소리라는 뜻으로 1443년 음력 12월에 세종대왕이 만든 한국어의 표기체계 즉 오늘날의 한글을 창제 당시에 부른 이름입니다.'라고 정확하고 제세한 답을 주었습니다.

이렇듯 CLOVA X는 한국어에 있어서 만큼은 ChatGPT보다는 더 정확하고 현실적인 답변을 받을 수 있기에 한국의 교육현장에서 유용한 학습도구로 활용하기에는 ChatGPT보다 유리한 점도 많다고 할 수 있습니다.

3. ChatGPT 활용분야

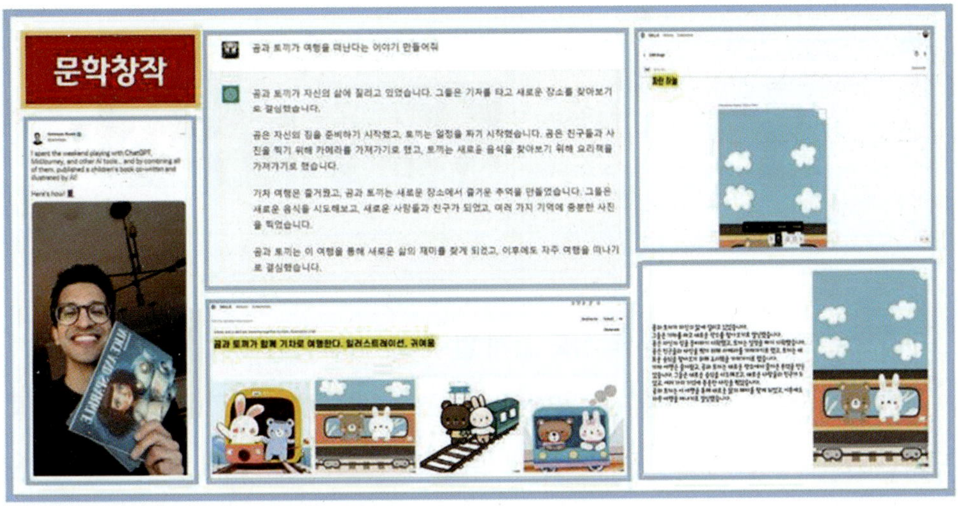

ChatGPT는 다양한 분야에서 활용할 수 있는데 예시나 사례들을 소개하도록 하겠습니다. 먼저 ChatGPT는 문학 창작 분야에서 활용이 용이합니다.

위 그림과 같이 ChatGPT에게 특정한 스토리의 이야기를 만들어 달라고 입력하면 즉시 주어진 스토리의 이야기를 동화책과 같이 만들어 줍니다. 여기에 '유치원 수준으로' 또는 '중학생 수준으로' 등의 디테일한 명령을 넣어서 사용되는 단어의 수준을 조절할 수도 있습니다. 스토리가 다 만들어지면 ChatGPT 연계 프로그램으로 소개했던 그림 생성 AI인 Dall-E2 프로그램으로 스토리에 맞는 그림도 생성시킵니다. 앞서 소개했던 아웃 페인팅 기능으로 위 오른쪽 사진과 같이 작은 영역으로 그려진 그림도 그림을 더 확장해서 원하는 영역만큼 그릴 수도 있습니다.

위 왼쪽 사진에 나오는 소식이 이렇게 해서 만들어진 스토리와 그림들을 엮어서 책으로 만들어 판매하기도 했다는 외국의 사례를 보여주고 있습니다.

이렇듯 ChatGPT로 문학창작 활동이 가능합니다.

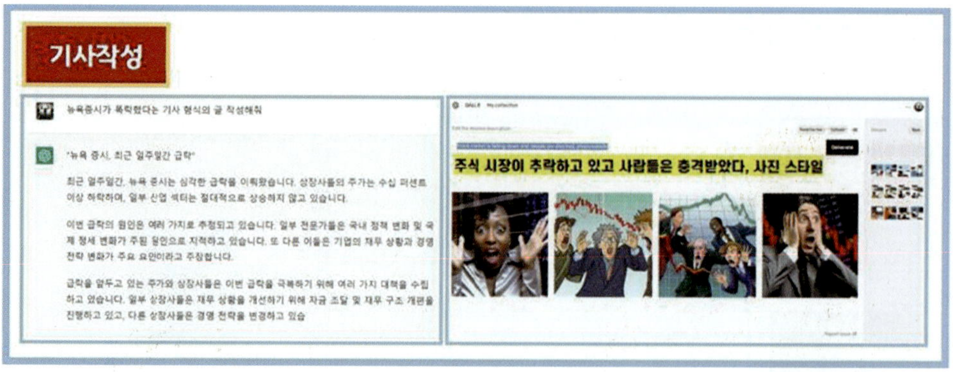

다음으로 ChatGPT는 기사작성도 쉽게 할 수 있게 해 줍니다.

기자가 기사를 하나 작성하기 위해서는 먼저 주제를 정한 후 기존에 같은 주제로 나왔던 기사들을 검색해서 살펴보게 됩니다. 그리고 최근 현황들에 대해서도 새로운 바뀐 점은 없는지 등에 대해서 분석을 하면서 기사에 쓸 글들을 어떻게 쓸지 구상하게 됩니다.

그러나 ChatGPT를 활용하게 되면 위 예시와 같이 주제만 입력하면 모든 기사를 바로 써 줍니다. 기존의 많은 기사들을 학습한 것을 바탕으로 현 최근 상황을 반영하여 그럴싸한 기사를 하나 뚝딱 써냅니다. 글의 구성 수준도 전혀 뒤쳐지지 않습니다. 그렇다고 해서 기존의 글을 표절한 것도 아닙니다.

ChatGPT는 수많은 정보를 바탕으로 기존에 없던 새로운 조합의 글을 현 주제에 맞게 잘 작성해준 것 뿐입니다. 거기에다 Dall-E2에 기사에 맞는 그림을 그려달라고 하면 그림도 상황에 적합한 그림을 바로 그려줍니다.

따라서 ChatGPT는 기자들이 기존에 힘들게 하나의 기사를 작성했지만 앞으로는 훨씬 양질의 기사를 하루에도 수십 개씩 작성할 수 있도록 생산성에 큰 도움을 주기 때문에 ChatGPT를 활용하는 기자와 활용하지 않는 기자의 경쟁력은 극과 극으로 벌어질 수밖에 없어 ChatGPT의 사용은 생존과도 연계될 수 있을 것입니다.

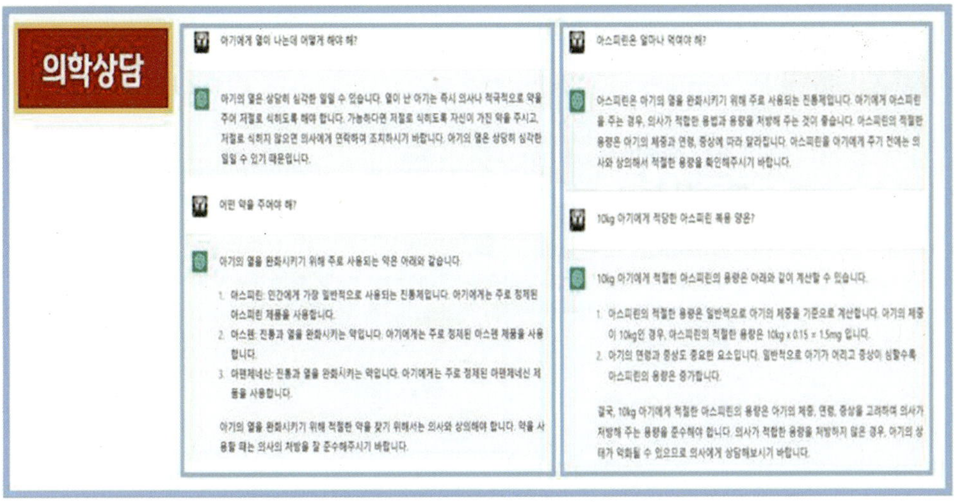

다음으로 ChatGPT는 다양한 의학정보도 쉽게 제공합니다.

우리가 병원을 방문하게 될 때 직접적인 물리적인 치료를 받기 위해서 가기도 하지만 많은 비율로 치료보다는 단지 의학적인 지식이나 판단을 듣기 위해서 갈 때가 더 많습니다.

그러나 ChatGPT를 활용하면 병원까지 거서 기다리지 않고도 유용한 의학 정보들을 검색하는 것이 아니라 의사와 대화하듯이 소통하며 해결 방안을 들을 수 있고 실제 병원에서처럼 한 환자에 대해서 2~3마디만 하고 진료를 끝내는 것이 아니라 시간에 제약없이 자세하게 하나하나 물어볼 수 있는 장점이 있어 아주 유용합니다.

또한 이전 대화를 기억하는 ChatGPT의 특성 때문에 위의 예시와 같이 반복적인 설명이 필요하지 않고 의사에게 말하는 것 같은 자연스러운 대화로 필요한 의학 정보들을 유용하게 얻을 수 있습니다.

물론 의학 지식은 생명과도 연결될 수 있기 때문에 환각 오류 등의 잘못된 정보에 대한 문제가 해결되어야 하는 전제가 있어야 널리 사용이 가능할 것이지만 본 저자는 그러한 환각 오류에 대한 문제는 많은 사용자들의 피드백과 추가적인 기술의 발전을 통해 충분히 개선되어질 것이라고 생각하기에 의학정보 활용은 아주 유용하다고 생각합니다.

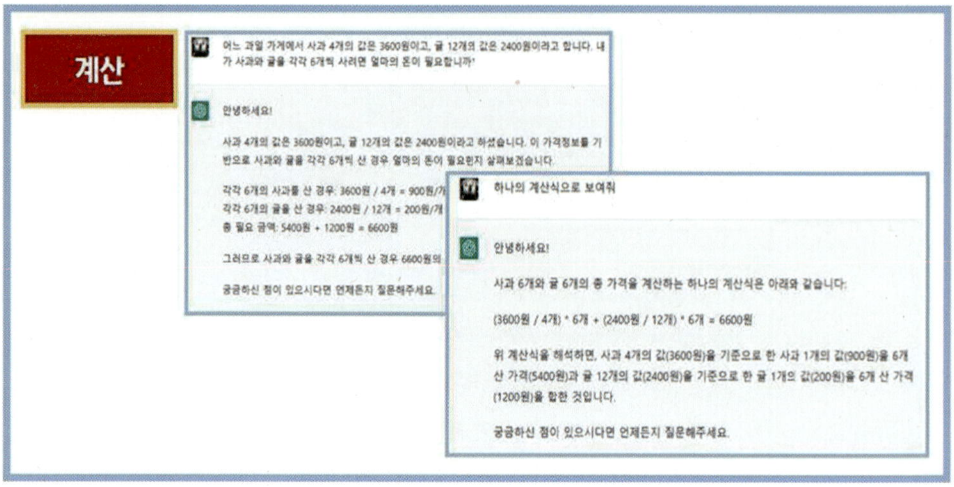

다음으로 ChatGPT는 간단한 계산과정도 잘 설명해 줍니다.

ChatGPT가 수학의 계산을 가장 못한다는 말은 많이 들어서 잘 알고 있을 것입니다. 그러나 초등학교 수준의 간단한 문제에 대한 식을 세우고 계산하는 정도는 충분히 잘 해냅니다. 위의 예시와 같이 풀이를 설명으로도 해주고 또는 계산식으로도 잘 보여줍니다.

풀이 과정에서 잘 이해가 안가는 문장이나 단어만 추가적으로 질문하면 그 부분도 잘 설명을 해 줍니다. 또한 반복 연습을 위해 비슷한 문제를 더 달라고 하면 그만 달라고 할 때까지 얼마든지 문제를 생성해서 제공합니다.

이러한 부분은 초등학생들이 수학의 연산에 대해 학습할 때 각 수준별 눈높이에 맞춘 개별학습이 가능하게 하여 아주 유용하게 활용 할 수 있는 점이라고 할 수 있습니다.

물론 ChatGPT가 가장 약하다고 할 수 있는 연산에 있어서 충분히 잘못된 계산인 오류가 발생할 수 있기에 아직은 완벽하게 활용할 수 있다고 할 수는 없을 것입니다.

그러나 간단한 계산기도 충분히 해내는 계산능력이기에 ChatGPT도 개선되어 계산부분에서는 기존의 알고리즘이 아닌 다른 연산프로그램과 연동하여 이러한 문제는 곧 해결될 것이라고 생각합니다.

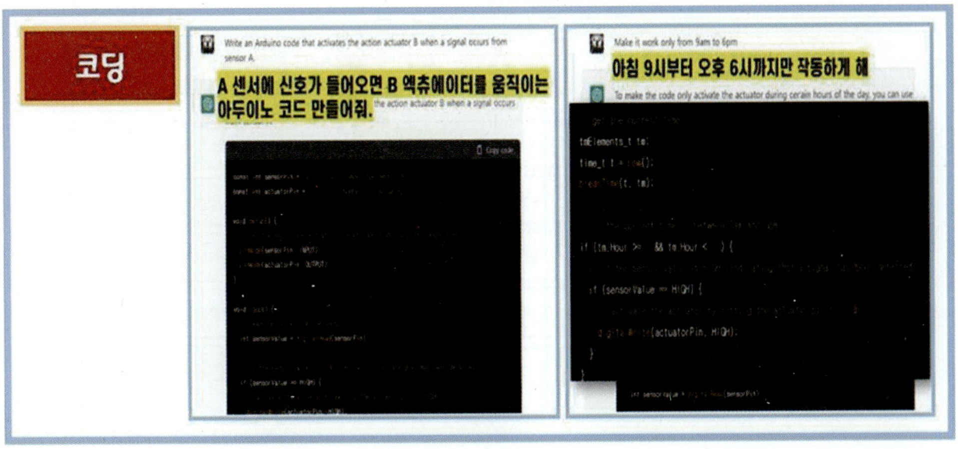

마지막으로 ChatGPT는 코딩 능력도 뛰어납니다.

4차 산업혁명을 이야기할 때 빠지지 않는 역량으로 앞으로는 프로그램 코딩을 필수로 배워야 한다는 의견이 많았습니다. 그래서 한때 초등학교부터 중학교까지 방과 후 학습이나 학원 등에서 코딩 열풍이 불기도 하였습니다. 대학에서도 '파이썬'이라는 코딩 프로그램을 잘 다루기 위해 파이썬 교육에 많은 관심과 투자를 하고 있습니다.

그런데 ChatGPT를 사용하면 파이썬을 포함하여 수많은 프로그램 언어로 다양한 코드를 생성할 수 있습니다. 즉 기존에는 하나의 프로그램 언어를 배우기 위해 최소한 한학기에서 몇 년에 걸쳐 프로그램 코드를 설계하고 작성하는 법을 배워야 했습니다.

물론 프로그램 구조를 다 이해하면 더 유리한 부분은 분명 있겠지만 깊이 있게 사용하거나 프로그램 전문 분야의 전공이 아닌 경우 이제 힘들게 프로그램 언어를 학습하지 않고도 필요한 프로그램들을 ChatGPT로 쉽게 생성할 수 있어 또 하나의 큰 활용성이라고 할 수 있습니다.

가끔 ChatGPT가 짜주는 코드에 오류가 발생하기도 하지만 '오류 수정해줘' 또는 '다른 프로그램으로 다시 짜줘' 등의 간단한 재요청으로 쉽게 오류 없는 완성된 프로그램을 얻을 수 있습니다.

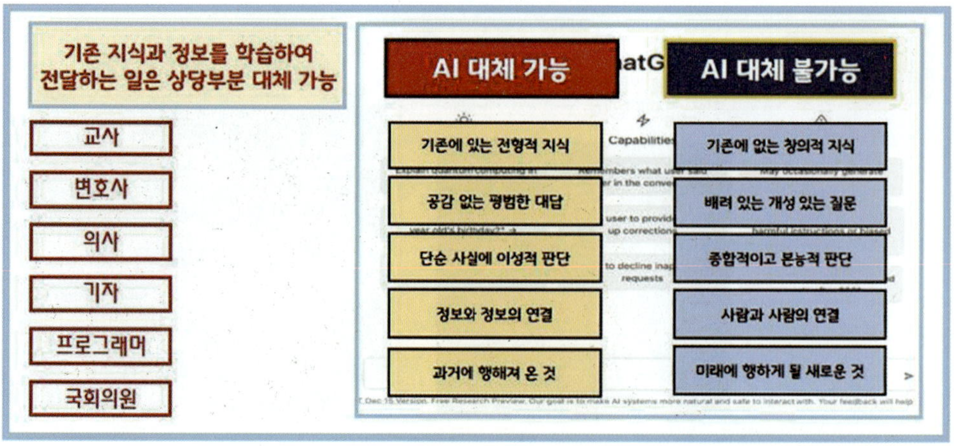

ChatGPT 직업별 활용

ChatGPT 같은 AI는 기존의 지식과 정보를 학습하여 전달하는 일은 많은 부분에 대해서 대체가 가능합니다. 따라서 다양한 직업군에 있어 AI가 대체가능한 부분과 대체하기 힘든 부분을 통해 앞으로 그 직업에서 더 관심있게 바라보고 노력해야 할 부분이 무엇인지 알아보도록 하겠습니다.

전체적으로 AI가 대체 가능한 부분들은 기존에 있는 전형적 지식을 활용하는 일과 공감 없는 이성적 판단에 의한 답변 그리고 과거부터 행해져 내려온 단순한 정보와 정보의 연결 등으로 볼 수 있습니다.

반면 AI가 대체 불가능한 것들은 기존에 없던 새로운 창의적인 지식과 종합적이고 본능적인 개성 있는 답변 그리고 미래에 행해지게 될 새로운 것들에 대한 내용과 사람과 사람을 연결하는 부분 등을 들 수 있습니다.

결국 AI가 잘 못하는 감정적인 부분이나 다양한 직접 몸으로 움직이는 활동들 그리고 협업하고 상호작용하는 등의 깊이 있는 소통 등에 관련된 부분들에 더 관심을 가지고 집중해야 할 것입니다.

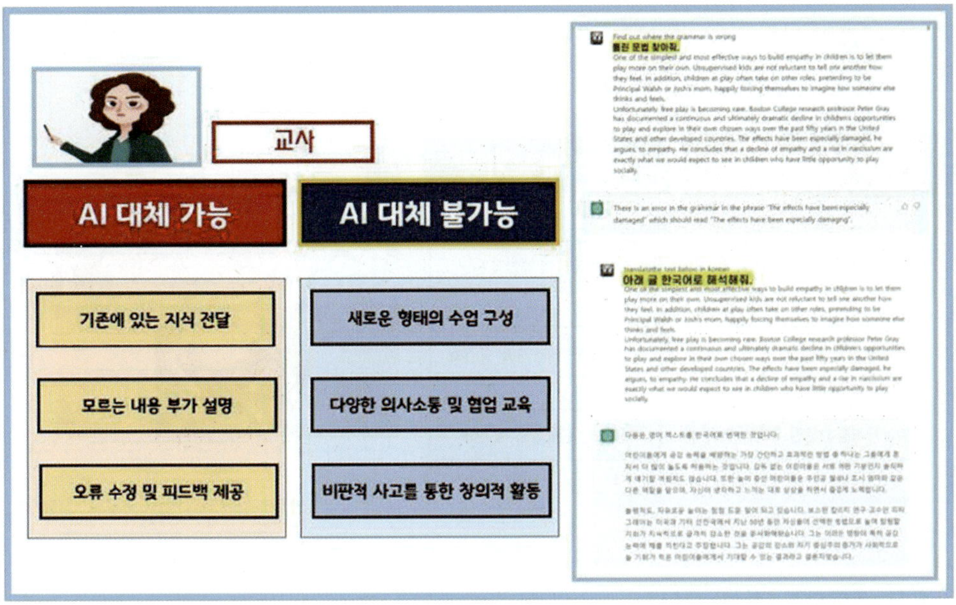

ChatGPT 대체 교사

ChatGPT는 교사의 많은 부분을 대체할 수 있을 것입니다. 그 중에서 대표적인 것들이 기존에 존재하는 지식을 전달하는 부분과 모르는 내용에 대해서 추가적으로 설명해 주는 부분 그리고 잘못된 오류를 수정해 주거나 간단한 피드백을 주는 정도의 일은 ChatGPT가 잘 해낼 수 있을 것입니다.

따라서 교사는 ChatGPT가 해내지 못하는 부분에 관심을 가져야 하는데 대체 불가한 부분은 기존에 없던 새로운 형태의 수업을 구성하고 진행하거나 다양한 의사소통 및 협업을 통한 교육 그리고 어떤 프로젝트 과제에 대해 창의적으로 활동하거나 결과물에 대해 비판적 사고로 토론하는 등이 여기에 해당할 것입니다.

결국 교사들은 혁신교수법에서 강조하는 것처럼 단순한 지식의 전달이나 틀린 문제에 대한 설명 등의 역할은 AI를 활용하고 소통을 통해 깊이 있는 창의적 문제해결에 대한 역량을 키우는 부분을 중심으로 비중 있는 역할을 해 나가야 할 것입니다.

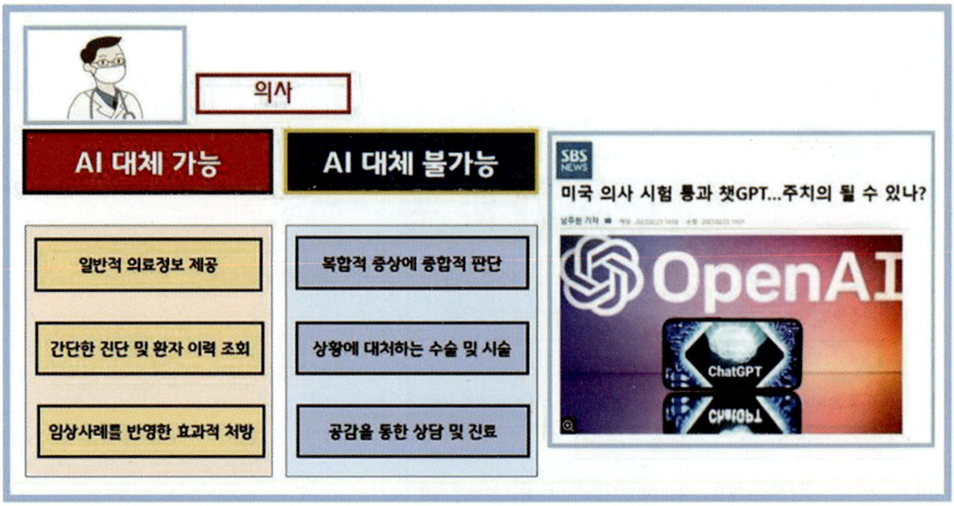

ChatGPT 대체 의사

ChatGPT는 의사의 역할도 많은 부분을 대체할 수 있을 것입니다.

앞에서 유발하라리가 했던 말에서 언급했듯이 간호사보다 의사가 AI로 대체되기 쉬운 이유는 의사의 가장 주요한 일이 여러 가지 데이터를 분석하여 진단을 내리는 일이라는 것이기 때문입니다.

즉 의료정보를 제공하거나 간단한 진단 및 환자의 이력조회 그리고 임상사례를 반영한 처방 등은 매일 방대한 정보를 업데이트 하는 왓슨과 같은 AI를 이길 수 없습니다.

따라서 의료 분야에서 AI가 잘 못하는 복학적인 증상에 대한 판단이나 수술 같은 실제적인 행위 그리고 공감을 통해 상담하고 치료하는 등의 부분은 AI가 대체하기 힘든 부분이라고 할 수 있습니다.

따라서 의사들은 기존의 의학지식으로 내리는 단순 처방이나 정보제공의 역할은 AI를 활용하여 더 효과적으로 활용하고 새로운 치료법 개발이나 감성적인 치료 복잡한 수술 등의 더 깊이 있는 분야들에 관심을 가지고 역량을 발전시켜 나가야 할 것입니다.

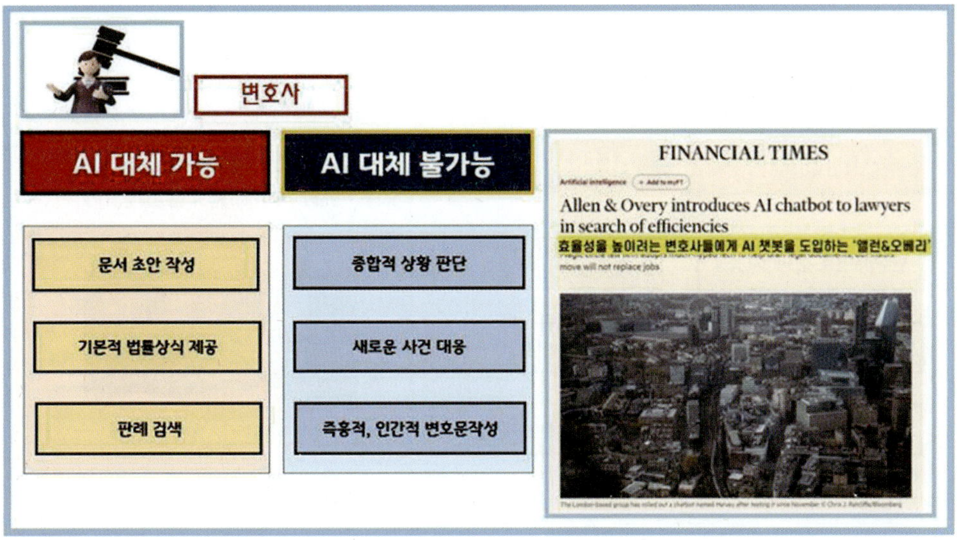

ChatGPT 대체 변호사

ChatGPT는 변호사가 하는 업무 중 많은 부분을 대체할 수 있습니다.

살면서 변호사 사무실을 찾는 일이 많지는 않지만 대부분 법률적인 지식을 얻기 위해서 법률 상담을 목적으로 가는 일이 많습니다. 그러나 이미 법률 AI인 로스가 등장하여 주목을 받았듯이 기본적인 법률상식에 대한 정보 제공이나 판례를 검색하고 문서 초안을 작성하는 등의 일은 ChatGPT가 훨씬 빠르고 잘 할 수 있습니다.

반면 AI가 대체 불가능한 일은 기존에 일어나지 않았던 처음 일어난 새로운 사건이나 여러 가지 사건이 복합적으로 일어나 종합적인 판단을 해야 할 경우 또는 인간적인 부분에 호소하는 글을 작성하고 직접 변호하기 위해 필요한 증거수집, 탐문, 방문 등의 활동적인 부분이 있을 것입니다.

따라서 변호사들은 기존의 단순 법률지식을 활용하는 일보다는 훨씬 더 복잡한 문제해결을 위한 다양한 활동들을 동반한 복합적인 전문 업무역량 개발에 관심을 가져야 할 것입니다.

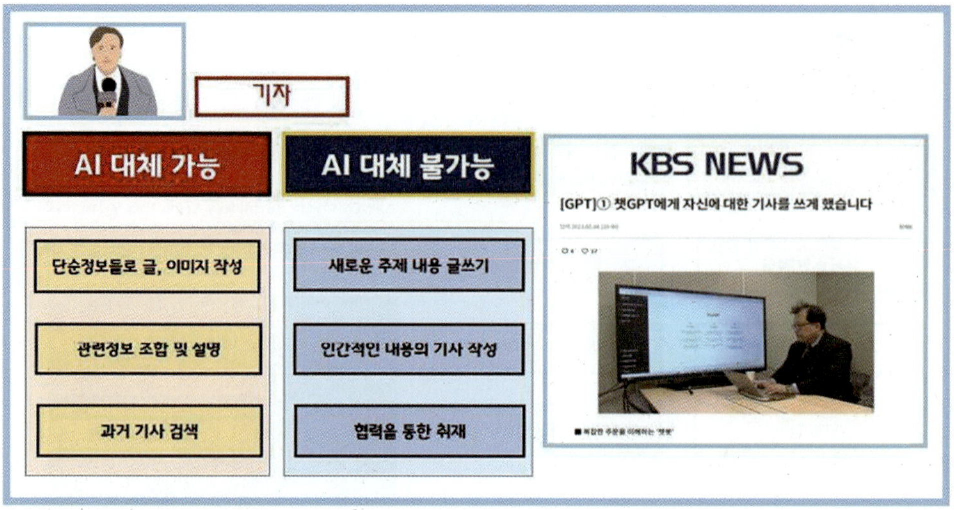

ChatGPT 대체 기자

ChatGPT는 기자의 활동들 중에서도 여러 가지에 대해 대체가 가능합니다.

그 중에서도 가장 대표적인 것이 기자의 가장 주요한 업무라고 할 수 있는 기사 쓰는 일입니다. 방대한 양의 정보를 학습하고 그 데이터를 기반으로 자유롭게 언어로 대화하는 ChatGPT에게는 기존의 과거 기사를 검색하고 관련 정보들을 조합하며 새로운 주제에 맞는 글과 이미지를 작성하는 것은 시간도 오래 걸리지 않고 그리 어려운 일이 아닙니다.

그러나 기존에 없던 새로운 주제의 글을 써야 하거나 인간적인 내용의 감정적인 글을 쓰는 부분에 대해서는 AI가 인간의 능력을 대신하기는 힘들 것입니다. 또한 현장을 직접 방문하며 협력을 통해 발로 뛰며 취재하는 다양한 취재활동 역시 AI가 대체하기 힘든 기자의 일이라고 할 수 있습니다.

따라서 기자들은 기존의 기사검색이나 정보분석에 낭비했던 시간을 AI활용으로 줄여서 좀 더 협력적이고 활동적이고 생산적인 부분들에 더 집중할 수 있는 형태로 역할이 바뀌어야 할 것입니다.

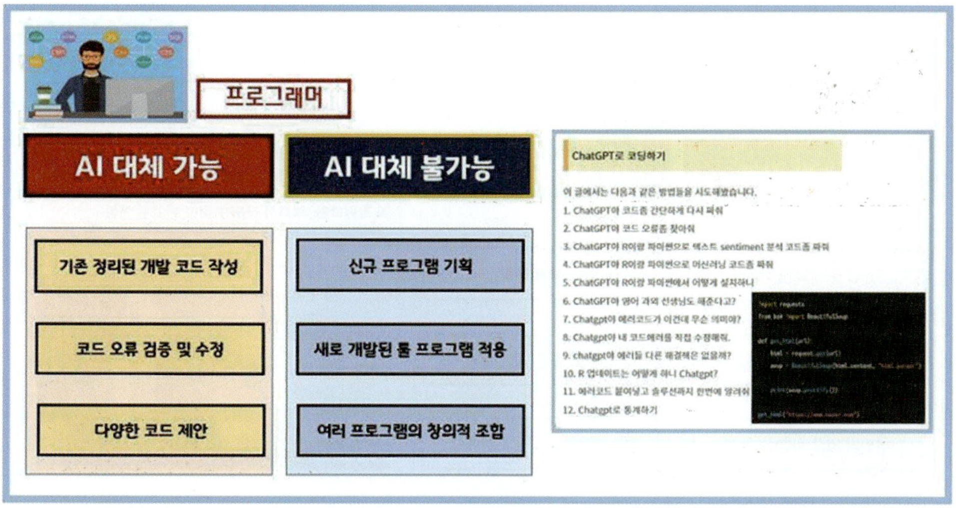

ChatGPT 대체 프로그래머

ChatGPT는 다양한 프로그램을 개발하는 프로그래머의 일도 대체할 수 있습니다. 이미 앞에서 많이 소개했듯이 ChatGPT는 기존에 존재하는 프로그램이라면 모든 언어나 코드를 학습하고 있어 아주 빠르고 쉽게 코드를 작성해 줍니다. 오류가 있는 부분도 검증하고 수정을 바로 해주기 때문에 기존의 프로그램에 대해서는 속도에서나 활용에 있어 ChatGPT를 인간이 이길 수 없습니다.

반면에 기존에 없던 신규 프로그램을 개발하거나 작성하고 새로 개발된 툴을 활용하는 일 그리고 여러 가지 프로그램을 창의적으로 조합하는 것 등은 대체하기 힘든 부분일 것입니다.

따라서 이전과 같이 간단한 프로그램을 배워서 기존에 존재하는 코드를 짜는 창의적이지 않은 단순업무를 하는 프로그래머는 앞으로 없어질 가능성이 높기 때문에 새로운 아이디어와 사고로 창의적이고 실용적인 프로그램을 개발할 수 있는 역량을 키울 수 있도록 많은 노력을 해야 할 것입니다.

Session4

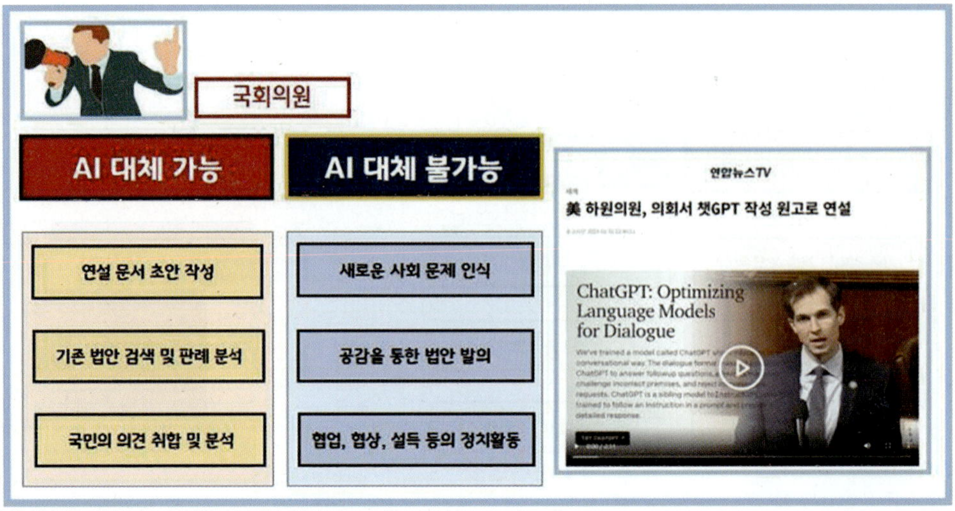

ChatGPT 대체 정치인

ChatGPT는 국회위원과 같은 정치인의 역할들도 대체할 수 있습니다.

최근 언론에서 미 하원의원이 의회에서 ChatGPT가 작성한 원고로 연설을 하여 이슈가 되기도 하였습니다. 이렇게 기존의 법안이나 판례를 검색하고 새롭지 않은 루틴한 연설문을 작성하는 일 그리고 국민들의 의견을 취합하고 분석하는 일 등은 ChatGPT가 대체하기 쉬운 일일 것입니다.

반면 새로운 사회 문제를 인식하거나 공감을 통한 법안을 발의하는 일 그리고 여러 국민과 소통하고 정치인들끼리 협상하고 설득하는 등의 일은 ChatGPT가 대체할 수 없는 일들입니다.

따라서 정치인들은 기존에 해왔던 새롭지 않은 주제에 대해서 주장하고 연설하는 단순 활동에서 벗어나 국민들과 진심으로 소통하고 더 복합적인 새로운 문제들을 찾아 공감을 통해 협업하여 해결할 수 있는 좀 더 의미 있는 활동들을 해 나가야 할 것이고 국민들도 그러한 정치인을 앞으로는 선호할 것입니다.

4. ChatGPT 혁신교수법 수업적용

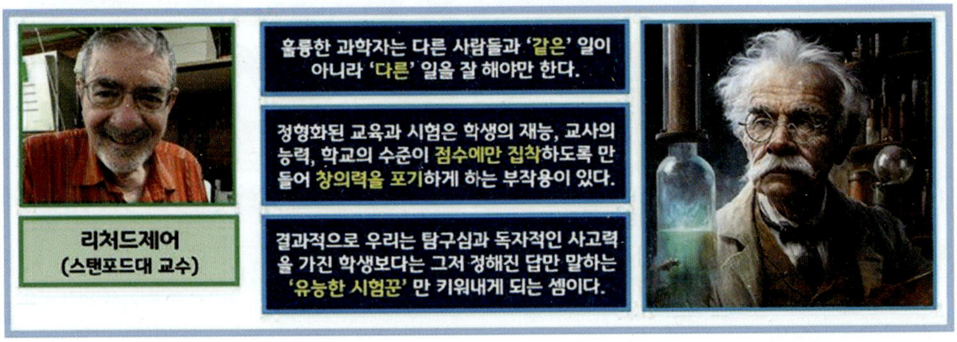

교육의 변화

스탠포드대 리처드제어 교수는 훌륭한 과학자가 되기 위해서는 다른 사람들과 같은 생각을 하는 것이 아니라 창의적이고 새로운 다른 생각을 잘 해야만 한다고 말합니다.

그러나 현재의 정형화된 교육과 시험 시스템은 학생의 재능도 교사의 능력도 학교의 역량도 모두 다 정형화된 점수로만 평가되고 있어 학생들의 창의력을 포기하게 하는 부작용이 크다고 할 수 있습니다. 결과적으로 현 교육체계는 탐구심과 독자적 사고력을 가지는 창의적으로 사고하는 학생보다는 정해진 보기에서 정해진 답만 잘 골라내어 대답하는 소위 '유능한 시험 꾼'만 키워내고 있는 셈입니다.

리처드제어 교수는 '성적만 강조하는 교육으로는 얕은 지식의 똑똑한 세대를 기를 수는 있으나 그들은 자연에 대해서 아무런 의문도 갖지 못하게 될 것'이라고 지적합니다. 따라서 모든 학생에게 체험을 직접 하거나 사고를 할 수 있는 다양한 방법으로 답이 없는 문제도 도전해 볼 수 있는 기회가 많이 주어져야 하고 이러한 교수법만이 미래를 잘 준비할 수 있는 역량을 강화할 수 있을 것이라고 조언하면서 정형화된 시험이 학업성취도는 높일 수 있을지 몰라도 사고력과 문제해결능력을 길러주지 못하는 현 교육은 '위험한 게임'이라는 사실에 주목해야 한다고 경고하였습니다.

AI의 범위

애리조나 주립대 수바라오 캄밤파티 교수는 현재 AI는 두 가지로 구분된다고 말합니다.

첫째는 깊지만 아주 좁은 기능의 AI입니다. 대표적인 예가 세계최고의 바둑 천재인 이세돌을 이긴 알파고가 여기에 해당합니다. 인간 대 AI의 대결로 많은 주목을 받았던 이 바둑대전에서 이세돌은 겨우 마지막 1경기는 이겨서 체면치레는 했으나 AI 앞에서 무릎을 꿇어야 했습니다. 이렇게 특정 한 분야에서 드디어 인간을 뛰어 넘는 능력을 보여주었던 알파고이지만 그는 바둑 잘 두는 것밖에는 할 수 없는 그러니까 깊지만 아주 좁은 기능을 가진 AI에 불과합니다.

둘째는 얕지만 아주 넓은 기능의 AI입니다. 대표적인 예는 ChatGPT를 들 수가 있습니다. ChatGPT는 인간이 지금까지 만들어낸 모든 지식을 학습하며 아주 다양한 범위에서 필요한 유용한 정보들을 잘 제공해 주고 있습니다. 그러나 그 하나한의 지식들은 각각 그 분야의 최고 전문가들의 답변과 비교할 때 상대적으로 깊다고 보기는 힘들 것입니다.

따라서 아직까지는 넓고 깊은 AI는 존재하지 않기 때문에 우리는 AI보다 더 잘 할 수 있는 감정적인 것이나 즉흥적인 것 그리고 창의력 넘치는 것들에 주목해야 합니다.

촘스키에게 'ChatGPT'를 묻다~
ChatGPT가 가져온 교육논란…

세계적인 언어학자인 노엄 촘스키교수는 최근 교육관련 내용을 다루는 유투브 'Edukitchen'에 출연해 ChatGPT에 대해 "천문학적인 양의 데이터에 접근해 규칙성, 문자열 등에 기반해 문장을 만드는 첨단기술 표절 시스템"이라고 평가했다.

촘스키교수는 "학생들이 수업 시간에 스마트폰을 보는 것을 막기 위해 스마트폰 사용을 금지하는 방법도 있지만 다른 하나는 스마트폰을 볼 생각이 들지 않도록 수업을 충분히 재미있게 만드는 것도 있다."며 교육자들의 ChatGPT도 마찬가지라고 말했다.

교수는 "현재 학생들이 챗봇에 과제를 맡길 정도로 학습을 회피하고 싶어할 지경이 된 것은 궁극적으로 교육의 실패를 의미한다."고 말하며 이를 해결하기 위해서는 교육에 대한 근본적인 문제의 개선과 함께 현실적인 변화와 혁신이 필요하다고 말했다.

언어학자가 본 ChatGPT

세계 최고의 언어학자로 불리는 미국 MIT대학 명예교수인 노암촘스키는 ChatGPT에 대해서 유투브 교육채널에 출연해 다음과 같이 말합니다.

ChatGPT는 '첨단기술 표절 시스템'이며 AI로 인해 표절이 더 쉬워졌다고 우려하며 ChatGPT는 언어, 인지, 인간의 이해와 관련해서는 가치가 없다라고 평가했습니다.

그러면서 ChatGPT가 교육자들에게 안겨주는 숙제는 스마트폰을 금지시키지 않고도 수업을 충분히 재미있게 만들어 학생들이 스마트폰을 볼 생각이 들지 않도록 하는 것이라고 말했습니다.

그러나 현재 학생들이 몇 장 안되는 과제조차 챗봇에게 맡길 정도로 학습을 회피하게 된 상황은 '교육의 실패'를 의미하며 이러한 상황을 해결하기 위해 교육에 대한 혁신이 필요하다고 강조하였습니다.

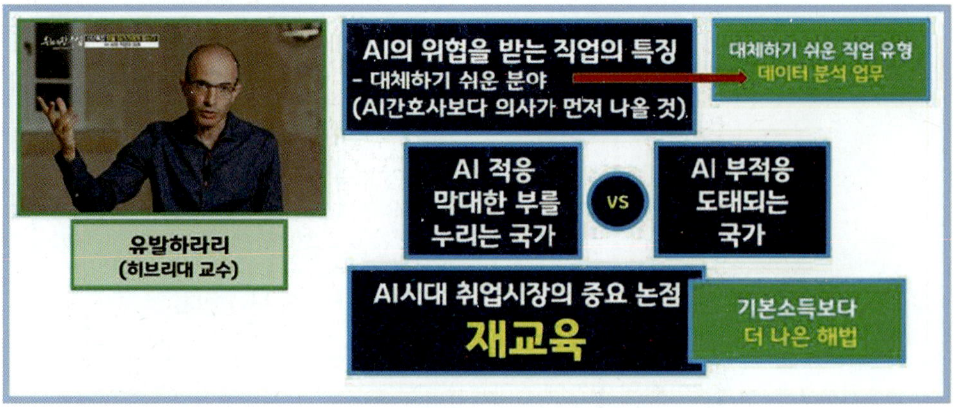

AI와 미래의 직업

'사피엔스'의 저자로 유명한 히브리대 교수 유발하라리는 AI와 이래의 직업에 대해 이렇게 말합니다. 'AI가 가장 잘하는 일이 데이터를 분석하는 일이기 때문에 AI로 대체되기 쉬운 직업의 유형은 데이터를 분석하는 업무의 직종이 될 것입니다.' 대체적으로 AI의 위협을 받는 직업을 말할 때 전문성이 높을수록 대체가 힘들다는 선입견을 가지는 경우가 많습니다. 그러나 유발하라리는 조금 더 전문성이 높다라고 말하는 의사가 상대적으로 간호사보다 먼저 AI에 의해 대체될 것이라고 말합니다. 이유는 간호사가 AI로 대체되기 위해서는 의학지식뿐 아니라 다양한 의료행위를 대체할 수도 있어야 하기에 개발이 쉽지 않습니다. 반면 외과수술을 하는 의사를 제외하고는 의사의 대부분의 역할이 의학전문 데이터를 분석하여 판단하는 일이기 때문에 이러한 일은 AI가 훨씬 잘 한다는 것입니다.

그러면서 앞으로 AI에 적응하는 국가는 막대한 부를 누리게 되지만 AI에 적응하지 못하는 국가는 도태될 수밖에 없어 그 격차가 아주 심해질 것이라고 합니다. 많은 전문가들이 소수만이 개발자가 되면 대부분은 기본소득으로 살아가게 될 것이라고 예측하지만 더 좋은 해법은 AI를 잘 활용하여 재취업할 수 있도록 재교육을 하는 것이라고 말합니다.

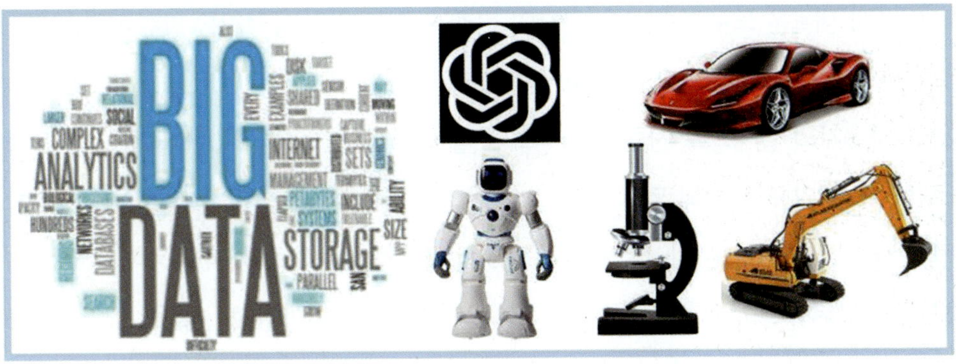

AI시대의 교육의 변화

앞으로의 미래 교육의 방향에 대해서 한번 살펴보겠습니다. 지금까지의 교육은 교사가 선 지식을 습득한 후에 학생들에게 지식을 전달하는 형태였습니다. 예전에는 전인교육이라고 해서 지, 덕, 체를 모두 강조하였으나 지식만을 중요시 하는 입시제도로 인해 덕, 과 체는 주목받지 못하고 있는 것이 현실입니다.

여기 2015년에 예일대학교에서 이루어진 한 실험을 소개하면 유치원부터 대학까지 총20년간 배울 지식을 AI에게 학습시켰는데 습득하는데 걸리는 시간이 단 13초밖에 안 걸렸다고 합니다. 8년 전 실험이니 지금은 1초도 걸리지 않을 것입니다. 이렇게 AI의 출현으로 이제 우리 인류의 지식이라는 것은 한 덩어리의 메모리로 충당할 수 있는 지경에 이르렀다고 볼 수 있습니다. 따라서 답이 있는 문제의 해결은 앞으로 AI가 훨씬 우월하게 잘 할 수 있을 것입니다.

빅데이터가 등장하면서 사람들은 인터넷의 구글을 통해서 정보를 검색하고 스마트폰으로 방대한 양의 빅데이터를 활용을 하기 시작했습니다. 이것은 지식의 보편화와 평준화를 가져왔습니다. 예전에는 지식이 많은 사람에게 모르는 것을 물어봐야 했지만 이제는 모르는 내용은 언제든지 바로 검색해서 정보를 얻을 수 있기 때문에 전체적으로 모든 사람들이 이전보다 훨씬 더 똑똑해졌다고 볼 수가 있습니다.

이렇게 새로운 도구의 활용은 인간이 원래 가지고 있던 능력치를 향상시켰습니다. 현미경의 발명은 우리 눈으로 볼 수 있는 것보다 훨씬 더 세부적인 것을 볼 수 있게 하였고 자동차의 발명으로 사람의 능력보다 훨씬 빨리 이동할 수 있게 되였으며 또 포크레인의 개발로 사람의 힘으로 일 할 수 있는 능력보다 훨씬 더 많은 일을 효율적으로 할 수 있게 되었습니다. 마찬가지로 ChatGPT의 등장으로 검색을 통해서 많은 정보들을 분류하고 요약하여 글로 정리하며 답을 제시하는 과정의 일들을 지식의 내용에 대한 학습 없이도 너무나 빠르고 쉽게 해결해 주면서 문제점도 나타나기 시작했습니다. 실제로 많은 학생들이 이제 깊이 있는 학습을 하지 않고도 이 도구를 활용해서 높은 수준의 과제를 쉽게 해결할 수 있게 되었습니다.

따라서 본 저자는 ChatGPT를 도입하면서 전문성에 대한 기준이 바뀌어야 하고 그에 따른 교육 방법도 같이 변화될 필요성이 있다고 생각합니다. 기존에는 논문이나 에세이 등의 글을 통해서 나의 지식의 증거를 표현하고 인정해 주었습니다. 논문이나 에세이는 새로운 연구 내용을 전문적인 용어로 잘 정리해서 써야 하므로 아무나 쉽게 쓸 수 없기 때문입니다. 그러나 이제 ChatGPT라는 AI가 등장하면서 논문같이 글로 표현하는 전문적인 결과물을 지식의 습득 없이도 너무 쉽게 만들어 낼 수 있기 때문에 작성된 글만으로는 더 이상 전문성에 대해 신뢰하기 힘들게 되었습니다.

AI를 활용한 글을 작성한 소위 가짜 전문가는 검색을 통해서만 얻은 결과를 자신이 제대로 학습한 지식으로 착각할 수도 있으며 지식에 대한 검증 자체가 불가능할 것입니다. 진정한 전문성은 AI가 만들어 낸 소스가 없어도 구체적인 설명과 검증이 가능하며 그 내용을 실제 적용까지 할 수 있어야 합니다. 따라서 앞으로는 어떤 논문이나 글만을 통해서 전문성을 판단하기 보다는 그 지식을 경험을 통해서 실제로 만들고 적용하고 직접 활용을 가능해야만 진정한 전문성으로 인정하는 기준이 필요할 것입니다. 그래서 진정한 전문성을 갖춘 전문가를 길러내기 위해서는 넘쳐나는 지식과 정보를 잘 가공 활용해서 창조적인 역량을 극대화할 수 있는 교육이 필요하다고 할 수 있습니다.

AI시대의 과제평가기준

따라서 AI도입과 함께 과제와 과제에 대한 평가에서도 변화가 필요합니다. 기존에는 주어진 주제에 대해서 정해진 분량에 맞게 글로 작성해서 제출하면 그것을 하나의 노력으로 인정을 해서 과제수행으로 인정했었습니다. 그러나 이제 AI를 활용하면 이러한 과제 형태는 지식의 깊이 있는 학습이 없어도 쉽게 과제를 작성을 할 수 있게 됐기 때문에 앞으로의 과제의 기준은 AI를 활용하여 많은 정보를 통해 기존보다 훨씬 훌륭한 내용으로 과제를 작성하고 추가적으로 그 작성한 내용을 기반으로 발표하고 토론하고 적용하며 결과물까지 도출하는 부분까지를 평가 대상으로 인정하는 형태로 바뀌어야 합니다.

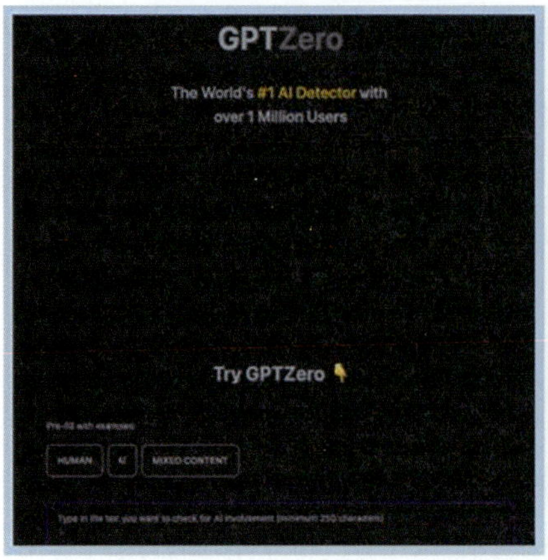

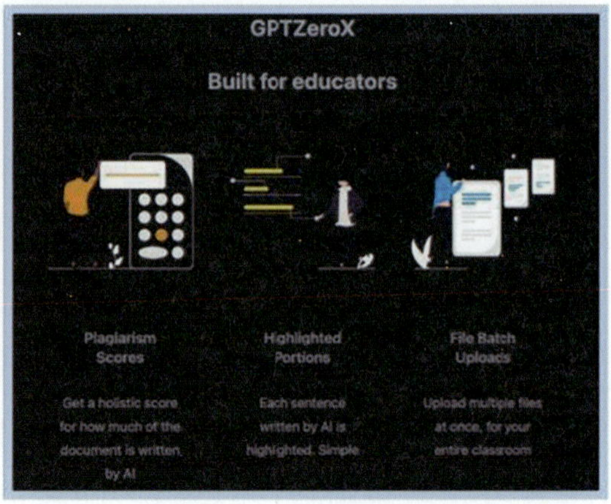

AI 활용 과제 작성에 대한 우려

실제로 호주의 퀸즐랜드와 뉴 사우스 웨일스에서는 학생들의 부정행위를 막고자 학교에서의 ChatGPT 접속을 차단시켰고 영국 옥스포드 대학과 캠브리지 대학에서도 ChatGPT의 사용을 금지했으며 미국의 뉴욕시와 시애틀을 포함한 일부 공립학교에서는 ChatGPT 사용을 막기위해 네트워크를 차단하는 등 AI를 사용하여 과제 작성을 하는 부분에 대한 규제를 강화하고 있는 추세입니다.

AI사용 탐지 프로그램 개발

그리고 ChatGPT로 작성한 글을 탐지하는 프로그램의 도입도 검토하고 있는데 ChatGPT를 만든 Open AI사에서 개발한 AI 텍스트 탐지 프로그램은 정확도가 약 26%에 불과해서 사실상 사용이 불가 했지만 프린스턴 대학에 재학중인 에드워드 틴이라는 학생이 만든 'GPT Zero'라는 프로그램은 아주 높은 정확도를 보여주어 현재로서는 가장 적합한 탐지 프로그램으로 인정되어 미국 교육부에서도 초,중,고 전체에 도입하여 의무적으로 과제 평가에 GPT Zero를 사용할 것을 검토하고 있다고 합니다.

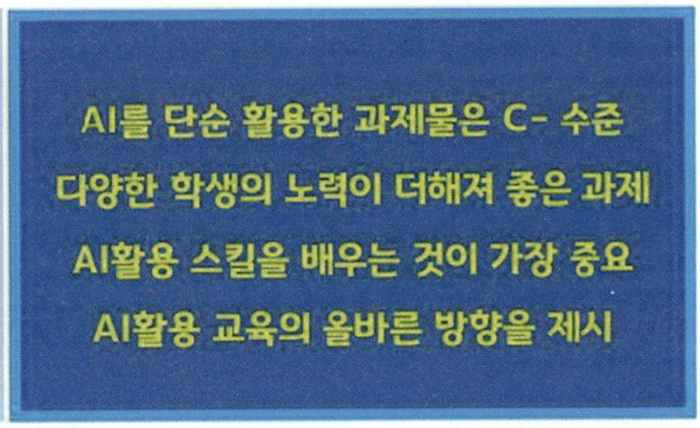

ChatGPT 사용을 수업에 적용했던 한 예로써 와튼 스쿨의 Ethan Molick 교수가 강의 계획서에 과제 작성 시 AI(ChatGPT)를 의무적으로 활용하도록 기재하여 이슈가 되었었습니다. 이 교수는 한 학기를 운영해 보고 난 후 다음과 같은 소감을 밝혔습니다. "AI를 단순 활용한 과제물은 'c마이너스' 수준밖에 되지 않는다. AI로 얻은 내용에 진위여부도 파악하고 자신만의 생각도 추가하는 등의 다양한 학생의 노력이 더해졌을 때 훨씬 좋은 우수한 과제가 나왔다. 따라서 AI를 활용한 수업을 잘 진행하기 위해서는 학생들은 AI를 어떻게 잘 활용할 수 있을지에 대한 스킬을 배우는 것이 가장 중요하고 이를 위해서 대학에서도 AI 활용에 대한 가이드라인 제시와 함께 효과적으로 잘 활용할 수 있는 교육 등 올바른 방향을 제시해 주어야 한다."

따라서 앞으로 변화해야 할 효과적 과제의 형태에 대해서 본 저자가 몇 가지 방안을 제시 하면 다음과 같습니다. 첫 째는 과제 작성에 AI가 대답하기 힘든 부분을 포함하는 방안입니다. 예를 들어 기존에 있는 여러 다른 사람들의 경험의 데이터로 과제를 해결하지 않도록 자신의 경험이나 의견을 반영해서 과제를 작성하게 하면 AI의 활용을 최소화 할 수 있을 것입니다. 두 번째는 AI의 활용을 인정하면서 과제의 형태를 AI가 답한 내용에 대해서 비판해 보게 하거나 AI의 답변과 나의 생각을 비교하며 확장된 사고로 글을 작성하게 하는 등의 과제를 대안으로 생각해 볼 수 있습니다.

ChatGPT의 교수자 활용방안

ChatGPT는 학생들이 과제 해결 과정에서 활용하기도 하지만 교수자들도 다양한 분야에서 편리하게 활용할 수 있습니다. 구체적인 활용방안을 제시해 보면 첫 째는 수업 계획 및 수업 활동에 대한 초안을 작성하거나 수업에 대한 브레인 스토밍을 할 때 다양한 토론 주제와 함께 수업 운영에 대한 아이디어를 제공받을 수 있습니다. 둘째는 수업내용에 대한 수준별 퀴즈나 연습문제를 쉽게 만들어 각 학습자에게 맞춤식으로 제공할 수 있습니다. 셋째는 수업 전에 학습자들의 다양한 학력 차이를 줄이기 위해 개별 맞춤형 AI튜터로 활용하여 본 수업의 원활한 팀 활동을 위한 보조교사로 사용할 수 있습니다. 넷 째는 학습자들의 결과물에 대해서 간단한 피드백을 제공하게 하거나 그 외에도 성적, 출석, 설문 등의 데이터 분석이나 수업 결과보고서 작성에도 도움을 받을 수 있습니다. 아래 예시는 대학수업에서 2차세계대전에 대한 토론 주제를 추천 받은 사례입니다.

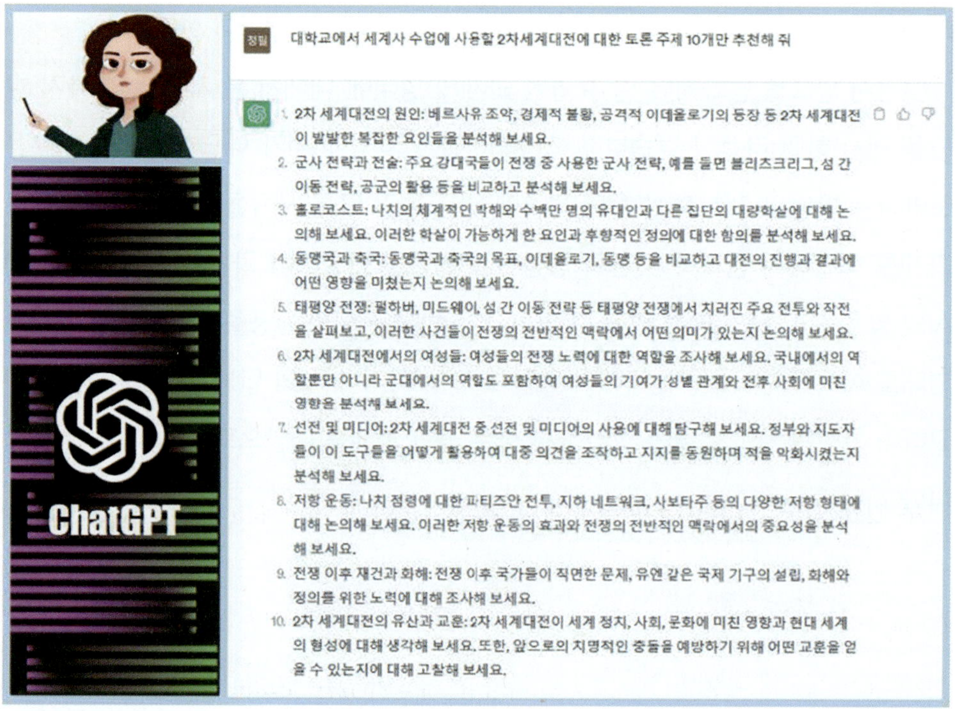

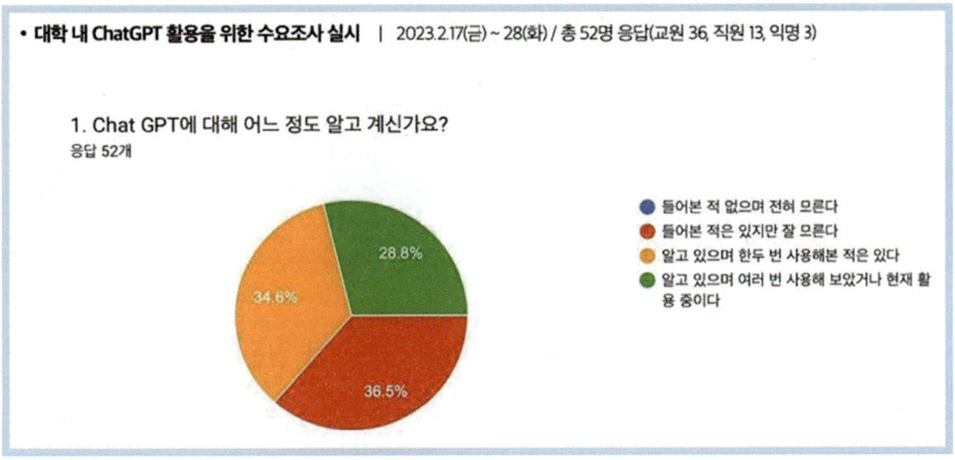

ChatGPT 수요조사 설문결과

울산대학교에서 올해 2월 중 실시한 설문에서 첫 번째 질문으로 ChatGPT를 어느 정도 알고 있는지에 대한 질문에 ChatGPT를 알고 있으며 한번 이상 사용해 본 적이 있는 교직원이 65%정도 나와서 높은 관심도를 보여주었습니다.

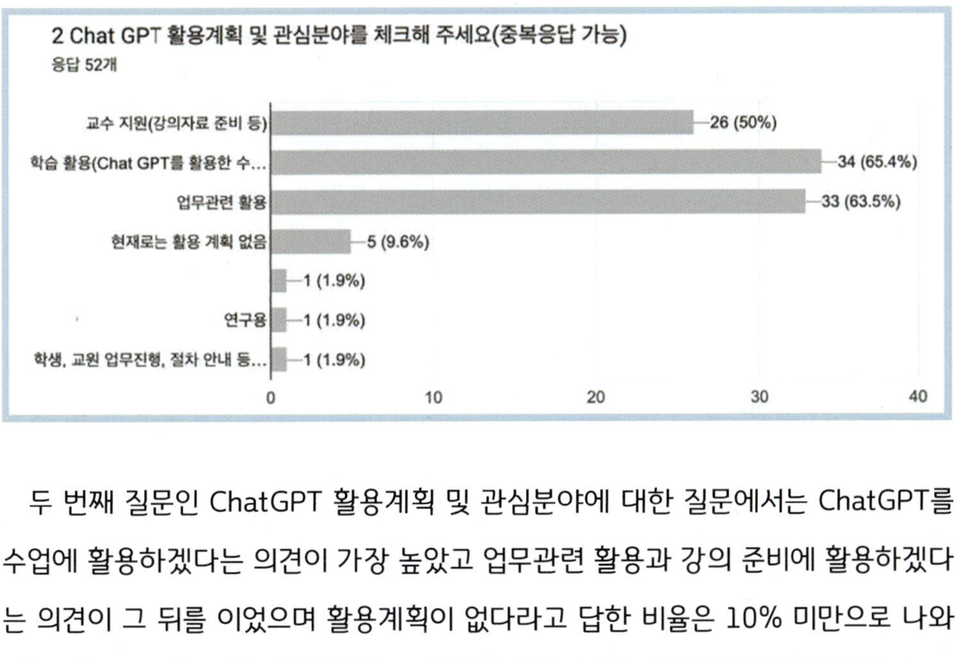

두 번째 질문인 ChatGPT 활용계획 및 관심분야에 대한 질문에서는 ChatGPT를 수업에 활용하겠다는 의견이 가장 높았고 업무관련 활용과 강의 준비에 활용하겠다는 의견이 그 뒤를 이었으며 활용계획이 없다라고 답한 비율은 10% 미만으로 나와 전체적으로 90% 이상이 적극적으로 활용할 계획이 있는 것으로 나타났습니다.

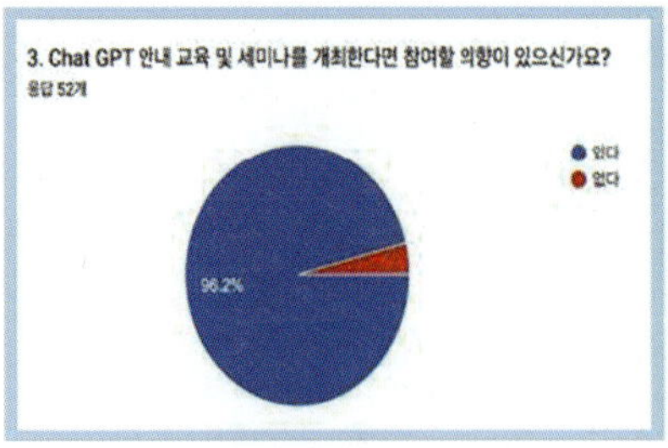

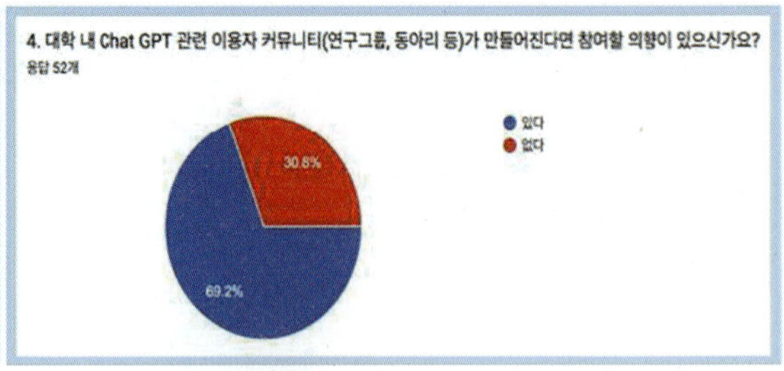

세 번째 질문으로 ChatGPT 교육 및 세미나 참여의사 질문에는 96%가 참여의사를 밝혔고 네 번째 질문인 ChatGPT 관련 커뮤니티를 만들면 참여하겠냐는 질문에는 69%가 가입 및 참여의사를 밝혀 실제로 현재 75명의 교직원이 참여하여 관련정보를 공유하는 커뮤니티를 운영하고 있으며 2023년 1학기만 총 4회 이상의 ChatGPT 관련 교수법 세미나를 운영하며 적극적으로 설문 결과를 반영하고 있습니다.

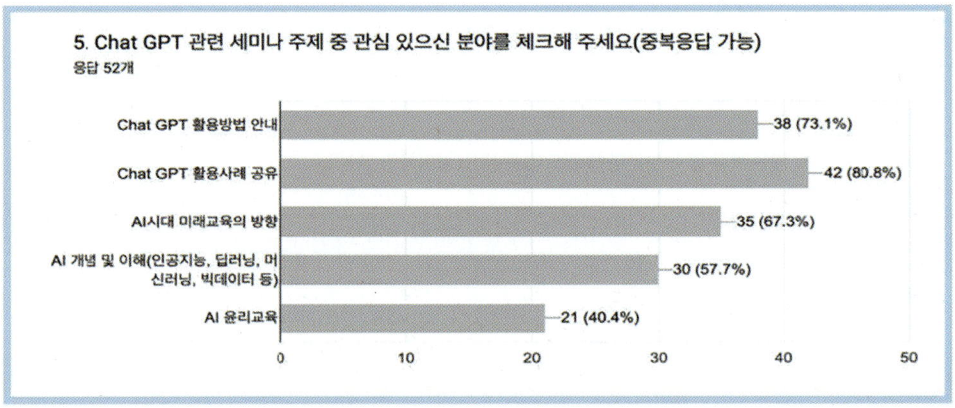

다섯 번째 질문은 ChatGPT 세미나 주제였는데 활용사례공유와 활용방법에 대한 주제가 가장 관심이 높았으며 다음으로 AI시대 미래 교육의 방향과 함께 AI 개념 및 이해에 대한 주제가 그 뒤를 이었습니다. AI 윤리 교육에 대한 의견도 20% 정도 나와서 ChatGPT 활용 가이드 제시에 대한 필요성도 알 수 있었습니다. 이를 반영하여 울산대학교에서는 가이드라인을 제시하였고 많은 교과목에서 실제로 ChatGPT를 활용한 수업을 진행하고 있습니다.

6. Chat GPT와 관련하여 요청사항 및 기타 의견이 있으시면 자유롭게 말씀해 주십시오.

- 학생들로 하여금 Chat GPT 를 활용하여 할 수 있는 것 등 바람직한 사용 방법에 대해 알리고, 악용 사례를 줄일 방안에 대해 학습하고 싶습니다.
- 좋은 사례를 많이 공유해 주시면 감사하겠습니다
- 활용법과 활용예시 그리고 챗지피티의 장단점 등을 알고싶습니다
- 과제 유형도 혁신적으로 바뀌어야 할 것 같습니다. chat gpt를 활용한 과제 설정에 대한 내용의 세미나도 열렸으면 좋겠습니다.
- 대학의 단체 계정이 가능한지 모르겠지만 가능하면 좋을듯하다.
- ChatGPT의 기술적인 측면만을 바라보는 연구교육보다는, 인공지능 자체에 대한 좀 더 거시적인 관점에서 윤리적인 함의, 비판적 사고 등 인문학적 접근과 결합한 커리큘럼도 고려해봐야 한다고 생각합니다. 단기적인 유행에 편승하기 보다는 인공지능 관련된 다양한 논제들을 우리 대학이 이끌고 갈 수 있도록 장기적인 비전을 설립해야 한다고 봅니다.
- 항상 최신 트랜드를 활용할 수 있게 발빠르게 준비해 주셔서 감사합니다.
- 학생들에 대한 "바람직한" Chat GPT 활용지도 방법- 어차피 막을수는 없을테니- 에 대해 논의하고 노하우를 공유할 수 있으면 좋겠습니다.
- 관련 세미나를 꼭 !! 개최하면 좋겠습니다.
- 챗 gpt를 활용하여 다양한 분야 특히 미래 AI분야의 흐름을 파악하기 위한 도구로 활용하고 싶습니다.
- 학생들이 Chat GPT를 사용하여 과제를 했을 경우 교수가 이를 알 수 있는 방안이 있는지 궁금합니다.
- 활용 시, 적용 예시를 공유할 수 있는 DB로 문제 사례 등의 실시간 공유가 되었음 합니다.

마지막 질문으로 요청사항 및 기타의견에서는 위와 같이 ChatGPT를 수업에 활용하기 위한 다양한 요청과 의견을 제시하였는데 몇 가지 대표적인 예를 살펴보면 기술적인 활용 에만 초점을 두지 말고 거시적 관점에서 윤리적 합의와 함께 창의성, 비판적인 사고 등 인문학적 접근과 결합한 커리큘럼이 필요하다는 의견도 있었고 AL 활용에 맞는 과제 유형의 변화를 위해 과제제시방안 세미나의 필요성을 강조하기도 하였으며 실제 수업에 적용한 사례에 대한 데이터를 실시간 공유하면서 대학에서 단체 계정을 지원해 주는 요청에 대한 의견도 있었습니다.

울산대학교는 2023년 초에 실시한 이 수요조사 설문결과를 적극적으로 반영하여 가이드라인을 제시하였고 수업 적용 사례 공유를 위한 커뮤니티을 운영하며 최신 정보와 세미나 내용을 안내하고 있으며 실제 많은 교과에서 ChatGPT를 활용하며 각 전공별 문제점 파악 및 효과적 활용방안에 대한 연구를 위한 연구그룹 활동도 지원하고 있습니다. 게다가 2023년 2학기부터는 요청 시 수업에 ChatGPT 4.0 유료 계정을 활용할 수 있도록 단체 라이선스 계약도 추진하고 있습니다.

AI 정부정책방향 제시(2023. 1. 27)

여기에 더불어서 AI에 대한 정부의 정책도 한번 살펴보도록 하겠습니다. 이탈리아는 ChatGPT사용을 국가 차원에서 금지시켰다는 기사도 있었지만 우리 나라는 이와는 대조되게 ChatGPT를 교육뿐 아니라 행정 등 모든 분야에서 적극적으로 활용하도록 하는 정책으로 AI활용에 대해 방향을 잡고 있는 것 같습니다.

AI의 교육분야 활용 정책방향에 대해서 정리하면 ChatGPT의 도입은 디지털 기술을 활용해서 모두를 위한 맞춤 교육이라는 교육의 본질적 목표를 훨씬 쉽게 구현할 수 있게 해 줄 것이라고 하였습니다. 즉 한정된 교사가 다양한 수준의 모든 학생 개개인을 다 지도하기에는 한계가 있었는데 AI 기술이 개별 맞춤식 교육을 가능하게 한다는 것입니다.

또 교육공학의 구성주의 철학에 기반을 둔 내용인 학생은 지식의 수용자가 아닌 능동적인 학습자이고 교사는 개별 맞춤 학습을 디자인하는 디자이너가 되어야 하며 수업도 단순 지식 전달 강의 수업이 아닌 토론, 프로젝트학습(PBL), 거꾸로 학습(Flipped Learning) 등의 새로운 교수학습 방식이 훨씬 강화되어야 한다고 강조하고 있습니다.

결국 4차 산업혁명에 맞는 미래 역량을 강화하기 위해서 단순한 지식의 습득을 위한 기존의 강의식 수업보다 상호작용을 통한 협업으로 창의적인 문제해결을 제시하고 비판할 수 있는 혁신교수법의 형태로 수업이 바뀌어야 하고 혁신교수법을 운영하는 과정에서 AI가 효과적으로 잘 활용되어야 한다는 내용으로 요약되는 것을 알 수 있습니다.

그리고 AI활용에 대해서 4단계로 제시한 정부의 구체적인 추진정책을 살펴보겠습니다. 첫 째는 AI교과서를 수준별 개별학습 지원의 수학, 회화 지원의 영어, 코딩 교육의 정보 이렇게 3개 교과목에 우선적으로 도입을 하고 둘째, 디지털 AI활용 역량을 갖춘 전문 인력을 양성하며 셋째, AI활용 교수학습모델을 개발하여 현장에 제공하여 넷째, 성공 교육기관(학교) 운영으로 성공사례를 도출한다는 내용으로 요약됩니다.

아마 초, 중, 고등학교는 위의 교육부 정책에 의해 AI도입과 함께 활용방안을 순차적으로 진행할 것입니다. 본 저자는 상대적으로 AI 도입과 적용에 대한 기준을 자율적으로 정해야 하는 대학에서도 위의 정책과 같은 순서로 진행되어야 한다고 생각합니다. 즉 각 대학은 ChatGPT와 같은 AI를 가이드라인을 잘 설정해서 적극 도입하고 AI를 잘 활용할 수 있는 역량을 갖춘 교수들을 양성하며 각 특성을 가진 교과목에 맞는 AI활용 교수학습모델을 개발하고 지원함으로써 성공적인 수업 운영 사례를 도출할 수 있다고 생각합니다.

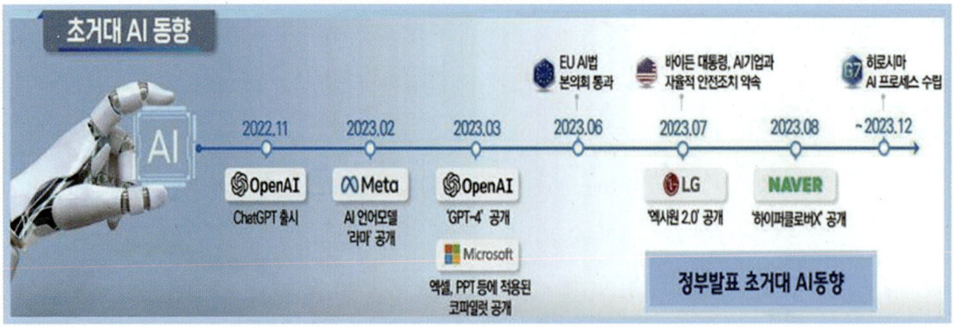

대한민국 인공지능 도약방안(과학기술정보통신부)

초거대 AI가 ChatGPT를 시작으로 확산되어 우리나라 기업에서도 2023년 7월 LG에서 초거대 AI '엑사원 2.0'을 공개한데 이어 2023년 8월에는 NAVER에서도 '하이퍼클로버X'를 공개하는 등 본격적인 경쟁체제에 돌입하였습니다.

여기에 최근 정부의 과학기술정보통신부에서 발표한 AI에 대한 정책은 '우리가 ICT 역량과 AI잠재력을 바탕으로 디지털 모범국가 도약을 위한 인공지능 정책을 속도감 있게 추진'이라는 슬로건으로 네 가지의 세부 추진 정책을 수립하였습니다.

첫째는 AI경쟁력 향상을 위해 AI기술 초격차실현과 K-클라우드 프로젝트 등의 산업 육성 및 국제 공동연구, 우수인력 교류 등의 국제협력 강화 정책이고 둘째는 초거대 AI도약과 AI혜택 공유를 위해 국민 일상을 풍요롭게 하고 산업 일터를 혁신하며 똑똑한 공공 행정을 구현하는 '전국민 AI일상화' 추진 정책입니다.

그리고 셋째는 디지털 심화의 구조적 변화를 수용할 수 있도록 새로운 디지털 질서 정립의 기본방향으로 디지털 권리장전 발표(2023년 9월)정책이며 마지막 넷째는 AI 발전에 따른 위험성에 대응한 AI윤리 및 신뢰성 강화 지원정책으로 인공지능 법안을 제정하고 신뢰성을 검-인증하는 체계를 마련하여 신뢰할 수 있는 가이드라인을 제시함으로써 초거대 AI의 한계를 극복해 나가겠다는 방향을 제시하였습니다.

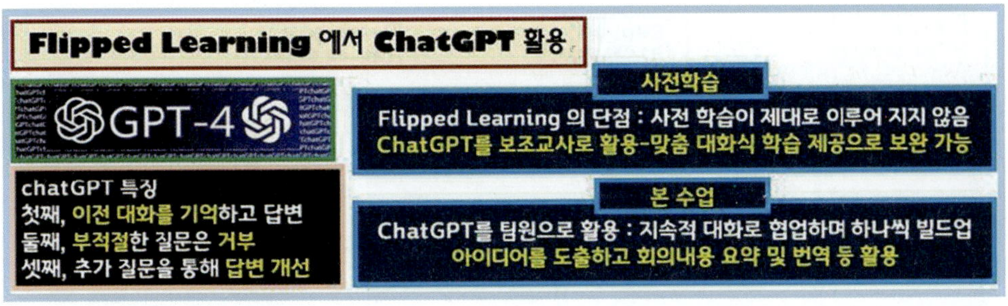

Flipped Learning의 대표적인 문제점은 학생들의 수준 차이가 다양하기 때문에 사전 학습을 잘 해오지 않아 원활한 상호작용이 제대로 이루어지지 않는다는 부분입니다. 본 저자는 이러한 문제점을 ChatGPT를 보조교사로 활용해서 각각 개개인에 맞춤 대화식 학습을 제공함으로써 많은 보완을 할 수 있을 것이라고 생각합니다.

ChatGPT의 대표적 특징으로 방금 했던 대화를 계속 기억하고 연계해서 답변을 하고 부적절한 질문은 거부하며 추가 질문을 통해서 계속 답변이 개선해 갈 수 있다는 점이 있습니다.

따라서 이러한 특징들로 본 수업에서도 유용하게 활용할 수 있는데 본 저자가 제안하는 내용은 Flipped Learning의 팀 활동 시 ChatGPT를 하나의 팀원으로 활용하는 방안입니다. 팀 활동이라는 것이 지속적인 대화로 협업하면서 하나씩 하나씩 빌드 업 해 나가는 형태이기 때문에 ChatGPT의 특성과 부합하는 부분이 많아 활용 시 똑똑한 한 명의 팀원으로서 역할을 충분히 잘 해낼 것이라고 생각됩니다.

ChatGPT가 새로운 아이디어를 제시하고 회의 내용을 요약해 주기도 하며 영어로 된 여러 가지 학습자료를 번역하는 등 팀원으로서의 많은 일들을 해 낼 수 있을 것입니다.

기존에는 발표내용을 PPT로 잘 만들어 다음시간에 발표를 시켰다면 이제는 ChatGPT가 발표 내용만 결정되면 Copilot과 연계하여 바로 PPT를 만들어줘서 수업시간 내에 팀 활동과 발표까지 모두 이루어 질 수 있도록 해 줄 것입니다.

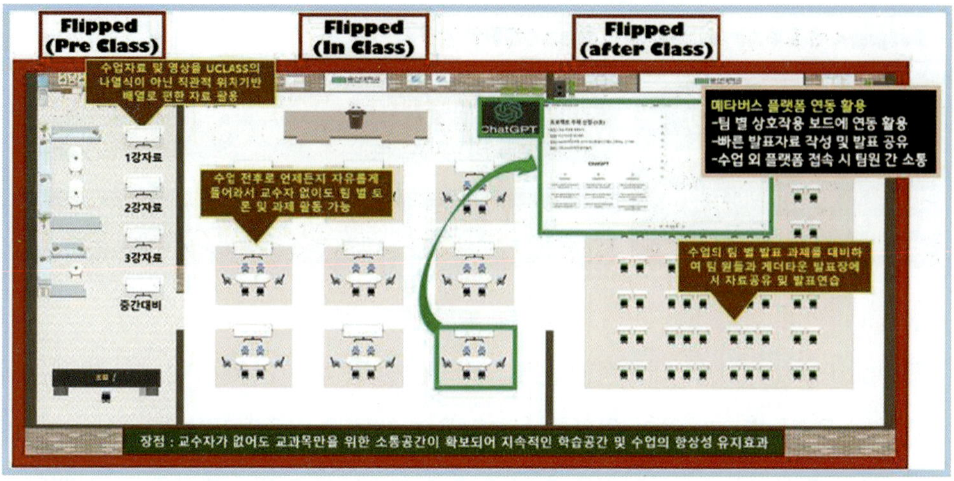

메타버스 플랫폼에서의 ChatGPT활용

위 그림이 울산대학교 메타버스 전용 게더타운 플랫폼의 Flipped Learning 전용 강의실입니다. 기존의 플랫폼과의 차이점은 중간에 팀 별 활동하는 곳과 오른쪽에 수업 및 발표하는 곳만 있던 구조였는데 왼쪽에 Flipped Learning 수업을 위한 사전 학습존을 추가하였다는 점입니다.

코로나가 종식되면서 모든 수업이 다시 대면수업으로 전환되었음에도 이 게더타운 플랫폼을 계속 병행 운영하고 있는 이유는 교수자가 없어도 이 교과목 만을 위한 공간이 계속 지원되기 때문에 언제든지 팀원간의 상호작용을 할 수 있고 학습 자료도 공유할 수 있어 수업에 항상성 유지에 큰 효과가 있기 때문입니다.

본 저자는 이러한 메타버스 플랫폼에도 ChatGPT를 유용하게 활용할 수 있다고 생각하는데 위 그림에서처럼 팀원들끼리만 볼 수 있는 활동 공유 보드판이 있습니다. 기존에는 왼쪽에 텍스트 입력 창과 오른쪽에 그림이나 수식을 그릴 수 있는 그림판만 제공되는데 여기에 추가로 ChatGPT를 설치하여 팀 활동에서 활용하게 되면 온라인 혁신교수법 상호작용에서도 큰 효과가 있을 것입니다.

혁신교수법에 AI활용

같은 도구를 사용했다고 모두가 같은 성과를 내는 것은 아닙니다. 어떻게 활용하느냐에 따라서 결과물은 너무나도 큰 차이를 보일 것입니다. 따라서 기존의 지식 암기나 단순 계산의 학습에서 벗어나 AI를 잘 활용할 수 있는 스킬을 강화하는 능력에 중점을 둔 교육이 필요합니다.

미래에 필요한 역량은 이제 더 이상 사람과 사람간의 상호작용만이 아닌 사람과 AI와의 상호작용 역량도 중요해질 것입니다. 따라서 AI를 활용해서 이제는 프로젝트를 직접 기획 하고 또 기존 지식을 비판해서 조합하여 창의적으로 재구성하는 역량을 기르는 것이 앞으로는 가장 중요하다고 볼 수 있습니다.

AI활용에 대해서 '도입해야 한다'와 '도입하지 말아야 한다' 등 조심스레 의견이 갈리지만 실제로 프로젝트 팀 활동에서 AI를 활용하면 생산성이 급격하게 증가할 것이고 AI를 어떻게 잘 활용하느냐에 따라 결과물의 경쟁력과 함께 평가에서 엄청난 차이가 날 것이기 때문에 급변하는 4차 산업혁명 시대에 필요한 인재가 되기 위해서는 AI를 적극 활용하지 않을 수 없을 것입니다.

AI기반 메타버스활용 혁신 교수법 신규 교과목 내용

위 그림은 울산대학교에서 2023년 2학기부터 생활과학대에 교양필수과목으로 적용할 목적으로 본 저자가 직접 개발한 '메타버스 & MAKER 실제적 적용' 신규 교과목 개요입니다. 주어진 프로젝트에 대한 자료수집과 BIG DATA분석을 ChatGPT(AI)를 활용하여 할 예정이며 3D-프린터를 활용한 MAKER수업과 메타버스 플랫폼에서 VR장비를 활용한 PBL과제수업으로 설계를 하여 수업에 적용하게 됩니다.

수업 구성은 크게 두 개의 프로젝트로 이루어져 있습니다. 중간고사 이전까지 진행되는 첫번째 프로젝트는 AI로 BIG DATA를 분석하여 전공관련 아이디어를 도출하고 3D-프린터를 활용하여 창의적 결과물을 제작하고 발표하는 형태로 운영됩니다. 중간고사이후부터 기말고사전까지 진행되는 두 번째 프로젝트는 메타버스 플랫폼에서 360도 촬영 카메라와 VR/AR 장비를 활용하여 창의적 아이디어가 포함된 컨텐츠를 제작하고 발표하는 형태로 운영됩니다. 이렇게 두 번의 프로젝트 활동으로 구성된 수업을 통해 AI를 포함하여 다양한 디지털기기 활용 능력도 향상시킬 수 있는 장점이 있습니다.

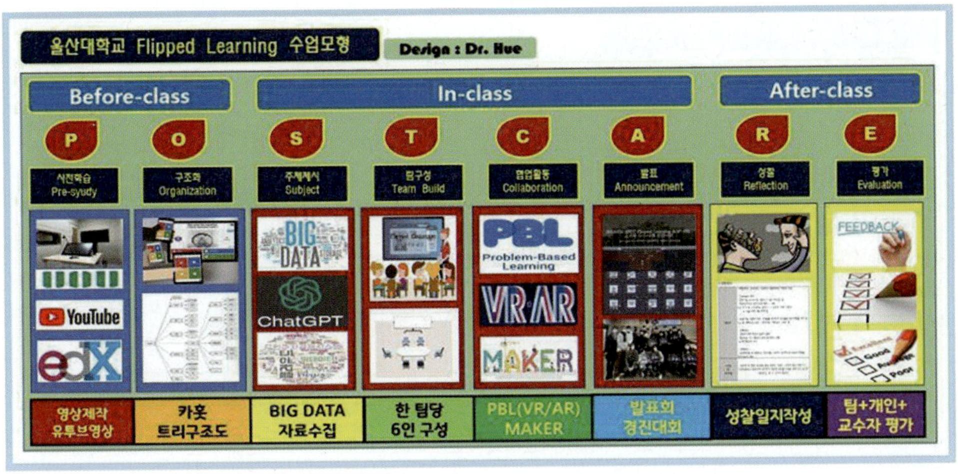

AI활용 혁신 교수법 수업 모형

위 그림은 본 저자가 직접 설계한 울산대학교형 Flipped Learning 수업 모형인 [POSTCARE]모형에 앞에서 소개한 AI활용 신규교과목의 내용을 적용한 모형 구성도 입니다. Flipped Learning은 사전 학습인 Before Class와 본 수업인 In CLASS 그리고 사후 학습인 After Class로 나누어 집니다.

사전 학습 단계에서는 다양한 온라인 학습 영상 제공과 학습내용을 카훗 퀴즈나 트리구조도 작성 등을 확인하는 구조화 단계로 구성되고 본 수업에서는 PBL 주제 제시와 함께 ChatGPT를 활용하여 BIG DATA를 분석하고 팀 협업 활동을 통해 VR, 3D-프린터 등의 기기를 활용한 창의적 아이디어의 결과물을 완성하고 발표하게 됩니다.

사후 학습 단계에서는 성찰일지 작성을 통한 성찰과 함께 보고서작성과 PPT발표를 통한 종합적인 평가가 이루어지고 피드백을 통한 보완도 같이 진행됩니다.

또 원칙적으로 수업은 오프라인으로 진행되지만 추가적으로 팀 별 상호작용을 위해 메타버스 게더타운 플랫폼을 활용하여 언제든지 팀원들이 시간과 장소에 제약없이 편한 시간에 모여서 소통할 수 있도록 플랫폼을 지원하고 피드백도 제공합니다.

AI활용 혁신교수법 주차 별 수업 계획서

차시	주제	내용	참고
1차시	OT	교과목 개요설명	OT, 팀구성
2차시	3D프린터 활용기반 MAKER 창의교육	3D-프린터 사용법 & 프로젝트 과제 제시	강의 및 실습
3차시		BIG DATA 자료수집& 분석(주제선정)	팀 활동 과제선택
4차시		창의활동 계획 및 설계	상호작용 팀 활동
5차시		MAKING(3D-프린터)	창의활동
6차시		MAKING(개선 및 보완)	창의활동
7차시		발표 및 평가	발표회(교수자,학습자)
8차시	중간고사	중간평가 실시	-
9차시	메타버스활용 콘텐츠제작 (VR/AR+ 게더타운+ 영상편집)	메타버스(게더타운) & 프로젝트 과제제시	강의 및 실습
10차시		BIG DATA 자료수집& 분석(주제선정)	강의 및 실습
11차시		VR/AR 사용법 & 영상편집도구 실습	강의 및 실습
12차시		창의활동 계획 및 설계	상호작용 팀 활동
13차시		메타버스 활용 콘텐츠 제작활동	창의활동
14차시		발표 및 평가	발표회(교수자,학습자)
15차시	보강주	-	-
16차시	기말고사	기말평가 실시	-

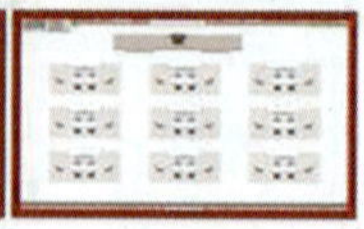

AI활용 혁신 교수법 주차 별 수업 계획서

위 그림은 신규 교과목의 주차 별 수업 계획서로 1차시 수업에서는 한 학기 수업 진행을 위한 수업 소개 및 팀 구성을 하는 OT로 진행됩니다.

전반부에 해당하는 2차시부터 7차시까지는 3D-프린터 활용 MAKER 창의 수업을 진행하고 8차시에는 중간고사를 실시합니다.

이후 후반부인 9차시부터 14차시까지는 메타버스활용 창의 콘텐츠 제작 프로젝트로 진행하고 15차시 보강 주를 거쳐 16차시에는 기말고사를 실시합니다.

두 번의 프로젝트는 각각 6차시 수업으로 진행되는데 구성은

1. 사용법 교육 및 과제 제시 2. BIG DATA 자료수집 및 분석(AI)
3. 창의 활동 계획 및 설계 4. 창작활동
5. 개선 및 보완 6. 발표 및 평가

단계로 구성됩니다.

두 번의 발표에 대한 평가는 학습자와 교수자가 다 같이 참여하고 학기 초에 평가 방법과 반영 비율에 대해서 자세하게 사전에 공지하게 됩니다.

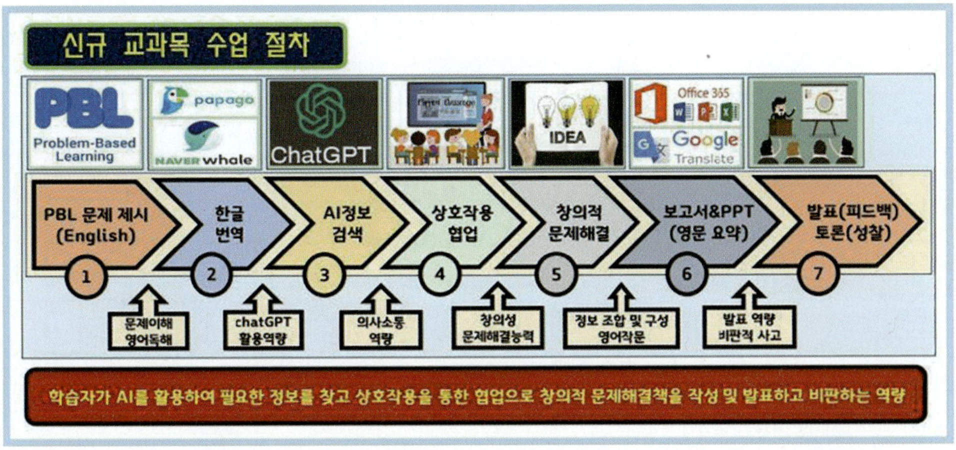

AI활용 신규 교과목 수업 절차

본 수업은 총 7단계의 과정으로 수업이 구성되는데 1단계 에서는 PBL문제를 영어로 제시합니다. 학습자들은 2단계에서 주어진 PBL문제를 AI를 활용하여 한글로 번역하게 되고 3단계에서는 ChatGPT 4.0을 활용하여 정보를 수집하고 분석하게 됩니다.

4단계에서는 수집하고 분석한 정보를 바탕으로 상호작용을 통한 팀 별 협업 활동을 하며 아이디어를 공유하게 되고 5단계에서는 아이디어를 반영한 창의적 문제해결방안을 도출하게 됩니다.

6단계에서는 전체적인 과정 그러니까 정보를 조합하고 재구성한 부분과 창의적 아이디어로 문제해결을 도출한 내용들로 보고서와 PPT를 작성하게 되는데 결론에 대해서는 영문요약본을 작성합니다.

마지막 7단계에서는 작성한 내용을 발표하고 토론하고 질의응답을 하며 결과물을 공유하고 피드백을 통해 보완 및 성찰일지 작성을 통한 성찰도 진행합니다.

이 과정을 통해 학습자들은 AI를 활용하여 필요한 정보를 찾고 상호작용을 통한 협업으로 창의적 문제해결을 도출한 후 결과를 작성하고 발표하고 비판하는 역량을 강화할 수 있게 됩니다.

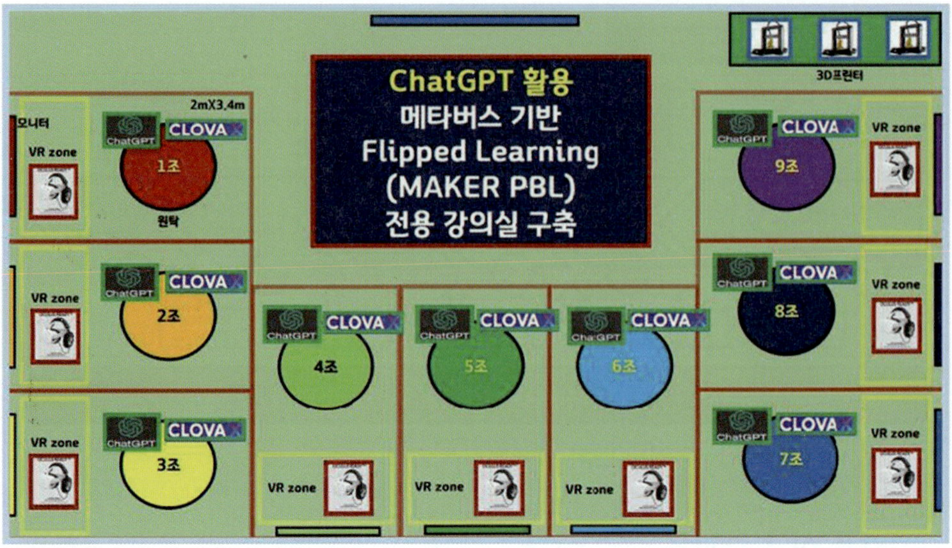

AI활용 신규 교과목 전용 강의실

위 교과목을 위한 전용 강의실 구축을 위해 위의 그림과 같은 설계로 현재 공사 중에 있으며 ChatGPT 4.0 유료 버전도 2학기부터 설치하여 팀 활동에 제공할 예정입니다.

수업 유형은 Flipped Learning으로 운영되지만 세부 활동에서 3D-프린터와 VR 장비의 활용도 이루어지기 때문에 각 팀의 원형 테이블에 VR장비 및 VR활동을 위한 존도 확보하여 제공하도록 구성하였습니다.

앞에서 언급했듯이 울산대학교 Flipped Learning은 유형에 따라 PBL의 P형 MAKER의 M형 VR/AR활용의 V형 등으로 나누어 지지만 본 수업을 세 가지의 활동이 모두 포함되어 있는 최초 통합형 수업 모델로 운영하게 되어 더욱 의미가 크다고 할 수 있습니다.

위 수업을 위한 추가 지원사항으로는 VR기반 창의 콘텐츠 제작을 위한 360도 촬영이 가능한 카메라와 흔들림 없이 촬영할 수 있게 해주는 짐벌 그리고 영상 편집 프로그램이 있으며 3D-프린터 출력에 필요한 재료 등을 들 수 있습니다.

마지막으로 제가 좋아하는 문구를 하나 소개해 드리려고 합니다. 위의 사진과 같이 기러기 때가 우두머리를 따라서 하늘로 V자 모양으로 쭉 날아오르는 것은 그 우두머리의 울음소리 때문이 아니라 그가 먼저 날아올랐기 때문이라고 합니다.

2022년 본 저자가 울산대학교가 메타버스 플랫폼 혁신교수법 적용 사례로 KERIS 공모전에 입상도 하고 많은 대학의 공유 세미나 및 워크숍에 참여할 수 있었던 것은 타 대학보다 단지 조금 먼저 도입하고 우리 대학에 적합한 형태로 적용해보며 문제점을 찾고 보완하여 수업에 적용한 사례들이 있었기 때문이었습니다.

많은 대학들이 ChatGPT에 대해 많은 관심과 함께 어떻게 적용할 것인가에 대해서도 깊은 고민을 하고 있으리라 생각합니다. 본 저자는 타 대학의 다양한 사례들은 그 대학에 적합한 방안일 뿐 우리 대학에서는 맞지 않을 수 있다고 생각합니다. 따라서 메타버스 적용때 그랬던 것처럼 선도적으로 도입하여 적용해 보고 우리 학교만의 문제점을 먼저 찾아 보완하며 우리 학교에 맞는 가이드라인을 제시할 수 있는 형태로 ChatGPT의 도입을 추진해 나간다면 훨씬 더 좋은 방향으로 정착하는데 도움이 될 수 있을 것이라고 확신합니다.

5. ChatGPT 대학교육활용 세미나

세미나 전체영상보기

VERITAS α
교육 전문 신문 <베리타스 알파>

울산대 '교육공학자가 제안하는 ChatGPT 대학교육활용 세미나' 온라인 개최

이정원 기자 | 승인 2023.05.08 16:28

[베리타스알파=이정원 기자] 울산대는 4일 'ChatGPT 대학교육활용' 을 주제로 교육공학자들이 진행하는 세미나를 온라인으로 개최했다고 8일 밝혔다. 최근 주목받고 있는 ChatGPT 주제로 다양한 세미나와 포럼이 진행되고 있으나 대부분 기술적인 소개에 그치고 있는 상황에서 4개 대학의 교수법 담당 교육공학전공 교수들이 교육적 활용법을 제안하기 위해 이번 세미나를 열었으며 174개 대학 957명이 사전 신청해 큰 호응을 보였다.

박수경 울산대 교수학습개발센터장의 개회사로 시작된 세미나는 총 4개 세션으로 진행됐다. 첫 번째 세션은 울산대 허정필 교수가 'ChatGPT의 메타버스 기반 혁신교수법 수업 적용' 에 대한 내용으로 ChatGPT의 혁신교수법 활용에 대한 대안을 제시했고 두 번째 세션은 경희대 김양수 교수가 'ChatGPT의 코딩 교육과 MAKER 교육 활용 방안' 에 대한 주제로 직접 수업에 적용한 사례를 바탕으로 활용 방안을 소개했다. 세 번째 세션은 한국외대 최성경 교수가 'PBL 교수법에서의 ChatGPT 교육 활용 방안' 의 주제로 한국외대의 PBL 교수법에 ChatGPT를 활용할 계획을 발표했고 마지막 세션은 동국대 한송이 교수가 'ChatGPT 활용 수업을 위한 가이드라인' 이라는 내용으로 실제 교직 과목에 적용했던 사례를 중심으로 가이드라인을 제안했다.

모든 발표 이후에는 네 연사가 자유롭게 토론하는 시간과 함께 참여자들이 질의 응답 시간을 가지면서 다양한 궁금증과 해결 방안에 대한 논의가 이루어졌다. 이번 세미나를 직접 기획하고 발표와 토론을 진행한 울산대 교수학습개발센터 허정필 연구교수는 "이번 세미나를 통해 많은 참여 대학이 ChatGPT와 관련해 다양한 활용 방안을 얻을 수 있었을 것" 이라며 "대학들은 학생들이 인공지능을 활용해 기존 지식을 조합하고 재구성하는 미래 역량을 키울 수 있도록 적극적인 지원이 필요하다"고 소감을 밝혔다.

울산대는 4일 'ChatGPT 대학교육활용' 을 주제로 교육공학자들이 진행하는 세미나를 온라인으로 개최했다고 8일 밝혔다. /사진=울산대 제공

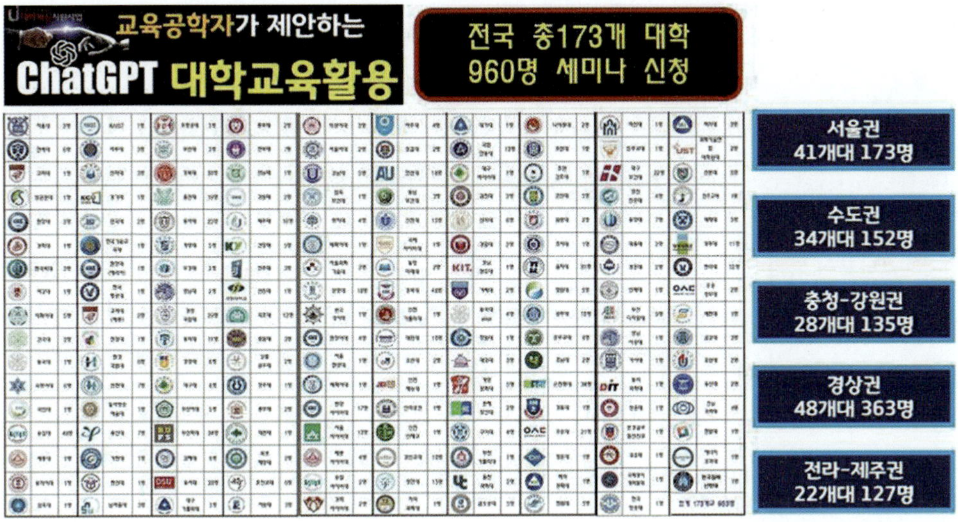

2023년 5월 4일 목요일 오전 10시30분부터 12시까지 90분간 유투브 온라인 생중계로 진행된 '교육공학자가 제안하는 ChatGPT 대학교육활용' 세미나에 전국 173개 대학의 960명의 교수, 교직원, 연구원 등의 대학관계자들이 신청하여 아주 큰 관심을 보여주었습니다. 실제 유투브 세미나 중에도 순간 접속자 수가 최대 600명에 달하는 등 참여율도 높았는데 이러한 관심과 참가율은 최근 ChatGPT가 주목받으며 수많은 세미나가 운영되고 있지만 특히 대학 교육 활용에 초점을 둔 세미나는 많이 없어 아쉬움이 컸던 여러 대학관계자분들의 요구가 반영된 결과라고 생각됩니다.

지역별 분포를 살펴보면 서울권 41개대 173명, 수도권 34개대 152명, 경상권 48개대 363명, 충청-강원권 28개대 135명, 전라-제주권 22개대 127명으로 전국적으로 고른 참여도를 보여주었습니다.

한 학교에서 10명 이상이 신청한 대학도 30곳이 넘었으며 이러한 교수법 세미나 수준의 참여로 인해 세미나 종료 후 400여 건의 참가 확인증을 발급하여 세미나 발표 자료와 함께 소속 대학으로 보내드렸습니다.

교육공학자가 제안하는 ChatGPT 대학교육활용 세미나 설문 분석결과						
	세미나 전			세미나 후		
ChatGPT 교육활용필요성	4.05			4.40 (+0.35)		
	ChatGPT 도입을 위한 대학 지원			ChatGPT 교육 활용에 대한 의견		
설문답변 코딩분석 결과 (402명 참여)	1	활용 가이드라인 제시	32%	1	효과적으로 적극 활용	27%
	2	활용법 실습 교육 지원	21%	2	윤리적 사용기준 필요	25%
	3	전공별 활용방안 설계지원	19%	3	팩트 체크 대안 필요	16%
	4	실제 적용사례 공유	14%	4	혁신교수법 활용 예정	12%
	5	활용을 위한 장비 제공	9%	5	지속적 연구필요	10%

많은 관심과 함께 잘 마무리 한 세미나 이후에 이루어진 설문 조사에는 400여 명의 세미나 참가자들이 다양한 의견과 함께 설문에 답변해 주었습니다.

ChatGPT의 교육 활용 필요성에 대한 질문에서는 세미나 이전에도 4.05라는 높은 필요성이 있었지만 세미나 이후 4.40으로 더 많이 상승한 것을 알 수 있었습니다.

ChatGPT 도입을 위한 대학의 지원에 대한 질문에서는 활용가이드를 제시해야 한다가 32%로 가장 높게 나타났고 그 다음으로 활용법 실습교육 지원과 전공별 활용방안 설계 지원 등의 의견을 제시하였습니다.

ChatGPT 교육 활용에 대한 자유로운 의견을 묻는 질문에서는 효과적으로 적극 활용해야 한다는 의견이 27%로 가장 높았으며 윤리적 사용 기준이 필요하다는 의견과 팩트 체크에 대한 대안이 필요하다는 의견이 그 뒤를 이었습니다.

전체적으로 정리해보면 많은 대학들이 ChatGPT의 활용에 대해 관심을 갖고 있고 가이드라인제시와 윤리적 기준 등을 제시하여 전공별로 효과적으로 잘 활용할 수 있는 교육을 지원해 나가는 방향으로 정책을 추진하려고 하고 있는 것 같습니다.

다음은 세미나 이후 4명의 발표자들간에 이루어졌던 질의 응답 내용과 함께 설문 조사에서 참여자들이 남겼던 연사 별 질문에 대한 답변을 살펴보도록 하겠습니다.

Q

ChatGPT를 활용한 학생들의 성과에 대한 평가 지표도 아주 중요한 포인트라고 생각이 됩니다. 따라서 교수님께서 생각하시는 평가 지표에 대한 기준이 어떻게 되는지 답변 부탁드립니다.

A

제일 중요하다고 생각하는게 윤리성인 것 같습니다. 그래서 학생들이 만들어내는 보고서 또는 결과물들이 윤리적인 부분에서 일차적으로 평가가 되어야 하기 때문에 레퍼런스 그러니까 사실성 그리고 출처에 대한 정확한 부분들이 명기가 되어야 될 것 같습니다. 그래서 요즘은 GPT활용을 해야 된다 안 해야 된다 두 가지 의견으로 나누어 지는데 이제 사용은 대세인 거 같고 우리 학생들의 결과물이 본인들의 윤리성을 담보하고 있는지에 대한 사실성과 출처 참조가 표기되어 있느냐에 대한 부분이 있고 두 번째는 생성해 준 결과물과의 유사성을 평가 척도로 먼저 활용을 해주시고 그 유사성이 낮을수록 자기 생각이 많이 들어갔지만 그 생각의 퀄리티도 확인을 해야 하기 때문에 유사성과 동전의 양면처럼 창의성에 대한 평가도 같이 이루어져야 될 것 같습니다. 그리고 종합적으로 창의성이라는 부분들이 새로운 가치 뿐만이 아니라 이 적합성에 대한 가치도 있어야 되기 때문에 마지막 평가 요소는 효율성이라고 생각합니다. 추가적으로 문제 해결 능력도 있는데 제가 지금 현재 연구 중이고 구체적인 방법론이라는 건 더 세분화되어야 될 것 같아서 저는 윤리성, 유사성, 창의성, 효율성 이렇게 4가지 부분의 평가 척도가 마련돼야 한다고 생각합니다.

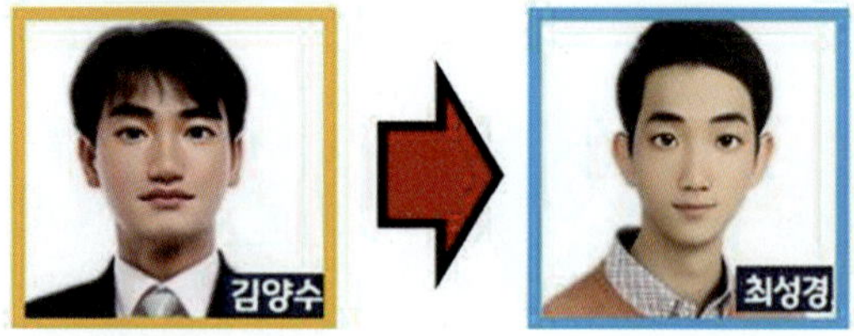

PBL을 직접 운용하시는 교수자 입장에서 ChatGPT를 활용한 PBL 과제의 특성은 어떠해야 된다고 생각하시는지 답변 부탁드립니다.

아까 발표에서도 말씀을 드렸듯이 좋은 문제와 그 상황에 맞는 시나리오의 특성들이 있는데 그런 것들을 잘 반영해서 과제를 학생들한테 제시하는게 중요한 것 같습니다. 그래서 단순한 문제 해결이나 정답이 정해져 있는 것들보다는 학생들이 창의적이고 다양한 그런 문제 해결안이 나올 수 있도록 학생들의 고민이 반영이 될 수 있는 과제가 중요할 것 같습니다. 또 한송이 교수님도 테스트 중심의 제출 과제 뿐 아니라 발표를 많이 강조하셨고 김양수 교수님이 말씀하셨듯이 메이커 교육이나 실제 학생들의 프로토타입 제작 등을 통해서 학생들이 머릿속에 있는 생각을 끄집어내어 실제로 구체화시키는 교육들이 앞으로 많이 강조가 되어야 하지 않을까라고 생각을 하고 있습니다.

Q

현재 수업에서 적극적으로 ChatGPT를 적용하고 계신 만큼 다양한 문제점이나 또 효과적인 부분들을 생생하게 느꼈을 것 같은데 ChatGPT를 효과적으로 쓸 수 있는 방법 혹은 주의점은 어떤 것이 있을까요?

A

생성형 AI가 ChatGPT만 있는 건 아니잖아요. 그래서 한번 내 수업에 써보고 싶다 하시는 교수님들은 직접 한번 써 보시기 바랍니다. 유튜브 같은 곳에 프롬프트를 어떻게 잘 쓰는지 ChatGPT 기술을 어떻게 활용하는지 등 굉장히 많은 영상이 나와 있고 눈으로 보는 것보다 직접 써보시면 아 이런 프롬프트를 줄 때 답변이 이렇게 나오는구나 하고 교수님이 직접 아실 수가 있거든요. 그래서 교수님들께서 ChatGPT뿐만 아니라 다양한 생성형 AI를 써 보시기 추천 드립니다. 실제로 우리가 코로나를 겪으면서 다 느끼시겠지만 교수님들의 매체 역량이 정말 많이 올라갔어요. 예전에는 웹 캠, 마이크 이런 것도 잘 못 쓰시고 항상 센터로 전화하시던 교수님들이 많으셨는데 이제는 스스로 컨텐츠 제작도 하시고 편집도 하실 수 있게 되었기 때문에 저는 생성형 AI가 그것보다 훨씬 더 쉽다고 생각을 하거든요. 그래서 두려워하지 마시고 한번 써보시는 걸 추천 드립니다. 다음으로 주의점 같은 경우는 할루시네이션 즉 환각 현상이 가장 클 것 같습니다. 실제로 있지 않는 데이터인데 있다고 말을 한다거나 아니면 잘못된 정보를 너무 당당하게 이것이야 라고 말을 하기 때문에 학생들이 ChatGPT를 활용하고 나서 나온 결과물을 자기가 직접 거꾸로 이게 진짜 있는 것인지를 참고 문헌을 찾아보기도 합니다. 그런 주의점들이 있기 때문에 그런 상황도 교수님께서 알고 계시면 수업 운영하시기가 더욱 좋을 것 같습니다.

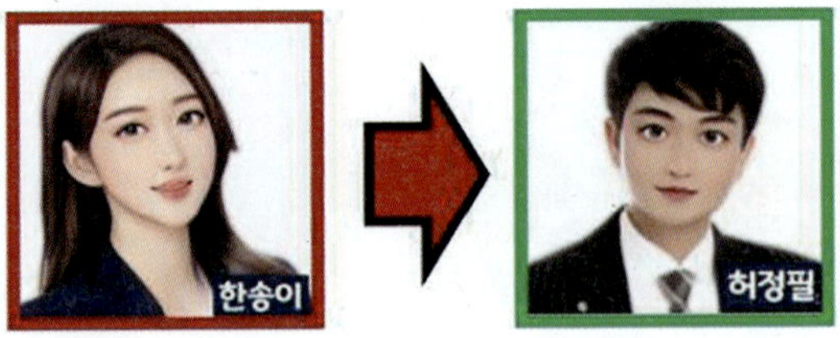

Q

저희 동국대에서도 메타버스 켐퍼스를 구축하여 운영하고 있어 울산대의 선제적 게더타운 플랫폼 도입 사례에 대해서도 잘 알고 있는데요. ChatGPT 기술이 게더타운 플랫폼에서 병행하여 잘 활용되기 위해 어떠한 정책과 지원을 준비하고 있으신가요?

A

AI 기술은 메타버스와 결합할 때 더 큰 장점이 나타날 수 있습니다. 메타버스는 시공간의 제약이 적기 때문에 지금 이 세미나도 이렇게 많은 인원이 넓은 행사장과 운영 비용, 이동시간 없이 큰 행사를 진행할 수 있는 것도 메타버스에 큰 장점입니다. 또 상호작용이 가능한 소통형 강의실 구축에도 많은 비용이 들지만 메타버스 플랫폼은 강의실을 얼마든지 무제한으로 제공해주고 원거리에 있는 전문가들도 쉽게 수업에 참여할 수 있는 등 많은 장점을 가지고 있습니다. 특히 VR/AR 기기를 활용하면 현실에서 하기 힘든 다양한 프로젝트도 수행할 수 있는데 AI 기술이 여기에 결합이 됨으로써 프로젝트 수행에 필요한 실제같은 여러 가상의 상호작용과 협업을 위한 캐릭터를 AI가 다양하게 지원을 해서 교육적 효과를 극대화할 수 있는 방안도 있을 것입니다. 따라서 이러한 것들을 위해서 각 대학들은 학생의 미래 역량 강화를 위해서 AI와 메타버스의 활용 역량이 아주 중요하다는 것을 인식하고 적극적인 지원을 해줘야 한다고 생각을 합니다. 울산대학교의 경우는 메타버스 도입 때처럼 이번 AI활용 역시 선도적인 적용을 위해서 다양한 세미나와 교원들의 연구 그룹 활동 그리고 교직원과 학생들에게 유료 버전의 chatGPT를 제공하는 등의 다양한 확산을 위한 개발과 지원들에 대한 계획을 하고 있습니다.

Q

각 대학에서 이제 ChatGPT 활용에 대해서 많은 지원을 준비하고 있을 것으로 생각이 됩니다. 그럼 한국외대에서는 ChatGPT 관련해서 어떤 내용의 개발이나 지원을 계획하고 있는지 설명해 주시면 감사하겠습니다.

A

네 외대뿐만 아니라 모든 대학에서 ChatGPT 관련해서 아까 강조했듯이 윤리적인 측면부터 가이드라인 또 계열별 사례들도 준비해서 교수자나 학생들이 어떻게 실질적으로 활용할 수 있을지에 대해 준비하고 있다고 생각합니다. 저희 대학에서도 외대다 보니 어학이나 인문학 분야에서 특별히 어떻게 활용할 수 있을지에 대해서 특별히 준비를 하려고 하고 있고 그런 차원에서 또 오늘 이렇게 함께 또 모여서 필요한 것들을 나누고 공유하는게 큰 의미가 있다고 생각이 됩니다.

조금 전 허정필교수님이 마지막에 하셨던 멘트처럼 발빠르게 준비를 하고 있는 대학에서 다른 대학에도 사례를 잘 공유 해준다면 함께 준비해 나갈 수 있는 좋은 모습이 아닐까라고 생각이 됩니다. 그래서 앞으로도 이렇게 정보 공유 세미나를 계속 주제별로 지속해 나간다면 서로 필요한 부분들을 체크해 나가며 함께 잘 준비할 수 있게 되지 않을까라고 생각이 됩니다.

Q

이번 세미나를 통해 교육의 본질적인 의미를 확인할 수 있는 좋은 계기가 되었고 지금 발표하신 분들이나 참여하시는 분들이 교수학습 또는 혁신 센터에 계시는 만큼 이러한 변화를 빠르게 적용할 거라고 생각이 됩니다. 그래서 센터에서 교내 교수님들이나 혹은 학생들한테 도움을 줄 수 있는 부분에는 어떤 것이 있을지 의견을 묻고 싶습니다.

A

저희가 교내 교수님들 대상으로 설문을 한 것은 교수님들이 무엇을 필요하는지 정확히 알기 위해서 였는데 거기 보면 크게 기술 분야와 실제 수업에 적용하는 분야가 있습니다. 그래서 교수학습 개발 센터에 계신 분들도 잘 활용할 수 있는 기술적인 파트 하나가 수준별로 필요한 건 틀림없습니다. 잘하시는 교수님들은 더 하이 퀄리티 한 걸 원하시고 기초적인 것을 원하시는 분들께는 기초적인 것을 지원해야 하기 때문에 기술 활용에 있어서는 수준별로 레벨 업 하는 방식으로 하면 좋을 것 같고 또 단순하게 줌 활용법처럼 프로그램 활용으로 끝나는 것이 아니라 제가 연구했던 것처럼 실제 수업에서 활용할 수 있는 그런 가이드라인 또는 전공이나 계열별로 어떻게 활용이 되는지 등에 대한 것들이 필요할 것으로 보입니다. 다음으로 모든 학생들이 다 그렇지 않지만 MZ세대 학생들은 유튜브를 보고 이런 기술을 배우는 것은 알아서 정말 잘합니다. 중요한 것은 기술 관련된 교육을 해야 하지만 실제로는 학생들에게 표절 관련된 것과 윤리 같은 것들을 정확하게 안내해주는 교육이 있지 않으면 학생들은 ChatGPT가 준 정보가 진짜라고 생각을 하고 작성하는 경우가 실제로 많습니다. 그래서 학생들에게는 그런 윤리적인 부분들에 관련된 교육이 조금 시급하다는 것을 제가 이번 학기에 수업을 하면서 느꼈습니다.

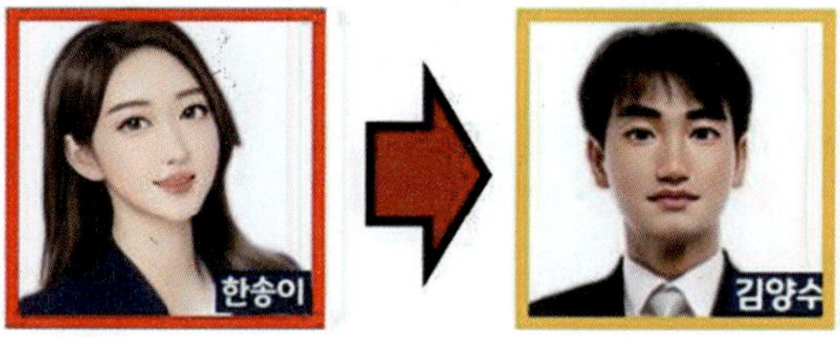

Q

제 수업에서 하브루타 형식으로 학생들과 ChatGPT가 협업하는 형태로 수업 운영을 했었는데 아까 교수님께서 ChatGPT를 활용한 협업 가능성에 대해 인사이트를 주실 수 있으면 활용에 도움이 될 것 같습니다. 답변 부탁드립니다.

A

일방향적으로 교수자에 의해서 강의를 듣던 전체로서의 학습자가 아닌 개별화된 학습자로 소통함으로써 새로운 위치를 만들어 낼 수 있을 것 같습니다. 첫째 각 학습자들의 현상에 대한 다양한 자신만의 주관적 인식 체계에 의해서 다양한 아이디어 공유 및 소통을 통해서 융합이 되고 자연스럽게 그런 활동이 새로운 경험을 획득하게 합니다. 또 제한된 시간에 정보 검색에 들어가던 시간들이 분담 학습을 통한 협업이 되기 때문에 효율적인 업무 분담에 의해 생산적인 부분으로 에너지와 시간을 활용할 수 있는 가능성도 있습니다. 그리고 그러한 전체적 프로세스를 통해 소통 능력이 향상되고 또한 자기가 리서치를 하고 개선을 한 안들에 대해 협동학습 차원에서의 피드백 리뷰를 통해서 자기개선 능력의 강화도 기대할 수 있습니다. 다양한 아이디어가 새로운 시각과 경험 획득 그리고 효율적인 업무보다 소통능력 향상과 자기개선 능력을 통해서 최종적으로는 실제적인 문제 해결 능력의 주도적 학습능력이 향상될 수 있다는 가능성을 내포하고 있고 그 부분이 가치가 아닌가 싶습니다. 전제조건은 우리 교수자와 학습자가 적극적인 참여를 하고 우리 교육공학자들뿐만 아니라 관계자들의 의한 하드웨어와 소프트웨어적인 그리고 윤리적, 제도적인 부분들이 충분히 전제된다는 조건하에서라면 가능성과 가치가 있지 않나 생각됩니다.

Q

교수님이 생각하기에 ChatGPT의 대학교육 도입에 있어 여러 가지 문제점과 부작용이 있음에도 적극적으로 활용해야 한다는 생각이 강한 것 같은데 그렇게 생각하는 이유와 함께 미래 교육의 방향에 대한 의견도 함께 답변해 주시기 바랍니다.

A

저는 ChatGPT의 등장은 기존의 주입식 교육이 이제 미래 역량을 위한 구성주의 기반의 자기주도적 창의 프로젝트 활동 수업을 더 빨리 전환되는데 긍정적인 역할을 지금 하고 있다라고 생각을 합니다. 그래서 지식을 단순하게 암기하고 글로 표현하는 기존 강의식 수업에 있어서는 ChatGPT 사용이 깊이 있는 학습없이 쉽게 글을 쓴다든지 거짓 내용을 검증 없이 사용하는 등의 문제점들이 있을 수는 있겠지만 상호작용을 통한 협업으로 방대한 정보들을 AI를 효과적으로 잘 활용해서 사실을 점검하고 비판적 사고를 통해서 창의적 결과물을 만들어내는 미래 지향적인 혁신교수법에서는 프로젝트 결과물에 큰 질적인 생산성을 향상시키는 효과도 있어 장점이 훨씬 더 많다라고 생각을 합니다. 또 무엇보다 제일 중요한 것은 앞으로 사회 대부분의 구성원이 될 이 MZ세대들이 메타버스도 마찬가지지만 AI 활용 리터러시 역량에 대해서 아주 긍정적인 생각을 가지고 있기 때문에 이러한 흐름을 우리 기성세대가 막을 수 없는 시대적 흐름도 고려할 수밖에 없는 것 같습니다. 그래서 이제는 AI를 올바르게 잘 활용할 수 있도록 제도적 장치와 함께 잘 교육할 수 있는 기반들이 만들어져야 된다고 생각을 하기 때문에 저는 AI의 도입에 대해서는 아주 긍정적으로 바라보고 있습니다.

Q

ChatGPT 시대에 창의적인 질문을 하는 능력이 더욱 중요해진 것 같습니다. 창의적 질문을 하는 능력을 키우는 교육방법을 대학에서 어떻게 제시하면 좋을까요?

A

창의적인 질문을 잘 하기 위해서는 기존의 대학에서 해 왔던 지식을 습득하는 데에만 학습 목표를 둔 수업의 형태에서부터 변화가 와야 한다고 생각합니다. 지금까지의 교육은 새로운 것을 알려주기만 했지 그 알게 된 지식을 가지고 새로운 문제를 찾고 고민하는 등의 활동은 거의 하지 못했던 것이 현실입니다. 분명 기존에 나와있는 사실에 대해서는 AI가 잘 찾고 잘 답해주는 만큼 앞으로 학습자들은 어떤 지식은 머리에 넣는 형태의 학습보다는 지식에 대해서 비판하고 활용하고 재구성하는 역량을 갖추어야 할 것입니다.

따라서 대학에서는 수업의 운영의 형태를 강의식이 아닌 학생들이 능동적으로 참여하고 질문하고 토론할 수 있는 학습자 중심의 수업으로 전환될 수 있도록 정책과 지원을 해 나가야 한다고 생각합니다.

그리고 교수자 입장에서는 수업 설계에서 지식 전달과 함께 전달된 지식으로 좀 더 고민하며 여러 가지 사고를 할 수 있는 즉 창의력과 비판적 사고를 할 수 있는 시간을 추가하여 운영하면 좋을 것이라고 생각합니다.

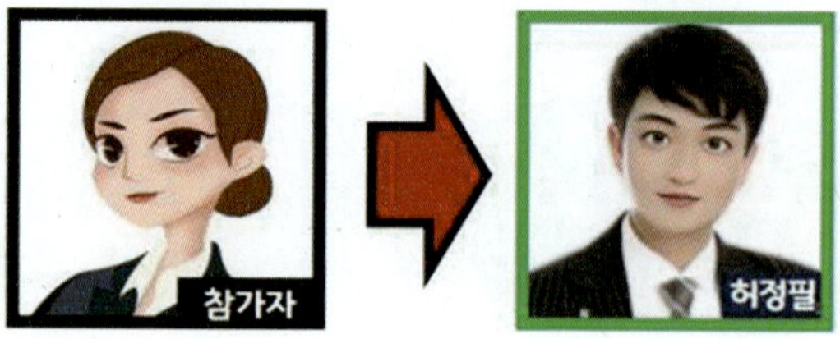

Q

메타버스의 교육적 활용이 학생들의 교육에 실질적으로 영향력을 미치기 위해 교수자가 준비해야 할 사항에는 어떤 것들이 있을까요?

A

단순히 메타버스 플랫폼에서 수업만 진행한다고 어떤 효과성이 나타나는 것은 아니기 때문에 효과성이 잘 나타날 수 있는 철저한 수업 설계가 필요하다고 생각합니다. 메타 공간의 적용이 단지 학생들의 흥미를 끄는 1회성의 관심으로 끝나버려서는 안되기 때문에 메타 공간의 수업이 가지는 장점들 그러니까 시공간의 제약없이 학습자들이 자유롭게 언제든지 상호작용을 할 수 있다거나 강의 수업 중에도 학습자들간의 검색과 함께 소통이 가능한 점 실제 수업에서 구현하기 힘든 체험이나 활동도 가능한 점 등을 잘 인지할 수 있도록 학습자들에게 설명하고 그 교육적 효과를 위해 다같이 적극적으로 참여할 수 있다면 아주 큰 효과를 기대할 수 있을 것입니다.

또한 실제 대면수업에서 보다는 더 편하게 질문하고 발언할 수 있는 익명성 효과도 있어 흥미 뿐 아니라 참여도도 높일 수 있는 장점도 있습니다. 다만 이제 대면수업으로 전환되는 시점이고 모든 면에서 메타버스 활용 수업이 장점인 것은 아니기 때문에 온 오프라인 수업의 장단점을 파악하여 장점들만을 잘 결합한 형태의 하이브리드 수업으로 운영해 나가면 좋을 것 같습니다.

Q

메타버스 플랫폼에 ChatGPT를 연계 시 교육적 효과성은 무엇이며 또한 기술적 문제점이나 비용적 문제점은 어떤 것들이 있을까요?

A

메타버스라는 가상 공간에서 팀 활동을 하게 되면 팀원들간의 상호작용이 이루어질 때 ChatGPT의 도움을 받아 좀 더 적극적이고 효과적으로 상호작용을 할 수 있고 결과물 도출에도 훨씬 더 좋은 아이디어가 반영될 수 있을 것입니다. 또한 교수자가 없는 상황에서 학습자들끼리 온라인 플랫폼에서 팀원들간의 회의나 활동을 할 경우에 교수자를 대신하여 여러 가지 정보나 진행과정에 대한 피드백도 받을 수 있고 시험대비 기간에도 메타버스 플랫폼에 들어와 다양한 시험관련 자료를 보고 다른 학습자들과도 소통하면서 궁금한 여러 가지 내용들을 ChatGPT에게 질문할 수 있는 보조교사로서의 역할도 충분히 할 수 있을 것이라고 생각됩니다.

기술적 문제점은 메타버스 플랫폼 속의 가상공간 안에 ChatGPT 구현이 가능하냐 인데 저는 충분히 가능하다고 생각하구요 비용적 문제점은 많은 학습자들이 유료버전의 ChatGPT를 사용하는 것은 한계가 있지만 학교차원에서 팀 협업 활동을 위해 팀 별로 같이 사용할 수 있는 공용 ChatGPT를 유료로 제공하는 것은 많은 학생들이 사용할 수 있어 사용 효율성도 높이면서 비용은 적게 들 수 있는 한 방법이라고 생각합니다.

Q

전문대학에서는 이론수업보다는 실습 위주의 수업이 많이 진행되는데 이러한 측면에서 실습수업에서의 AI활용방안에는 어떤 것들이 있을까요?

A

실습 위주의 수업에서 AI를 활용하는 방법은 여러 가지가 있습니다. 첫째, 실습 위주의 수업이라고 하더라도 실습 이전에 필요한 이론 부분이 있을 것입니다. 따라서 효과적인 실습을 위해 개별 사전 학습을 위한 보조교사 역할을 ChatGPT가 수행한다면 실습에 도움을 줄 수 있을 것입니다. 둘째, 본 실습 중에서도 이론을 통해 여러 가지 지침이나 순서를 익혔겠지만 막상 실행함에 있어 어려움을 겪는 경우가 자주 발생할 수 있을 것입니다. ChatGPT가 실습에서 발생하는 이러한 다양한 문제에 대해 해결책을 제시해 줄 수 있을 것입니다. 셋째, 실습 수업이라고 해도 마지막에 모든 실습 후 결과보고서를 작성해서 제출 및 발표를 하게 됩니다. 그 과정에서 ChatGPT를 활용해서 발표자료를 만들거나 결과 자료를 분석하고 추가 내용을 찾는 등의 여러 가지 도움을 받을 수 있다고 생각합니다. 결국 이론과 실습 구분없이 필요한 새로운 정보를 즉시 제공하고 각각의 개별적 문제를 해결할 수 있는 방안을 제시하며 여러 가지 활동에 대한 도움을 줄 수 있는 능력을 잘 활용하면 좋을 것이라고 생각합니다.

위에서 언급한 많은 관심속에 성공적으로 진행되었던 세미나에서 못다한 풀 스토리를 발표자 별로 수록한 책도 출판하게 되었습니다. 더 자세한 교수법별 활용법과 수업설계 방안 그리고 모든 연사의 Q&A 자료는 ChatGPT 수업활용에 도움이 될 수 있을 것입니다.

MZ세대 용어사전 VOCA500

어쩔TV

MZ-VOCA 500

가보자고

한번 해보자~, 한번 달성해보자~
(아이돌 팬덤에서 생겨난 말로 긍정적인 느낌으로 사용)

가슴이 웅장해진다

좋아하는 대상에 대한 감격스러운 마음을 표현한 말
(유래: 나루토 미안하다 이거 보여주려고 어그로 끌었다)

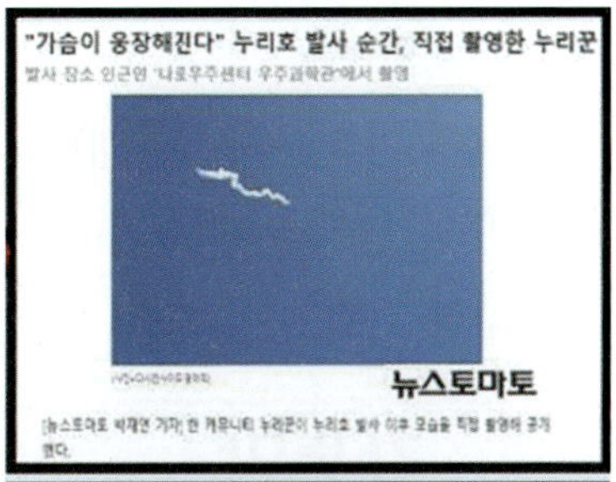

가심비

가격대비 심리적 만족도를 주는 것을 의미
(가격대비 성능을 중시하는 가성비에서 파생된 말)

가싶남

가지고 싶은 남자를 줄여서 표현한 말
(내가 가지고 싶을 정도의 매력이나 외모를 가진 마음에 드는 남성)

가즈아

주식이나 투자, 경기에서 긍정적인 기대를 표현한 말
(소망을 말할 때 사용되는 단어로 의미가 확장)

갈비

갈수록 비호감이라는 말을 줄여서 표현한 말
(기존의 먹는 음식인 갈비를 떠올리면 MZ세대가 아님)

감동심해

감동을 심하게 받았다는 뜻으로 핵감동과 동의어
(유래: 예능프로그램 전지적 참견 시점에 출연한 걸그룹 아이브 멤버 유진이 멤버막내 이서가 감동심해라는 말함)

갑분싸

갑자기 분위기가 싸해지는 상황을 유머러스 하게 표현한 말(예: 여럿이 얘기하다 재미없는 개그를 던질 때 웃기지도 않은데 어떻게 반응할지 몰라 다들 입을 다물고 있는 상황)

갑통알

'갑자기 통장을 보니 알바를 해야 할 것 같다'의 줄임말
(경제적으로 궁핍한 상황에 처했을 때를 나타내는 표현)

갑툭튀

갑자기 툭 하고 튀어나온다의 줄임말
(예상하지 못한 사물이나 현상 따위가 갑자기 나타나거나 생겨남)

갓생

갓(God)+생(인생)의 합성어로 부지런한 삶을 의미
(신과 같은 완벽한 인생, 모범 되고 흠잡을 데 없는 완전 무결한 삶)

강직인

강아지를 키우는 직장인의 줄임말
(개를 키우면서 동시에 직장을 다니는 사람을 일컫는 신조어)

개드립

어드레스와 폄하의 의미를 가진 개의 합성어로 개같은 애드립의 준말(상대방이 터무니없는 말이나 진실되지 않은 말을 할 때 개드립 표현)

news1

이준석 "진중권은 변태 철학자"→ 진중권 "같잖은 개드립...선을 넘어도"

개이득

개(강조)와 이득의 합성어로 매우 이득을 보았다는 뜻
(더 강한 표현: 핵이득, 유사표현: 개꿀)

개편리편

아주 재미있고 다시 봐도 재미있다는 뜻
(개(아주) 펀(FUN) 리(RE) 펀(FUN))

갸루피스

소녀(갸루)+브이포즈(피스)의 합성어로 브이를 거꾸로 하는 사진포즈(많은 연예인뿐 아니라 일반인들이 사진 찍을 때 많이 사용)

거피셜

거의 오피셜이라는 뜻의 줄임말(오피셜: 공식적인 정보)
(100프로가 아닌 99프로 확신할 수 있는 사실)

고나리자

관리자의 오타로 잔소리 많은 사람을 의미
(억지로 오타를 내는 듯이 보이는 마음에 들지 않는 관리자를 뜻함)

고답

고구마를 먹은 것처럼 답답하다의 줄임말
(반의어: 사이다를 마신 것처럼 시원하다는 의미의 사이다)

고스팅

Ghost+~ing의 뜻으로 주로 소식 없는 사람에게 사용하는 말(합격 후 출근하지 않고 유령처럼 연락이 두절되는 것을 뜻하는 신조어)

고인물

특정 분야에 정통해서 아주 잘하는 사람을 말함
(특히 게임에서 오랜 시간 플레이하여 뛰어난 능력을 발휘하는 사람)

공병템

공병이 될 때까지 싹싹 긁어 쓸 정도로 잘 맞는 아이템
(뷰티 카테고리에서 주로 쓰이는 표현)

공스타그램

공부+인스타그램의 합성어로 공시생이나 수험생들이 공부 관련 콘텐츠를 올리는 인스타그램 계정을 일컫는 말

관종

관심 종자의 줄임말. 유난히 튀는 행동이나 말을 많이 하는 사람을 뜻함

관태기

관계+권태기의 합성어로 인맥을 관리하고 새로운 사람과 관계를 맺기에 권태를 느끼는 현상
(인간관계에 대한 스트레스가 주원인)

광클

미친듯이 마우스 버튼을 빠르게 클릭하는 것을 말함
(수백, 수천 명의 팬이 컴퓨터로 같은 단어나 특정 기사를 연이어 검색하고 클릭하여 인기 검색어를 관리함)

교복템

마치 교복처럼 자주 입거나 쓰는 물건을 뜻함
(주로 학생이나 회사원들이 편하게 자주 입을 수 있는 옷을 말함)

구독계

아무 말도 걸지 않고 그냥 상대방을 팔로 해서 상대방이 쓰는 글을 보거나 리트윗만 하기 위해 이용하는 계정

구워버린다

화날 때 하는 말로 '죽여버린다'처럼 거칠거나 부정적인 말을 재치 있게 표현할 때 유용(아이돌 그룹 NCT 멤버 천러가 '버블'앱을 통해 처음으로 유행시킴)

구취

구독취소라는 뜻으로 유투브에서 시작된 말
(기존에 구독하던 유투브 채널이나 인플루언서를 구독 취소할 때 사용하는 표현)

국룰

국민룰의 줄임말로 보편적으로 통용되는 규칙 혹은 유행이라는 뜻 (유튜브 채널에서 '이게 국룰이지' 하면서 주로 많이 사용)

국뽕

자신의 국가의 소속감에 대한 자신감을 의미함
(애국가 등을 들을 때 국뽕이 차오른다라는 말로 표현하며 쓰인다)

군백기

군대+공백기의 합성어로 군복무로 인한 연예인의 공백기를 뜻함(대한민국의 남자는 군복무 기간 동안 이 공백기를 겪게 된다)

군싹

군침이 싹 도네~의 준말로 군침이 돌만큼 맛있거나 좋아 보이는 것을 의미함

귀르가즘

귀+오르가즘의 합성어로 좋은 음악이나 소리로 인해 귀로 느끼는 희열을 뜻함

극대노

아주 심하게 화를 냄(SBS 시트콤 [웬만해선 그들을 막을 수 없다]에서 처음 나옴)

MZVOCA500

근자감

근거 없는 자신감의 줄임말로 민폐로 분류되는 성질 중의 하나

금손

손재주가 좋은 사람을 비유적으로 이르는 말
(반의어: 똥손)

스포츠월드

송가인, '찐' 금손이어라...이연복에 받은 '귀한' 선물

급식체

학교에서 급식을 먹는 세대로 10대의 사회와 문화를 반영하는 총체

급식충

급식+~충의 합성어로 학교에서 급식을 먹는 10대 청소년을 비하하는 표현

급진급빠

'급하게 찐 살을 급하게 뺀다'의 줄임말

기레기

기자+쓰레기의 합성어로 허위사실과 과장된 기사로 저널리즘의 수준을 떨어뜨려 기자로서 전문성이 떨어지는 사람을 지칭

기억조작

어떠한 상황을 직접 겪은 듯한 착각을 불러일으킨다는 뜻

기출변형

이미 존재하는 밈이나 유행어를 변형하여 새롭게 만듦

깊꾸

기프티콘 꾸미기의 줄임말
(다꾸: 다이어리 꾸미기, 신꾸: 신발 꾸미기, 폴꾸: 폴라로이드 꾸미기)

까방

까임 방지의 줄임말로 타인이나 사회의 비난을 미리 피하는 것을 의미

깔미

깔수록 미운사람. 이유없이 미운사람을 지칭함
(예: oo는 정말 깔미야. 이제는 말하기도 싫어)

깡지순례

가수 비가 발표한 노래 '깡'의 뮤직비디오 촬영지를 방문하는 것을 의미(인천 깡지순례길: 미추홀구 학익동 물류창고, 숭의동 롤러스케이트장, 월미테마파크)

껄무새

앵무새처럼 ~살껄, ~팔껄을 반복하는 개인투자자를 뜻함
(예시: 오늘 ㅇㅇ주식 올랐네? 어제 살 껄)

꼰대

나이 많은 사람을 가리켜 학생들이 쓰던 은어였으나 최근에는 자기의 구태연한 사고방식을 강요하는 상사나 나이 많은 사람을 포괄적으로 지칭하는 말로 변형됨

꾸꾸꾸

1. 꾸미고 꾸미고 꾸몄다의 줄임말로 평소보다 패션이 화려하거나 메이크업이 진할 때 사용하는 말
2. 꾸며도 꾸질 꾸질의 줄임말로 부정적인 의미로 사용

꾸안꾸

꾸민 듯 안꾸민 듯의 줄임말로 일상패션, 캐주얼룩과 동의어이고 화려한 패션, 포멀룩과는 반대되는 의미로 쓰임

끔살

끔찍하게 살인을 당하다의 줄임말로 게임 등에서 죽었을 때 이를 표현(실제 살인처럼 무거운 단어가 아닌 가벼운 단어)

낄끼빠빠

낄 때 끼고 빠질 때 빠져라의 줄임말로 모임이나 대화에서 눈치껏 끼어들거나 빠지라는 의미로 사용하는 말

Mz-voca

ㄴㅇㄴ

ㄴㅇㄴ는 양팔을 양쪽으로 벌리고 놀란 것을 의미할 때 사용(복면가왕 프로에서 신봉선이 보인 일명 수도꼭지 리액션)

나나

Jonna를 의미하며 다소 부적절한 표현이라 부드럽게 변형해서 사용

나일리지

나이+마일리지의 합성어로 나이가 많을수록 권력이 강해진다는 뜻
(나이가 많은 것을 앞세워 무조건 우대받기를 바라는 사람)

남사친

남자 사람 친구의 줄임말로 좋아서 사귀는 감정없이 단순히 성별이 남자인 친구를 뜻함(반의어: 여사친)

남아공

남아서 공부나 해의 줄임말로 학생들 사이에서 많이 쓰임

내돈내산

내 돈으로 내가 산의 줄임말로 주로 제품 리뷰할 때 광고의 의도가 아니라는 것을 강조하기 위해 주로 사용함

내또출

내일 또 출근한다의 줄임말로 휴식 뒤의 출근에 대한 스트레스를 표현(특히 월요일 아침이나 피곤한 상태를 뜻하며 월요병과 비슷한 의미)

내로남불

내가 하면 로맨스 남이 하면 불륜의 줄임말로 같은 잘못을 자신이 할 때만 관대하게 해석한다는 뜻

너또다

너 또 다이어트 하니의 줄임말
(다이어트를 시작했지만 말만 요란하며 성과가 없는 사람에게 사용)

너 혹시 뭐 돼

네가 뭐길래 그렇게 잘난 척해?의 의미로 짜증나거나 꼴보기 싫은 친구에 대한 대처법으로 사용(뷰티 유투버 레오제이 유투브 채널에서 탄생하여 사용하고 있는 말)

넘사벽

넘을 수 없는 사차원의 벽의 줄임말로 앞서갈 수 없는 불멸의 대상과 비교할 때 사용하는 말

네다씹

네 다음 씹덕후의 줄임말로 병원에서 간호사가 네~ 다음 환자분이요~에서 유래, 주로 글 내용이 헛소리 같을 때 네 다음 환자분~이라는 댓글을 다는게 시작

네카라쿠배당토

네이버, 카카오, 라인, 쿠팡, 배민, 당근마켓, 토스 등 신흥 IT기업을 통칭하는 말로 취준생들이 입사하고 싶어하는 꿈의 직장 기업들

뇌이징

뇌+에이징의 합성어로 처음에는 이상했던 디자인이 볼수록 예뻐 보일 때 사용함

뇌절

똑같은 말 또는 행동을 반복해 상대방을 질리게 하는 것을 부정적으로 지칭하는 말로 일본만화 나루토에 나오는 한 캐릭터가 말을 지나치게 늘려 말한 데서 유래

누물보

누구 물어본 사람?의 줄임말로 관심 없는 내용을 들었을 때 비꼬면서 하는 말

누칼협

누가 칼 들고 협박했냐의 줄임말로 온라인 상에서 자신의 선택에 대해 실망하거나 억울함을 표시할 때 나무라듯이 댓글로 많이 사용(대표예시: 코인 투자에 실패 시 많이 씀)

뉴짤

뉴+짤(사진)의 합성어로 어떤 캐릭터의 새로운 이미지를 뜻함(주로 덕캐나 관캐, 앤캐 등 관련된 캐릭터 그림이 새로 올라올 때 사용)

다굴

'다구리'에서 파생된 말로 여러 명이 한 명을 공격한다는 뜻(유래: 온라인 게임 '포트리스'에서 전략적으로 한 유저를 공격할 때 사용)

다만추

다양한 경험 및 삶을 만나는 것을 추구하는 세대의 줄임말(대학 내일 20대 연구소가 '2020 MZ세대 트렌드'로 제시한 용어)

다꾸

다이어리 꾸미기의 줄임말
(깊꾸: 기프티콘 꾸미기, 신꾸: 신발 꾸미기, 폴꾸: 폴라로이드 꾸미기)

닥눈삼

'닥치고 눈팅 삼년'의 줄임말로 주로 커뮤니티 유저들이 사용하며 처음 커뮤니티 활동을 시작할 때 규칙이나 분위기를 충분히 파악하고 활동하라는 뜻

닥본사

'닥치고 본방(본방송) 사수'의 줄임말로 드라마 폐인들이 시청률이 스타들의 인지도에 큰 영향을 끼친다는 판단 하에 시청률을 올리기 위해 제시간에 본 방송을 시청하자는 뜻

단짠

'달고 짠 맛'의 줄임말로 단맛과 짠맛을 모두 가진 음식에 사용(웃음과 울음을 반복하는 상황에도 사용)

답정너

'답은 정해져 있고 너는 대답만 하면 돼'의 줄임말
(유도 심문의 일상적인 어법으로 화자가 정한 말에 청자가 대답하도록 유도하거나 강요하는 화법)

당모치

'당연히 모든 치킨은 옳다'의 줄임말로 "무슨 치킨 먹을래?" 하고 묻는 사람에게 되레 물으며 사용하는 말(연령대, 성별 상관없이 모두 좋아하는 치킨은 고민이 필요 없다는 뜻)

대깨

좌파, 우파에 대한 명목적인 지지 및 지지자들을 일컫는 말인 '대가리가 깨져도 좌파, 우파'의 준말

대유잼

대(큰)+유(있다)+잼(재미) 즉 엄청나게 재미있음을 뜻하는 말(반의어로는 노(없다)+잼(재미)의 노잼이 있다)

대전

대신 전해드립니다의 줄임말로 학교 등 한 집단의 소식을 제보 받아 대신 전하는 페이스북 페이지를 뜻함

대팔대사

'대충 팔고 대충 사'의 줄임말로 아파트는 사두면 그래도 오른다는 의미로 이것저것 따지지 말고 일단 사라는 뜻

댓망진창

댓글+엉망진창의 합성어로 댓글이 논리가 없고 원래의 주제와 다른 글들로 뒤덮이는 상황을 표현할 때 사용

덕메

덕질+메이트의 줄임말로 덕질을 함께하는 친구를 뜻함

덕페이스

셀카(셀프로 사진찍음)에서 오리처럼 입술을 쭉 내민 모양의 장난스러운 표정을 의미

덕후

일본에서 마니아라는 의미의 오타쿠를 한자로 변형한 말로 어떤 분야에 집중하는 정도가 강한 사람을 가리킴

뎨동

'죄송'을 귀엽게 발음하여 표현한 용어로 블로그 등에서 많이 사용

도라방스

돌았네, 미쳤네 등등을 밉지 않도록 앙증맞게 표현한 말로 긍정 부정에 모두 사용함

도른자 마케팅

돌은 자+마케팅의 합성어로 기발한 아이디어로 제품을 홍보하거나 출시해 MZ세대의 이목을 끄는 마케팅 전략

돈쭐내다

돈+혼쭐내다의 합성어로 사회에 선한 영향력을 행사한 가게나 기업에 착한 소비로 보답하겠다는 의미로 사용

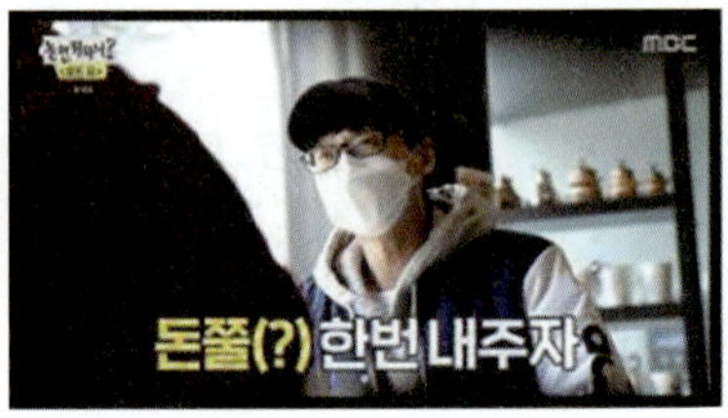

돌밥돌밥

밥 차리고 상 치우고 돌아서면 밥 차려야 한다는 뜻의 줄임말로 코로나로 자녀들이 집에 있는 시간이 길어지면서 식사를 챙기기 위해 많은 시간을 보내는 주부들 상황을 반영

돌취생

돌(돌아온)+취준생(취업준비생)의 합성어로 어려운 취업 현실에서 입사 후 다시 취업준비생으로 돌아온 사람을 일컫는 말

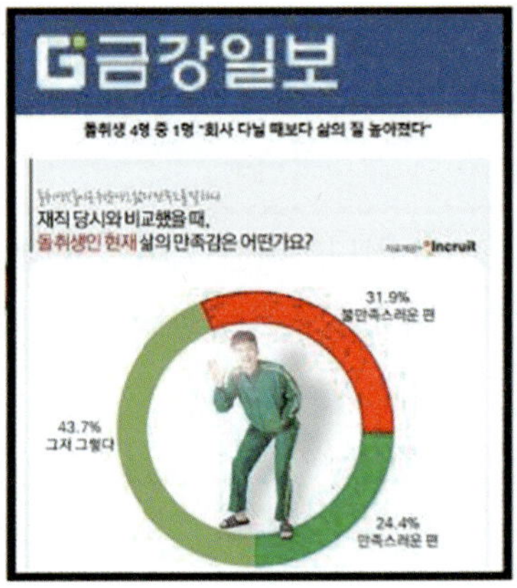

돔황챠

도망쳐를 변형하여 쓰는 말로 주식과 코인 커뮤니티에서 주로 많이 사용하며 시세가 급락할 때 사용하는 용어

돼지런하다

돼지+부지런하다의 합성어로 평소에는 느릿느릿하고 게으르다가 먹을 때만 부지런한 사람에게 사용하는 말

MZVOCA500

드래곤볼

MZ세대들은 무엇인가를 모을 때 드래곤 볼이라고 표현함
(구슬 7개를 모아야 하는 만화 드래곤볼에서 유래됨)

득템

득(얻다)+템(아이템)의 줄임말로 좋은 아이템을 얻었다는 뜻(게임에서 아이템을 얻었을 때뿐 아니라 일상 생활에서도 좋은 물건을 받았을 때 널리 사용)

듣보잡

듣지도 보지도 못한 잡것의 줄임말로 대중들에게 잘 알려지지 않은 존재를 낮잡아 이르는 말

디지털단식

디지털+단식의 합성어로 IT 중독을 벗어나고 휴식을 취하는 의미로 디지털기기를 의도적으로 사용하지 않는 것을 의미

딩크족

정상적인 부부생활을 영위하면서도 의도적으로 아이를 갖지 않는 맞벌이부부를 일컫는 용어

'딩크족' 합의하고 결혼했는데 자식 원하는 남편...알고 보니 2억 빚까지?

파이낸셜뉴스

사진=게티이미지뱅크

[파이낸셜뉴스] 자녀를 갖지 않는 '딩크(DINK Double Income No Kids)족'이 되는 조건으로 남편과 결혼했지만 남편이 갑자기 자식을 원한다고 밝혀 이혼소송을 진행 중이라는 여성의 사연이 전해졌다. 특히 남편은 결혼생활 중 아내 모르게 2억원의 대출을 한 후 이혼소송에서 '자신의 빚도 부부 공동재산에 포함된다'고 주장한 것으로 알려졌다.

따상

따(따블)+상(상한가)의 줄임말로 공모가의 두배로 가격이 형성된 다음 상한가까지 주가가 오른 것을 의미

딸배

오토바이로 배달하는 배달 기사를 일컫는 말
(배달을 거꾸로 한 달배에서 강하게 발음하여 딸배가 됨)

떡상/떡락

떡상: 급상승하거나 폭등하는 것을 말함
떡락: 가치가 급격히 하락하는 것을 뜻함

똥꼬충

게이나 트렌스젠더들이 동성간 항문성교를 한다고 해서 이들을 비하하는 의미로 사용

띵곡/띵작/띵언

띵곡은 명곡을, 띵작은 명작을, 띵언은 명언을 의미하며 실제로 명이라는 글자를 잘못보면 띵으로 보이기도 해서 유래됨

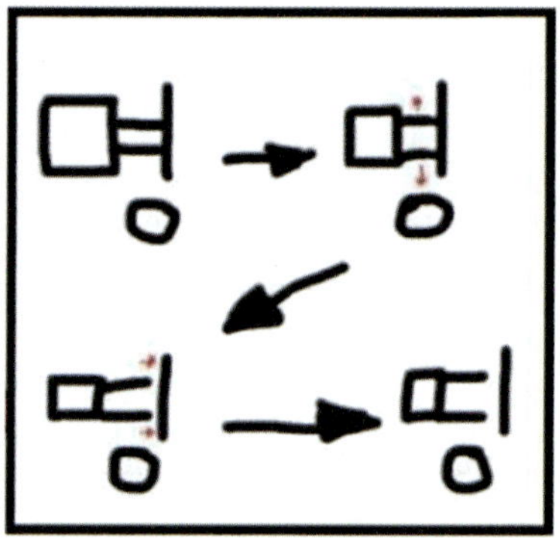

라떼는말이야

기성 세대가 MZ세대들에게 "나 때는 말이야~"라고 말하는 것을 비꼬는 것으로 기성세대의 언행을 비판하거나 풍자할 때 사용

래플

제한적인 상품에 대해 구매자가 많을 경우 응모하여 당첨자에게 한정판 상품을 구매할 권리를 주는 판매 방식
(한정수량이라는 점에서 소비자의 기대심리를 자극)

랜봉

랜(랜덤)+봉(봉투에 담음)의 줄임말로 다양한 굿즈를 무작위로 넣어서 끼워 파는 것을 의미

러스틱라이프

도시에 살면서도 시골 생활의 여유를 누리려는 라이프 스타일을 지칭

레게노

레전드(LEGEND)의 D를 O로 봐서 LEGENO로 읽은 것에서 유래되어 사용하는 말로 레전드 즉 전설을 의미

레알

정말이야?라는 뜻으로 쓰이며 축구 갤러리에서 생성된 말로 레알 마드리드의 레알(Real)이 리얼과 발음만 다르고 철자가 일치해 리얼과 같은 뜻으로 쓰임

렬루

진짜를 뜻하는 영어단어 Real에서 파생된 언어로 '정말로'라는 뜻(사실 관계를 확인하거나 자신의 의견을 강조할 때 쓰임)

로판

로맨스+판타지의 줄임말로 최근 인기있는 웹소설 장르 중 하나인 로맨스 판타지 장르를 말함

롤드컵

게임 '리그오브레전드(LOL) 월드 챔피언십'을 가리키는 말('리그오브레전드'로 펼쳐지는 e스포츠 대회를 뜻함)

롬곡

'눈물'이라는 단어를 거꾸로 보면 '롬곡'으로 읽혀져 눈물이라는 표현 대신 사용

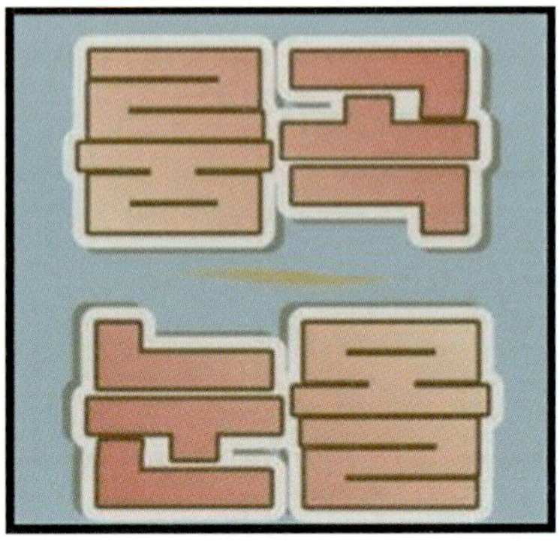

리셀

한정판 제품 등 인기있는 상품을 구매 후 비싸게 되파는 행위로 주로 의류나 운동화 등이 거래됨(MZ세대의 재테크 방식으로 활용되며 리셀하는 사람을 리셀러라 함)

리젠

'Regeneration(부활)'의 줄임말로 게임에서 몬스터가 죽고 난 뒤 다시 살아나는 것을 뜻함(통상적으로 '새로운 게시물이 업로드 되었다'의 의미로 쓰임)

마기꾼

마스크+사기꾼의 합성어로 마스크를 벗은 모습이 쓴 상태에서 상상한 얼굴과 완전하게 다를 때 쓰는 말(하관을 가리면 의외로 나아 보이는 사람이 많아 등장한 용어)

만발잘부

만나서 반가워 잘 부탁해의 줄임말로 주로 친구가 많은 사람들이 모임이나 온라인상에서 많이 사용하는 인사말

많관부

많은 관심 부탁드립니다의 줄임말로 새로운 작품이나 음반으로 활동을 시작하는 연예인 또는 새로운 집단, 조직에서 생활을 시작하는 사람들을 중심으로 많이 쓰임

말티즈는참지않긔

강아지 말티즈가 작고 예쁜 외모와는 달리 기분 나쁜 일이 생기면 바로 표현하는 성질이 있어 이러한 특성에 공감하며 이 문장이 유행함

맘충

맘(엄마)+충(벌레)의 줄임말로 엄마라는 입장을 특권처럼 내세워 상대방의 이권을 강탈하거나 자신의 자식만 우선시하는 주부를 비하하는 단어

맛없없

'맛이 없을 수 없다'의 줄임말로 아주 맛있음을 반어적으로 표현한 말

1am, 샐러드와 닭가슴살에 '맛없없' 조합 더해 선보여

맛잘알

'맛을 잘 아는 사람'의 줄임말

(반의어는 맛을 잘 알지 못하는 사람의 '맛알못'이 있음)

망붕

'망상분자'를 '망상붕자'로 발음을 뭉갠 것의 줄임말로 사실이 아니지만 믿고 싶어하는 것을 의미함

맞핱

'맞하트'라는 뜻으로 주로 인스타그램에서 쓰이는 해시태그 (서로의 사진에 좋아요를 눌러 주자는 뜻, 동의어: #좋반[좋아요반사])

맥세권

맥도날드+세권의 합성어로 맥도날드 배달 서비스가 가능한 지역을 뜻함(스세권: 스타벅스 인근, 숲세권: 숲인근, 공세권: 공원인근)

맵부심

맵다+자부심의 합성어로 매운 것을 잘 먹는 데 자부심이 있음을 뜻하는 말

머니러시

미국에서 금광이 발견되자 사람들이 몰리는 것을 Gold Rush라 한 것처럼 수입이 되는 일에 몰리는 것을 Money Rush라 함

머선129

TV예능에서 강호동이 특유한 억양의 사투리로 무슨 일이고?라고 말한 것을 재치 있게 표현한 것으로 '무슨'을 소리나는대로 '머선'으로 '일이고'를 '129'로 대체하여 사용

머장

'대장'이라는 글에서 '대'를 '머'로 바꾼 것으로 대장이라는 의미로 사용함

먹노매

'먹이를 노리는 매'의 줄임말로 기회를 노리거나 결정적인 순간을 잡았을 때를 의미함

먹방

'먹으면서 하는 방송'의 줄임말로 영화 '황해'에서 배우 하정우가 김밥을 먹는 장면을 본 관객들이 깊은 인상을 받으며 퍼지기 시작함

먹시태그

먹다+해시태그(#)의 합성어로 주로 아이돌 팬들이 자신이 좋아하는 가수에게 음식을 추천해 주고 싶을 때 사용함

먹튀

'먹고 튀다'의 줄임말로 거액의 연봉을 받는 선수가 기대에 못 미쳐 실망시킬 때 나온 용어지만 현재는 의미가 확장되어 만족할 만한 성과를 달성하지 못할 때 사용함

멍

'멍하게 있다'의 의미로 최근 MZ세대들 사이에서는 편안한 경관 앞에서 멍을 때리며 휴식을 취하는 것이 트렌드로 떠오름(불멍, 물멍, 숲멍 등 주체와 결합하여 사용하기도 함)

멍청비용

말 그대로 개인적인 부주의로 멍청하게 낭비한 비용을 뜻함 (예: 이어폰을 잃어버려 다시 구매, 버스를 놓쳐 택시를 탐)

메덕

'메이크업 덕후'의 줄임말로 메이크업에 진심인 사람을 지칭함

메신저감옥

각 회사에서 사용하는 사내 메신저에 갇혔다는 뜻으로 업무시간 외에도 계속 울리는 핸드폰과 출근 중에도 걸려오는 직장상사의 전화를 모두 내포한 말

면까몰

'면접은 까보기 전까지 몰라'의 줄임말로 면접을 잘 봤는데 탈락하거나 반대로 못본 것 같은데 합격하는 경우가 많아 취준생들이 주로 사용

명존쎄

'명치를 굉장히 강하게 때린다'의 뜻으로 맞을 짓을 하는 사람을 때리고 싶다는 의미로 쓰임

모각코

'모여서 각자 코딩하는 모임'의 줄임말로 나만의 시간은 갖고 싶지만 사람은 만나고 싶은 MZ세대들이 모여서 각자 할 일을 하자는 의미

모디슈머

Modify(수정하다)+Consumer(소비자)의 합성어로 제조업체가 제공한 조리법을 따르지 않고 자신이 재 창조한 방법으로 제품을 즐기는 소비자를 말함

무나

'무료 나눔'의 줄임말로 카페에서 주로 많이 사용함

무물

'무엇이든 물어보세요'의 줄임말로 인스타그램의 스토리에 '무엇이든 물어보세요' 기능에서 유래됨

무야호

신나거나 기쁠 때 사용하는 말로 무한도전 프로그램의 '알래스카특집'에서 시작된 말

무지개 매너

무지+개매너의 합성어로 매너가 너무 없다는 뜻

무지(아주), 개매너(매너가 심히 좋지 않다)

무지성

무(없다)+지성의 합성어로 말그대로 생각없이라는 뜻

문송하다

'문과라서 죄송합니다'의 줄임말로 취업이 어려운 문과생들이 스스로를 자조적으로 이르는 말

문찐

'문화 찐따'의 줄임말로 유행에 느린 사람을 지칭함
(대중문화에 대해 잘 모르는 사람을 낮잡아 이르는말)

물음표살인마

물음표(질문)+살인마의 합성어로 끝도 없는 질문으로 사람을 지치게 하는 사람을 뜻함

미닝아웃

'가치소비'라는 뜻으로 자신의 신념과 가치관을 표현할 수 있는 상품을 구매하고 SNS에 공유하는 행위를 뜻함

미라클모닝

새벽에 일어나 하루를 시작하는 생활방식을 뜻하며 미라클모닝을 실천하는 유투버들의 영향이 크며 Z세대의 갓생(부지런하고 생산적인 삶) 트랜드와 연관이 깊음

민초단

민트 초코를 좋아하는 집단을 부르는 줄임말로 호불호가 갈리는 민트 논쟁에서 '민초' 편인 사람

믿거페

'믿고 거르는 페이스북'의 줄임말로 페이스북에서 공유되는 가짜뉴스와 광고 등에 대한 불신을 나타내는 말

ㅂㅂㅂㄱ

'반박불가'의 초성을 딴 것으로 반박을 할 수 없는 상황에서 사용(단독으로 쓰이기 보다는 ㄹㅇㅍㅌ ㅂㅂㅂㄱ [리얼팩트 반박불가] 등으로 함께 쓰임)

박박

대박이라는 뜻으로 대박의 끝말인 박만 두 번 강조함에 따라 그만큼 더 최고이다라는 표현으로 사용

반모방

'반말 모드 대화방'의 줄임말로 말을 놓고 친해지는 채팅방을 지칭함(주로 유튜브 댓글창에 열림)

반박

'반말모드 박탈'의 줄임말로 상대방과 거리감을 두겠다는 의미

반신

'반말 신청'의 줄임말로 인터넷 커뮤니티에서 상대방에게 친해지자는 의미로 서로 반말을 하자고 제안할 때 사용

반위

'반말모드 박탈위기'의 줄임말로 편하게 대화하고 싶어 반말신청(반신)을 하고 반말모드(반모)로 대화하는데 소통이 없을 때 반말모드 박탈위기(반위) 경고를 받음

반유

'반말 모드 유지'의 줄임말로 편하게 대화하고 싶어 반말신청을 하고 반말모드로 대화하고 있었는데 불타는 소통(불소)이 잘 이루어질 때 반말모드 유지(반유)가 됨

반퇴세대

조기퇴직을 하여 새로운 일자리를 찾는 세대를 의미 (평균 수명은 늘었지만 은퇴는 앞당겨져 경제적 문제로 재취업이나 창업을 하며 계속 직업을 가져야 하는 세대)

[김동호 칼럼] 반퇴세대의 정체

발컨

'발로 컨트롤하다'의 줄임말로 게임 실력이 부족하거나 컨트롤을 잘 못하는 사람을 일컫는 말

밥약

'밥 약속'의 줄임말로 선배가 후배와 친하게 지내기 위해 밥을 사주는 것을 의미

방방봐

'방송은 방송으로 봐달라'의 줄임말로 방송 중에 잡은 한 컷으로 누리꾼들이 왜곡된 내용을 전달할 수가 있으니 방송은 제발 방송으로 봐달라!라는 의미로 사용됨

MoneyS 뉴스 인쇄하기

'방방봐'도 유분수지… 시청자는 바보가 아니다 [이주의 연예날씨]

배사

'배경 사진'의 줄임말 SNS 등에 배경이 되는 대표 사진을 말함

MZVOCA500

밸런스게임

극과극 선택하기 어려운 두 가지를 제시하고 선택하도록 하는 게임

[데스크 칼럼] 밸런스 게임: 자생오랑캐로 살기, 토착왜구로 살기

버실

'버전 실시간'의 줄임말로 슬라임 영상에 상황극 음성이나 자막을 입힌 콘텐츠를 말함

버터페이스

'but her face'의 변형된 한글식 발음으로 모든 방면에 뛰어나지만 외모가 아쉬운 여성을 지칭해 사용

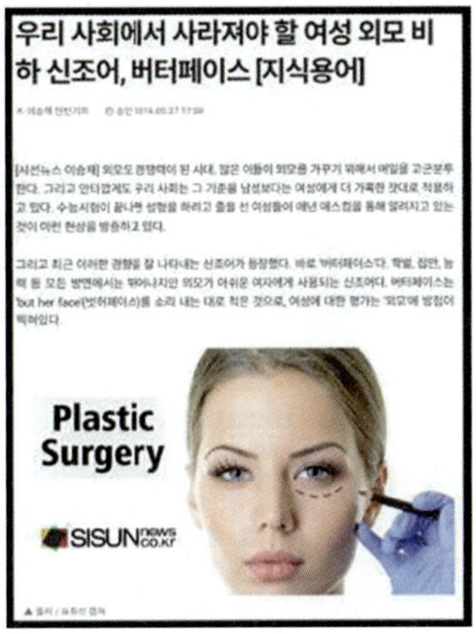
우리 사회에서 사라져야 할 여성 외모 비하 신조어, 버터페이스 [지식용어]

번달번줌

'번호를 달라 하면 번호를 줌'의 줄임말로 보통 남성이 좋아하는 여성에게 대시 할 때 쓰는 용어

별다꾸

'별걸 다 꾸밈'의 약자로 다이어리부터 폴라로이드, 신발, 스마트폰배경 등등 별걸 다 꾸미는 MZ세대의 특징을 나타내는 말

별다줄

'별걸 다 줄임'의 약자로 상대방이 한 줄임말이 그 뜻을 이해하기 어렵거나 발음하기 어려울 때 쓰는 말

병맛

'병신 같은 맛'의 줄임말로 디시인사이드 연재 카툰 갤러리에서 처음 사용되었으며 '어이없다'를 뜻함

보배

'보조 배터리'의 줄임말로 휴대용 기기에 장착되어 있는 배터리가 다 닳았을 때 갈아 끼울 수 있도록 따로 마련한 비상용 배터리

복세편살

'복잡한 세상 편하게 살자'의 줄임말로 큰 목적을 성취하기 위해 전전긍긍하는 삶이 아니라 내가 원하는 방식으로 즐겁게 살겠다는 의미

본캐

'본 캐릭터'의 줄임말로 게임을 처음 시작했을 때부터 관리한 캐릭터 또는 가장 중요한 캐릭터를 뜻함

부린이

부동산+어린이의 합성어로 부동산에 관심없이 지내다가 이제 막 공부를 하거나 부동산을 잘 모르고 매매하는 사람을 뜻함

"부린이를 위한 내 집 마련 실전가이드" 이승주의 신간도서 『부동산 투자를 잘한다는 것』

한국강사신문

부캐

'부속으로 딸린 캐릭터'의 줄임말로 게임을 처음 시작했을 때부터 관리한 캐릭터(본캐)의 반대말로 쓰임

불소

'불타는 소통'의 줄임말로 유튜브 방송에서 채팅이나 댓글 등을 통해서 크리에이터가 시청자와 활발하게 대화하는 것에서 유래됨

불펌

'불법 퍼 옴'의 줄임말로 불법으로 다른 사람의 게시물을 그대로 가져오거나 가져가는 일을 뜻함

뷰알못

'뷰티를 잘 알지 못하는 사람들'의 줄임말로 메이크업에 대해 관심이 없거나 자신만의 노하우가 없는 사람을 지칭함

세포라 어땠어? '코덕'과 '뷰알못'의 파르나스몰점 첫인상
NEWS CULTURE

브금

배경음악이라는 뜻으로 'Background Music'의 줄임말인 'BGM'을 문자 그대로 한글 식으로 읽을 때 나오는 소리에서 유래됨

브이노믹스

바이러스가 바꾸어 놓은 그리고 바꾸게 될 경제를의미함 (김난도 서울대교수가 코로나19 시대에 부상한 '2021년 신축년 10대 트렌드'중 하나로 곱은 것에서 유래됨)

中企중앙회, 리더스포럼 개최... '브이노믹스' 해법 찾는다
시장경제

브이로그

비디오(Video)+블로그(Blog)의 합성어로 자신의 일상을 영상으로 촬영한 콘텐츠를 말함

비담

'비쥬얼 담당'의 줄임말로 비담의 뜻은 주로 아이돌 그룹에서 가장 외모가 출중한 멤버를 의미함

빅맥지수

전 세계 맥도날드 빅맥버거의 가격 비교를 통한 각국 통화 가치 및 물가 수준 분석을 위한 지수를 뜻함

빌드업

'쌓아 올린다'는 뜻의 건축 용어로 'Build-up'에서 유래됨 (SNS에서는 말하고자 하는 내용의 결론을 강조하기 위해 앞에 설명을 쌓는 것을 의미)

빌런

처음에는 '악당'을 뜻했으나 최근에는 무언가에 집착하거나 특이한행동을 하는 이들을 가르키는 용어로 확장됨

빛삭

'빛의 속도로 삭제한다'의 줄임말로 인터넷상에 올린 게시물을 매우 빠르게 지운다는 의미

빠태

'빠른 태세 전환'의 줄임말로 대화 중 난처해졌을 때 바로 태세전환하는 모습을 표현하는 말

빼박캔트

빼도 박도 못한다(Can't)의 줄임말로 이러지도 저러지도 못하는 난처한 상황을 말함

뽀모도로

25분공부+5분휴식의 공부법을 활용한 타이머 어플을 가리키는 말로 MZ세대들이 공부할 때 많이 사용함

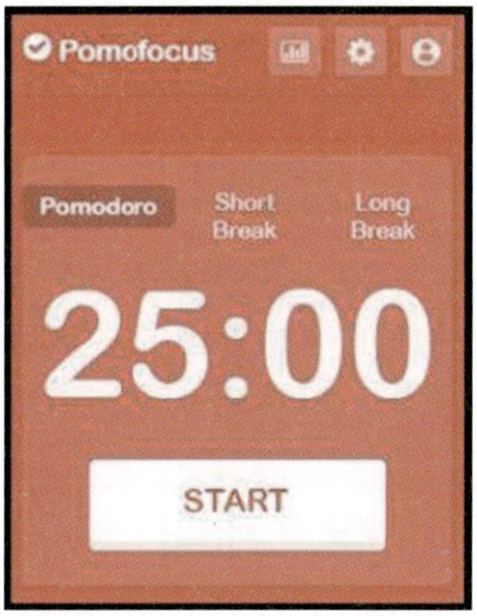

뽀짝

앞말에 붙여 앞말이 나타내는 성질을 강화하는 의미로 쓰임(바짝을 뜻하는 전라도 사투리에서 유래)

뿜뿌

펌프질을 하는 것처럼 어떤 것을 매우 사고 싶어하는 욕구를 표현하는 의미로 사용됨(물건 구매 사이트 이름에서 유래)

사망년

본격적으로 취업을 준비하는 시기인 대학교 3학년을 비유하는 말(여러 스펙을 쌓고 공부하느라 사망할 것 같다는 의미를 담음)

사바사

'사람 by 사람'의 줄임말로 상황이 사람마다 다름을 뜻함

사축

회사가 사육하는 동물(가축)의 줄임말로 자신의 자유의지와 인생을 회사에 좌지우지당해 회사의 가축이나 다름없는 처지가 된 불쌍한 직장인들을 일컫는 말

삼귀다

아직 사귀는 것은 아니지만 서로 친하게 지내다의 '사귀다'의 '사'를 숫자 '4'로 바꾸고 여기에 미치지 못한다는 의미로 '4'를 '3'으로 바꾸어 재미있게 표현한 말

삼포세대

연예, 결혼, 출산 세 가지를 포기한 세대라는 뜻으로 젊은 층이 좀처럼 연애를 안하려 들고 연애를 하더라도 결혼을 꺼리며 결혼을 하더라도 출산을 포기하는 사회현상

韓 '삼포세대' 닮은 中 '4不청년'…연애-결혼-내집마련-출산 포기

동아일보

샐러던트

샐러리맨과 스튜던트의 합성어로 자신의 가치를 높이기 위해 공부하는 직장인을 뜻하며 자기계발, 자격증취득, 새로운 학위를 위한 수업까지 병행하는 MZ세대를 통칭

헤럴드경제

"'샐러던트' 모여라" 두나무, 비상장 주식투자 '팁' 소개

생선/생파

'생일선물'의 줄임말로 '생선'을, '생일파티'의 줄임말로 '생파'로 사용함

생정

'생활정보'의 줄임말로 생활에서 도움이 될 만한 글을 커뮤니티 사이트에 올려 정보를 공유하는 인터넷 문화

선리뷰세대

어떤 제품 선택 시 본론 설명부터 보지 않고 선 댓글 감상 후 감상평에 의해 콘텐츠를 소비하는 세대

선취력

먼저 착함을 취한다는 뜻으로 원하는 바를 이뤄내기 위해 국민청원, 촛불집회 등을 통해 능동적으로 행동하는 성향을 말함

설참

'설명참조'의 줄임말로 유투브에서 영상을 업로드하는 크리에이터나 인플루언서가 동영상 하단에 설명을 참조하는 뜻으로 사용

성덕

'성공한 덕후'의 줄임말로 자신이 좋아하고 몰두해 있는 분야에서 성공한 사람을 뜻함

세이런츠

공유하다의 셰어와 부모의 페어런츠의 합성어로 자녀의 일상을 SNS에 올리는 부모를 지칭하는 단어

세포마켙

1인 미디어가 급증하면서 인스타그램이나 페이스북 등 SNS를통해 이뤄지는 1인마켙을 말함

소확행

'소소하지만 확실한 행복'의 줄임말로 일본의 소설가 무라카미 하루키가 레이먼드 카버의 단편소설 [A Small, Good Thing]에서 따와 만든 용어

손놈

손님이지만 매너 없는 사람을 낮잡아 이르는 말

손댄스

노래에 맞춰 손모양으로 안무를 하는 것을 말함
(주로 '틱톡'에서 유행하고 있음)

손민수하다

특정인물의 행동이나 옷차림, 취미 등 의도적으로 따라하는 것을 의미(웹툰 '치즈인더트랩'에 등장하는 손민수라는 캐릭터의 따라하는 행동에서 유래됨)

솔까말

'솔직히 까놓고 말해서'의 줄임말로 디시인사이드 등에서 자주 쓰이는 말로 줄여서 '솔까'라고도 함

숏확행

'짧지만 확실한 행복'이라는 뜻으로 15초 남짓한 짧은 길이의 동영상 이른바 '틱톡'과 같은 쇼트폼 콘텐츠 인기가 높아지면서 등장한 용어

쉐도우복싱

상대가 없는 허공에 대고 복싱 연습을 하는 것이라는 뜻으로 아무도 뭐라고 안했는데 혼자 북치고 장구치고 하는 행위를 말함

쉼포족

'쉼을 포기하는 족'의 줄임말로 휴식을 포기할 정도로 바쁘고 고달픈 삶을 사는 현대 직장인을 뜻함

쉽살재빙

'쉽게만 살아가면 재미없어 빙고'의 줄임말로 가수 '거북이'의 노래 '빙고'의 가사에서 유래됨

스라벨

'Study and Life Balance'의 줄임말로 공부와 삶의 균형을 의미함

스몸비/스좀비

스마트폰과 좀비의 합성어로 스마트폰 화면을 들여다보느라 길거리에서 고개를 숙이고 걷는 사람을 넋 빠진 시체 걸음거리에 빗대어 일컫는 말(유사어: 스좀비)

스불재

'스스로 불러온 재앙'의 줄임말로 본인의 결정이나 잘못된 선택으로 인해서 난감한 상황에 빠졌을 때 쓰는 용어

스세권

스타벅스+역세권의 합성어로 스타벅스 매장이 가까이 있어 이용이 용이한 지역을 뜻함

슬세권

슬리퍼+역세권의 합성어로 슬리퍼를 신고 가벼운 차림으로 갈 수 있는 마트, 편의점, 커피숍, 영화관 등 각종 편의시설을 이용할 수 있는 주거 권역을 의미함

시조새파킹

시조새+파킹(주차)의 합성어로 시조새를 자동차처럼 주차시키던 시절 즉 그만큼 오래된 시절의 이야기를 의미함

식집사

식물+집사의 합성어로 반려 식물을 기르는 사람을 뜻함 (코로나19 이후 집에 머무르는 시간이 늘어나면서 스트레스 해소법으로 반려 식물을 선택하는 식집사가 증가하고 있음)

신꾸

신발+꾸미기의 줄임말(다꾸: 다이어리 꾸미기, 깊꾸: 기프티콘 꾸미기, 폴꾸: 폴라로이드 꾸미기)

실감세대

실감나는 경험을 선호하고 소비함으로써 내가 지금 이곳에 존재하고 있음을 실감하는 세대를 이르는 말

실드관말

'실패한 드립에 관심을 주지말라'의 줄임말
(관종에게 먹이금지라는 의미로 해석)

싫존주의

싫어하는 취향도 당당히 밝히고 서로 존중해주는 젊은 세대를 가리키는 말(불만이나 선호하지 않는 취향 등을 당당하게 밝히는 현상)

싫테

'싫어요 테러'의 줄임말로 유튜버가 가장 두려워하는 것 중의 하나(싫어요가 많아지면 유투브 추천, 검색 노출에 큰 악영향을 미침)

쌉가능

'완전'을 강조하는 접두어 '쌉'과 '가능'이라는 단어의 합성어로 완전 가능이라는 뜻(유사어: 무조건 할 수 있다는 의미의 쌉파서블, 쌉에이블 등이 있음)

써방

써치+방지의 줄임말로 검색을 방지한다는 뜻
써방을 하는 이유는 다른 아이돌의 팬과의 불필요한 마찰을 피하려는 목적

쓸쓸비용

외로운 상황을 벗어나기 위해 또는 쓸쓸함을 잊기 위해 지출한 비용(예: 혼자 영화보거나 혼자 밥먹기 싫어 친구의 비용을 지불하는 것)

ㅇㅇ깡

덕질 용어에서 처음 시작된 단어이고 '깡'은 깐다의 줄임말로 원하는 제품을 깐다로 해석함(비슷한 말로 언박싱이 있음)

아무말대잔치

맥락없이 생각없이 또는 당황하여 입에서 나오는 아무 말을 그대로 모두 내뱉는 것을 지칭함

아바라

'아이스 바닐라 라떼'의 줄임말

아벌구

'아가리(입)만 열면 구라(거짓말)'의 줄임말로 거짓말에 능숙하고 어떤 게 진실이고 거짓인지 헷갈리는 사람들을 지칭함

아이엠그루트

하고싶은 말이 많지만 차마 적지 못할 때 사용하며 주로 심한 욕설을 차마 하지 못할 때 사용함

아큼

아이스크림을 줄여서 귀엽게(유아언어) 부르는 말로 변천사는 '아이스크림'에서 '아크림'을 거쳐 '아큼'이 됨

안물안궁

'안물었고 안궁금해'의 줄임말로 남을 무시할 때 쓰임
(비슷한 말로 '응 아니야'가 있음)

안습

'안구에 습기가 차다'의 줄임말로 안타깝거나 불쌍하여 눈물이 난다는 뜻으로 쓰임

안읽씹

메시지를 읽지도 않고 답장도 하지 않는 경우를 일컫는 표현

알못

어떤 분야에 대해 잘 알지 못하는 사람을 부르는 말로 반의어는 '잘알'

알부자

'알바로 부족한 학자금을 채움'이라는 뜻도 있지만 여러 가지 아르바이트를 하는 '알바부자'를 뜻하는 말로 더 많이 사용함

알잘딱깔센

'알아서 잘 딱 깔끔하고 센스있게'의 줄임말로 스트리머 '우왁굳'의 네이버 이모티콘 공모전에서 나온 말이며 이후 BTS의 언급으로 확산되어 많은 화제를 불러 일으킨 신조어

알티

RT = retweet 다른 사람의 트윗을 자신의 타임라인으로 퍼가는 행위

알파세대

2011년부터 2025년까지 태어난 세대를 지칭하는 말로 Z세대 이후 세대를 부르는 말(2018년 호주 사회학자 '마크 맥크린들'이 정의)

애빼시

'애교 빼면 시체'의 줄임말로 매사에 귀엽고 애교가 넘치는 사람을 일컫는 말

액괴

액체 괴물의 줄임말로 알파 세대에게 인기 있는 장난감인 '슬라임'을 지칭하는 용어

야민정음

야갤(국내야구갤러리)+훈민정음의 합성어로 한글 자모를 모양이 비슷한 것으로 바꾸어 단어를 다르게 표기하는 인터넷 밈

차유람 ▶ 차육람
대학교 ▶ 머학교
비빔면 ▶ 네넴댄
멍멍이 ▶ 댕댕이
명곡 ▶ 띵곡
후라면 ▶ 푸라면
유재석 ▶ 윾재석
박근혜 ▶ 박ㄹ혜
팡팡 울었다 ▶ 광광 우럭따
대구광역시 ▶ 머구팡역시
눈물 ▶ 롬곡

어다행다

'어차피 다이어트할 거 행복하게 다이어트하자'의 줄임말로 건강 관리를 즐겁게 하자는 의미로 쓰임

어사

'어색한 사이'의 줄임말

어쩔티비

'어쩌라고 가서 티비나 봐'의 줄임말로 상대방이 귀찮게 하거나 대답하기 곤란한 질문을 했을 때 이를 차단하기 위해 하는 말(받아치는 말: 저쩔티비, 어쩔냉장고 등이 있음)

억까

'억지로 깐다'의 줄임말로 상대방의 주장이나 의견을 말도 안되는 억지스러운 이유로 반대하거나 비판한다는 의미로 쓰임

억빠

'억지로 빤다'의 줄임말로 잘한것도 없는데 잘했다며 칭찬하고 잘못한 상황에서도 옹호하는 발언을 하는 상황을 말함

억텐

'억지텐션'의 줄임말로 자신의 기분은 전혀 그렇지 않은데도 상대의 말이나 행동에 억지로 재미있는 척하거나 격한 반응을 보여주는 것을 뜻함(반의어: 찐텐)

박나래·양세형, '불타는 장미단' 시즌2 억텐 없는 모태 트롯인 바이브

MBN '불타는 장미단'(이하 '불장미') 시즌2 새로운 MC로 박나래, 양세형이 합류한다.

언팔

'언팔로우(Unfollow)'의 줄임말로 팔로우를 취소하여 더 이상 게시물을 받아보지 않는다는 뜻

얼로너

Alone(혼자)+er(사람)의 합성어로 자발적으로 혼자의 삶을 즐기는 사람을 일컬음

얼리힐링족

경제적 불안점이나 경쟁적 사회 분위기 등 삶의 고단함에 지쳐 중년이 되기도 전에 자신의 행복을 우선적으로 생각하고 행복하게 살아가는 세대를 지칭

얼빡/얼빡샷

얼굴이 한 프레임에 가득 차서 여백없이 빡빡하게 들어가 있는 사진을 뜻함

얼죽아

'얼어 죽어도 아이스커피'의 줄임말로 추운 날씨에도 아이스 아메리카노만 마시는 이들이 쓰는 말

엄빠

엄마+아빠의 줄임말로 엄마와 아빠를 아울러 이르는 말
(엄빠주의: 엄마와 아빠를 주의하라는 뜻으로 쓰임)

업글인간

업그레이드+인간의 합성어로 성공보다 성장을 추구하는 새로운 자기 개발형 사람을 뜻함

엉한파

'엉덩이 한 개 파'의 줄임말로 엉덩이는 한 개인가 두 개인가의 논란에서 엉덩이는 한 개라는 입장
(엉덩이는 두 개라는 입장의 '엉두파'는 대립어로 사용)

에듀테이너

에듀케이션과 엔터테이너의 합성어로 교육 관련 정보를 창의적이고 재미있게 전달하는 유투버를 뜻함

©연고티비 유튜브 채널

에타

'에브리타임'의 줄임말로 학교 인증을 거친 재학생들만 이용할 수 있는 익명 커뮤니티 플랫폼 '에브리타임'을 지칭함

여덕

'여자 덕후'의 줄임말로 성별이 여자인 오타쿠 즉 여성 팬을 전반적으로 표현하는 말

여름이었다

여름의 청량함을 아련하게 회상할 때 쓰기도 하지만 최근 들어 아무 소리나 쓰고 감성적이고 아련한 문구처럼 보이게 할 때 쓰는 문구

여미새/남미새

여미새: 여자에 미친 새끼의 줄임말 여자를 밝히는 남자 지칭
남미새: 남자에 미친 새끼의 줄임말 남자를 밝히는 여자 치칭

여사친

'여자 사람 친구'의 줄임말로 좋아서 사귀는 감정 없이 단순히 성별이 여자인 친구를 뜻함

역조공

연예인이 자신을 좋아해주는 팬들에게 선물을 주는 행동 또는 그 선물을 비유적으로 이르는 말

연반인

연예인+일반인의 합성어로 연예인은 아니지만 연예인 만큼의 화제성을 가진 인물을 뜻함(예: SBS 소속 PD 재재)

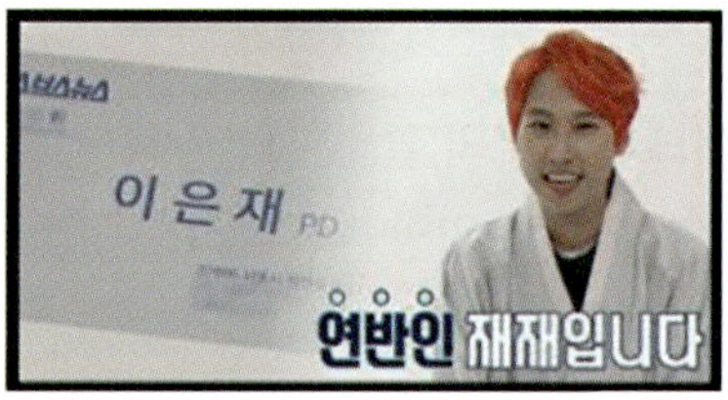

열폭

'열등감 폭발'의 줄임말로 과도하게 흥분하여 비방이나 욕설을 하는 것을 말함

열품타

'열정을 품은 타이머'의 약자로 스터디 플래너 기능의 공부 시간측정 스마트폰 앱

영고라인

'영원히 고통받는 라인'의 줄임말로 리그 오브 레전드계에서 주로 사용하는 표현(예: 다섯 명이 한 팀을 이루는 경기에서 네 명이 죽을 쑤는 가운데 한 플레이어만 분발하는 경우)

영통팬싸

'영상 통화로 하는 팬 사인회'의 줄임말로 코로나 이후 활성화 된 비대면 팬 이벤트 종류의 하나

오놀아놈

'오 놀 줄 아는 놈인가?'의 줄임말로 왠지 '인싸'같은 사람을 만나거나 보았을 때 사용하는 말

오다망

'오늘도 다이어트 망했다'의 줄임말

오저씨

오빠와 아저씨의 합성어로 오빠라 하기에는 나이가 조금 많고 아저씨라 부르기엔 나이가 많지 않은 어정쩡한 나이 차이의 애매한 사람을 부를 때 사용하는 호칭

오저치고

'오늘 저녁 치킨 고'의 줄임말로 오늘 저녁에는 치킨을 먹자고 하는 의미이며 한국인들의 치킨 사랑을 잘 보여주는 용어

오하운

'오늘 하루 운동'의 줄임말로 운동의 일상화가 함의된 말이며 규칙적인 자기관리로 일상에서의 행복과 자존감을 성취하려는 MZ세대의 성향을 잘 반영한 용어

산림청, 비대면 직장활력 프로그램 '오하운' 운영

오히려좋아

다수의 인터넷 방송인들을 시작으로 유행하였으며 예상치 못한 안 좋은 일이 벌어졌을 때 오히려 큰 그림을 그리며 이를 긍정적으로 본다는 말로 사용

온클

'온라인 클래스'의 줄임말

와리가리

작은 공을 주먹으로 치거나 발로 차서 자기 편끼리 주고받으며 정해진 두 지점을 왔다 갔다 하도록 하는 놀이

와우내

놀라움을 나타내는 감탄사인 'WOW'에서 파생된 말로 놀라운 감정을 귀엽게 표현한 말

완내스

'완전 내 스타일'의 줄임말로 아이돌이나 이상형 등 자신이 좋아하는 것을 말할 때 사용함

용아맥/용포디

용아맥: '용산 CGV 아이맥스관'의 줄임말

용포디: '용산 CGV 4DX관'의 줄임말

MZVOCA500

용자

'용기 있는 행동을 한 자'의 줄임말로 주로 용맹한 군인을 가리키는 경우가 많음

우유남

'우월한 유전자를 가진 남자'의 줄임말로 키와 얼굴 등 외모가 수려한 남자를 지칭함

웃안웃

'웃긴데 안 웃기다'의 줄임말로 웃기지만 웃을 수 없거나 웃기지만 슬픈 상황을 의미함

웃프다

'웃긴데 슬프다'의 줄임말로 표면적으로는 웃기지만 실제로 처한 상황은 슬픈 상태를 나타낼 때 사용함

워라벨

'워크 앤 라이프 밸런스'의 줄임말로 일과 삶의 균형을 중요하게 여긴다는 뜻

워케이션

일(Work)과 휴가(Vacation)의 합성어로 호텔, 카페, 휴양지 등 원하는 곳에서 업무와 휴가를 동시에 할 수 있는 업무의 효율성을 높인 새로운 근무제도를 지칭함

Mz-voca

원툴

원(One)+툴(Tool)의 합성어로 한가지만 잘한다는 뜻
(예: 여러 전략이 있는 게임에서 오직 한가지 전력만 잘 하는 경우 원툴이라 지칭함)

월급루팡

회사에서 마땅히 하는 일 없이 월급만 받아가는 직원을 지칭하는 말(예: 바쁜 척하기, 업무시간에 다른 일 하기, 자신의 업무를 다른 직원에게 전가하기 등)

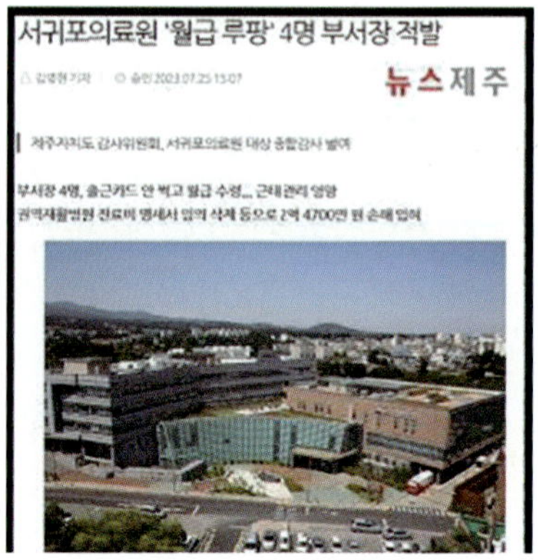

위꾸

위장+꾸미기의 줄임말로 내 위장을 맛있는 음식으로 꾸몄다 즉 맛있는 걸 먹는다는 의미

음놈놈

귀엽게 먹는다는 뜻으로 쓰이며 무언가를 오물오물 씹어먹는 소리를 표현함

음식예절샷

맛있는 음식을 먹을 때 포토카드를 들고 사진을 찍어 SNS에 공유하는 Z세대 온라인 문화를 부르는 말

응 아니야

상대방이 본인의 생각과 다른 말이나 헛소리를 했다고 생각하거나 남의 말을 무시할 때 사용하는 말로 '잼민이'라고 불리는 초등학생들이 주로 사용함

이대남

'20대 남성'의 줄임말로 일상 생활보다는 정치 기사에서 많이 사용 되며 보통 반페미니즘, 보수 성향이 뚜렷한 20대인 남성의 정치성향을 다루는 기사에서 사용

이때싶

'이때다 싶어'의 줄임말로 물들어올 때 노젓는다는 의미

이뭐병

'이거 뭐 병신도 아니고'의 줄임말로 주로 감탄사로 많이 쓰임

이생망

'이번 생은 망했다'의 줄임말로 삶에 대한 절망을 느낄 때 사용됨

이왜진

'이게 왜 진짜찌'의 줄임말로 주로 감탄사로 많이 쓰임

인소

'인터넷 소설'의 줄임말로 문장에 이모티콘, 유행어를 자주 활용하고 문체나 어법이 일반적 국어 문법과 맞지 않는 특징을 가진 온라인 연애 소설을 지칭

Mz-voca

MZVOCA500

인쇼

'인터넷 쇼핑'의 줄임말로 블로그나 기사 등에서 많이 사용되는 용어

인스타그래머블

'인스타그램에 올릴 만한 것'의 의미로 SNS를 통한 과시를 즐기는 MZ세대들의 소비문화와 이를 노리는 기업의 최신 마케팅 트렌드를 보여줌

인스타돋보기

인스타그램 검색탭을 일컫는 말로 인스타그램 알고리즘을 이용해 검색바 하단에 추천 콘텐츠를 보여줌

인싸

인사이더(insider)의 줄인 한국식 표현으로 사람들과 잘 어울리며 발이 넓은 사람을 뜻함

일며들다

'일이 내 삶에 스며들었다'의 줄임말로 일이 24시간 직장인의 곁을 떠나지 않는 현실을 반영한 말
(예: 야근이나 직장상사의 업무 외 연락, 식사 등)

일생가

'일상생활 가능하니'의 줄임말 주로 한 분야에 심취한 매니아나 이상한 사람에게 비꼬는 투로 묻는 질문

일취월장

'일요일에 취하면 월요일에 장난 아니야'의 줄임말로 원래 한자 사자성어의 뜻인 날마다 나아가고 달마다 성장한다는 의미를 변형해서 재미있게 표현함

일코

'일반인 코스프레'의 줄임말로 연예인이나 만화, 게임 등의 취미 생활에 높은 정성과 시간을 쏟으면서 남들 앞에서는 그렇지 않은 척 감추는 것을 뜻함

일코노미

1인 가구+경제(Economy)의 합성어로 1인 가구 급증으로 나타난 경제현상을 가리킴

임구

'이미 구독하였다'의 줄임말로 유튜브에 구독 기능을 가리키는 말

임포

사기꾼을 의미하는 단어 '임포스터(imposter)'의 줄임말로 눈에 보이는 거짓말을 하거나 가짜임에도 진짜와 같은 행세를 하는 사람을 지칭함(유사어: X맨과 같은 의미)

입덕

입(들어가다)+덕(덕질)의 합성어로 어떤 포인트에 반해서 덕질을 시작하게 된다는 의미

입틀막

'입을틀어막다'의 줄임말로 주로 감정이 복받쳐 오를 때 사용함

ㅈㄴㄱㄷ

'지나가다'의 초성체로 글과 관련 없는 제3자이지만 내용에 개입하겠다는 뜻

ㅈㅂㅈㅇ

'정보좀요'의 초성체로 주로 여러 매체에서 나오는 의류나 물건들을 보고 관련정보를 얻고자 할 때 사용

자강두천

'자존심이 강한 두 천재의 대결'의 줄임말로 두 사람의 수준이 비슷해 우열을 가리기 힘든 상황을 의미함

자낳괴

'자본주의가 낳은 괴물'의 줄임말로 자신의 말이나 신념도 돈과 바꿀 수 있는 태세전환을 가진 사람을 말함(예: 인터넷 방송에서 별풍선을 받기 위해 비정상적 행동을 하는 BJ)

자라족

어려운 상황에 직면하면 부모에게 전적으로 의지하는 사람 또는 무리를 뜻함(위기 시 목을 등껍질에 감추는 자라처럼 부모의 방어막 뒤로 숨음)

MZVOCA500

자만추

'자연스러운 만남을 추구하다'의 줄임말로 소개팅이나 맞선 등의 인위적인 노력없이 자연스럽게 연인이 되는 상황을 추구한다는 의미

장미단추

장거리에서 보면 미남 또는 미녀인데 단거리에서 보면 추남 또는 추녀라는 뜻으로 사용

장비병

장비+병의 합성어로 무언가를 시작할 때 필요한 장비부터 구입하는 장비 덕후를 뜻하는 말

재미뿌

'재미를 부(뿌)셨다'의 줄임말로 재미가 없는 상황을 뜻함 (유사어: 노잼)

재주행

재(다시)+주행의 합성어로 이미 본 작품을 다시 반복해서 보는 것을 부르는 말

재질

기존의 '사물을 구성하는 재료의 성질'이라는 의미에서 변형되어 최근에는 옷이나 스타일 등의 느낌 또는 부류를 나타내는 의미로 사용(예: 내 재질 = 내 스타일)

Mz-voca

잼민이

유쾌하고 재미있는 초등학생을 재미있다는 의미로 잼민이라고 부르기 시작하였으나 최근에는 여러 곳에서 민폐를 끼치는 무개념 저 연령층을 지칭함

잼페이스

퍼스널 컬러 진단 뷰티 어플로 앱 상에서 피부타입을 간편하게 진단하고 화장품과 피부 적합도 등을 확인할 수 있음

저메추/점메추

'저녁 메뉴 추천'의 줄임말로 대한민국 사람들의 선택 장애 특징인 '오늘 뭐 먹지'가 변형된 말(점메추: 점심메뉴추천)

제곧내

'제목이 곧 내용'의 줄임말로 제목에 해당하는 부분이 제목이자 내용이라는 의미로 쓰임(내용이 많지 않은 경우 한 문장으로 제목에 요약하고 본문은 쓰지 않는 경우)

제당슈만

'제가 당신을 슈퍼스타로 만들어 드릴께요'의 줄임말로 자신이 좋아하는 연예인을 만인의 스타로 만들고자하는 적극적인 '팬심'을 지칭함

젶크

제페토+크루의 합성어로 체페토를 함께 즐길 '파티원'을 뜻함

졌잘싸

'졌지만 잘 싸웠다'의 줄임말로 결과적으로는 패했지만 과정에서 최선을 다한 기량을 보여주었을 때 사용

조삼모사

기존의 사자성어와는 다르게 mz세대들이 시험에서 '조금 모르면 삼(3)번을 완전 모르면 사(4)번'을 찍으라는 말로 변형하여 사용

존맛탱(JMT)

매우 맛있음을 나타내는 '존맛'에 강조하는 의미로 '탱'을 붙여 어떤 음식이 매우 맛있다는 의미로 사용함

존버

비속어인 '존나'와 '버티다'의 줄임말로 엄청 힘든 과정을 거치는 중이거나 참는 상황에서 사용하는 말

존예/존예보스

존예: 비속어인 '존나'와 '예쁘다'의 줄임말로 정말 예쁘다는 뜻

존예보스: '존예 중에서도 가장 예쁘다'의 의미로 사용

좋댓구알

'좋아요 댓글 구독 알림설정'의 줄임말로 유투브 크리에이터들이 구독자와 시청자를 늘리기 위해 영상 후반부에 사용하면서 유행함

좋못사

'좋다 못해 사랑해'의 줄임말로 무언가를 아주 좋아하는 마음을 표현할 때 사용함

주린이

주식+어린이의 합성어로 이제 막 주식투자를 시작하는 사람을 뜻함

주불

'주소 불러'의 줄임말로 주로 중고거래에서 택배를 주고 받을 때 주소를 받기 위해 사용하는 말

줍줍

'줍고 줍는다'의 줄임말로 게임에서는 버려진 아이템이나 돈 따위를 줍는 것을 뜻하고 인터넷상에서는 웹서핑을 통해 그림이나 글 등을 수집했다는 것을 뜻함

ㅈㅈㅈ

아이돌 그룹 '스트레이키즈, 에이티즈, 더보이즈' 이렇게 세 그룹을 묶어서 부르는 말

지못미

'지켜주지 못해서 미안해'의 줄임말로 가까운 친구나 소중한 대상이 굴욕적인 일을 당했을 때의 안타까운 마음을 표현하는 말로 주로 사용함

직찍

'직접 찍은 사진'의 줄임말로 공식적으로 촬영된 것이 아닌 팬이 직접 찍은 사진을 지칭함

진지충

'진지'에 접사 '충'을 결합하여 만든 말로 분위기를 읽지 못하고 진지하게 구는 사름을 비하하여 이르는 말

짜짜

'진짜'라는 의미로 사용되며 나나(존나), 박박(대박) 등과 같이 같이 음절을 반복하여 사용함

짤털

'짤 털기'의 줄임말로 주로 한 주제의 사진 여러 장을 한꺼번에 올리는 일을 말함

짬바

'짬에서 나오는 바이브'의 줄임말로 연륜이라는 말과 비슷한 의미로 사용함

쩝쩝박사

음식에 대해 다양한 지식이 있거나 많은 양을 먹을 수 있는 사람을 일컫는 말

쪄죽다

'쪄서 죽어도 따뜻한 커피'의 줄임말로 얼죽아(얼어 죽어도 아이스 커피)의 반대말로 쓰임

쫌쫌따리

조금씩 매우 적고 하찮은 양을 모으는 모습을 나타내는 말로 유래는 게시판 등에서 뼈 닭발에 붙어있는 적은 양의 살을 표현하며 나온 말

쭈빠삐무녜뇨

아무 뜻이 없는 '블라블라', '어쩌구저쩌구'와 비슷한 단어로 해외 틱톡커들이 쓰기 시작하면서 시작된 말

찐따

'어수룩한 사람', '찌질한 사람', '어울리지 못하는 사람' 등을 뜻하는 용어로 왕따와 비슷한 의미로 사용됨

찐텐

'진짜 텐션'의 줄임말로 '진심으로 기분 좋다'라는 뜻

차애

'최애(최고로 좋아하는 사람이나 대상)'에 이어 두 번째로 좋아하는 사람이나 대상을 의미함

채채바

'채팅은 채팅으로 봐라'의 줄임말로 채팅을 지나치게 확대 해석하지 말라는 의미를 가진 말

초품아

'초등학교를 품은 아파트'의 줄임말로 아파트단지와 초등학교가 가까워 통학을 안전하게 할 수 있는 장점이 있는 아파트를 말함

최애

최고로 좋아하는 사람이나 대상을 의미하며 주로 좋아하는 아이돌 그룹 중에서 개인적으로 가장 좋아하는 멤버를 지칭할 때 사용

최최차차

'최애는 최애고 차은우는 차은우다'의 줄임말로 가장 좋아하는 연예인인 '최애'가 있어도 그와는 별개로 '차은우'는 인정한다는 의미

취업깡패

다른 학과보다 취업이 잘 되는 학과나 그런 학과의 학생을 일컫는 말로 예전에는 경영학과가 취업깡패 였다면 최근에는 공대가 여기에 해당함

취준생

'취업준비생'의 줄임말로 일반적으로 대학교 졸업반이나 혹은 졸업 후 스펙을 쌓으며 구직활동을 하는 학생을 말함

카공족

'카페에서 공부하는 족(집단)'의 줄임말로 카페를 학습공간으로 사용하는 MZ세대를 일컫는 말

캘박

'캘린더(달력)에 박제한다'의 줄임말로 중요한 약속이나 일정을 캘린더에 저장해 잊지 않겠다는 의미로 사용함

캣컨슈머

캣 +컨슈머의 합성어로 무리보다는 개체를 중요시하는 고양이와 닮은 소비습관을 가진 MZ세대를 일컫는 말

커우커우족

'짠돌이'나 '알뜰살뜰족'이라는 의미로 중국에서 중국 돈 1위안도 반으로 쪼개 소비하는 중국의 신세대 직장인을 지칭하는 말

중국 신조어 - 抠抠族(kōukōuzú) (이미지출처:Baidu)

컨셉러

컨셉트+러(하는 사람)의 합성어로 자신만의 설정을 만들어 행동하는 사람을 일컫는 말

컨포

'컨셉 포토'의 줄임말로 아이돌 앨범에 함께 포함되어 있는 사진을 지칭함

케첩고백

'양심고백'이라는 뜻으로 어원은 걸그룹 '여자친구'의 멤버 엄지가 팬들에게 음식을 나누어 주다 캐첩이 하나 모자라서 "케첩 두 개 받은 사람! 양심고백!"이라 한 말에서 유래됨

코끝모

'코로나 끝나면 모이자'의 줄임말로 코로나19 확산이 지속되면서 대면 모임을 아쉬워하면서 SNS로 보내는 인사말

코시국

'코로나 19 시국'의 줄임말로 코로나 19 바이러스가 대유행을 하면서 이러한 상황을 표현한 줄임말

콴다

매스프레소에서 만든 수학문제를 풀어주는 어플로 질문과 답변을 뜻하는 Q&A를 영문 그대로 풀어 쓴 이름

QANDA

크크루삥뽕

큰 의미는 없으며 웃음소리를 나타내는 의성어로 사용되며 어원은 인터넷 방송 사이트 '트위치'에서 스트리머들을 놀리거나 소통하고자 할 때 주로 사용됨

킹리적갓심

'합리적으로 의심할 만하다'의 뜻, 킹+합리적+갓(GOD)+심(의심)이 합해진 말, 킹과 갓을 함께 쓴 것은 의심이나 의혹의 수준을 넘어 확신을 강조하기 위한 최상급 표현

킹받는다

킹(왕)+열받는다의 합성어로 더 강하게 열받는 것을 표현하기 위한 단어로 사용('열받네'란 말은 2018년 인터넷 방송인 침착맨이 하찮은 일에 대해 자주 사용한 말에서 유행)

킹받드라슈

킹받네+파트라슈의 합성어로 킹받네와 같은 의미로 쓰이며 받아치기 쉽게 어미에 변화를 준 새로운 용어

킹왕짱

킹+왕+짱의 합성어로 최고 중의 최고라는 뜻으로 쓰임(디시인사이드 와우 갤러리에서 '병신 아이디 찾기'이벤트에서 최고로 강력한 아이디로 선정된 용어)

킹정

킹+인정의 합성어로 '너의 의견에 완전 동의한다' 즉 강하게 인정한다는 의미로 쓰임

타래

트위터 기능 중 하나로 답변을 달며 묶음 트윗을 할 수 있음 주로 긴 정보를 전달할 때 쓰임

탈코

코스프레 활동이나 연기 등에서 완전히 손을 떼거나 코스프레와 결별하여 아주 떠나는 것을 말하는 용어

탕진잼

탕진+잼(재미)의 합성어로 일상 생활에 지장이 되지 않는 범위 내에서 푼돈을 소모하는 일을 뜻하는 말

택노

'택시의 노예'의 줄임말로 흔히 가까운 거리도 택시를 타고 다니는 사람이나 잦은 지각으로 택시를 타게 되는 사람을 일컫는 말

텅장

'텅 빈 통장'의 줄임말로 통장에 돈이 없거나 부족할 때 사용함

테크트리

테크놀러지 트리(Technology Tree)의 줄임말로 순서, 절차, 계획의 뜻을 가지며 스타크래프트에서 유닛을 업그레이드하는 순서를 뜻하는 말로 사용하며 유래됨

톡디

'톡 아이디'의 줄임말로 영어로 Talk ID의 뜻을 말함

톤그로

색(tone)+문제(aggro)의 합성어로 자기 톤에 맞지 않는 화장품을 사용해서 어색함을 뜻함

퇴준생

퇴사와 취업준비생의 합성어로 더 나은 회사로의 이직을 위해 퇴사를 마음먹고 천천히 이를 준비하는 사람을 일컫는 말

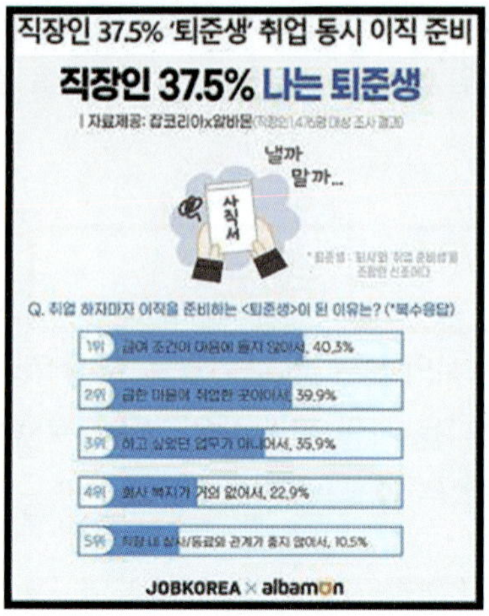

퇴튜던트

퇴근+스튜턴트(학생)의 합성어로 퇴근하고 공부하는 직장인을 가리키는 말

틀딱충

틀니를 딱딱거리는 벌레(충)의 줄임말로 자신의 나이를 빌미삼아 젊은 사람들을 훈계하거나 공공장소에서 예절을 어기는 노년층을 비하하는 말(동의어: 꼰대)

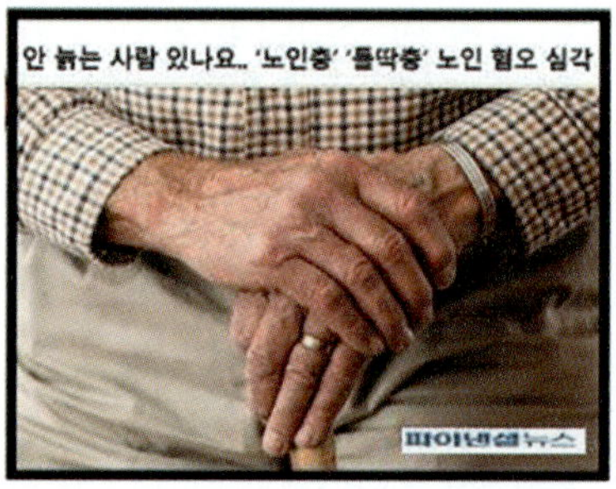

틱톡커

어플 '틱톡'에 영상을 찍어 올리는 유저를 일컫는 말
(유사어: 유투버, 인스타그래머 등)

팅글

영어로 따끔거리다는 뜻으로 ASMR을 집중해서 듣거나 내가 좋아하는 소리가 나올 때의 '기분 좋음'을 뜻하는 용어

파덜어택

파덜(Father)+어택(attack)의 합성어로 게임 도중 아버지가 들이 닥쳐서 혼이 났을 때 쓰는 말

파이어족

경제적 자립(Financial Independence)과 조기 은퇴(Retire Early)의 합성어로 경제적 자립을 이루어 조기 은퇴를 목표로 하는 사람을 뜻함

판플레이

놀이판+플레이의 합성어로 콘텐츠를 단순히 보는 행위에서 끝나지 않고 댓글을 달거나 직접 참여하는 등 모두가 참여할 수 있도록 판을 벌려 놀이를 즐긴다는 뜻

팬슈머

상품의 제작 과정에 직접 참여하기도 하고 적극적으로 지지하고 구매하지만 동시에 간섭과 견제도 하는 신종 소비자

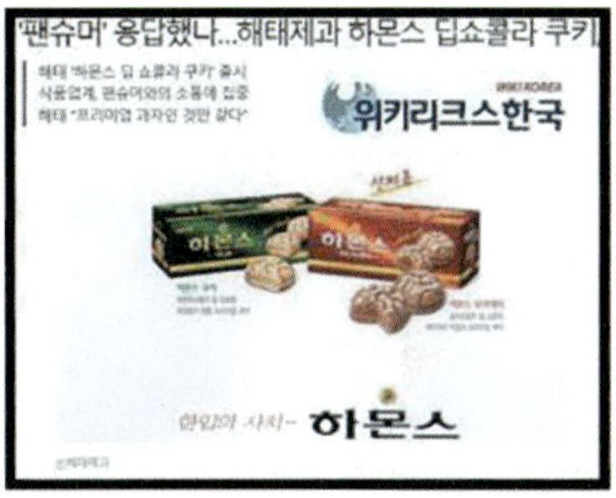

팬아저

'팬이 아니어도 저장'의 줄임말로 자신이 좋아하는 연예인은 아니지만 그의 사진이나 영상을 저장해서 개인적으로 소장하는 행위를 나타내는 표현

펀슈머

Fun(재미)+Consumer(소비자)의 합성어로 소비를 통해 즐거움을 찾으며 재미와 소비를 모두 추구하는 소비자를 뜻함

페이스펙

Face(얼굴)+spec(스펙)의 합성어로 외모도 곧 스펙이다라는 뜻으로 사용하는 용어

Mz-voca

편리미엄

'편리함이 프리미엄이다'라는 뜻으로 가격보다 편리한 게 중요하다는 뜻으로 사용

포카

포토카드의 줄임말. 얼굴리 인쇄된 명함 사이즈의 카드를 의미함(아이돌 앨범에 필수로 들어있는 아이템)

포토프레스

사진(Photo)+표현(Express)의 합성어로 사진으로 자신을 표현하는 Z세대를 일컫는 말

폰은정

과장된 이야기를 만들어 맨 후 나중에 사실이 아니라 가상이라는 것을 밝히는 상황이나 대상을 의미함

푸라면

신라면의 한자 '신'글자를 한글로 변환하여 부르는 말

프사

프로필 사진의 줄임말로 주로 SNS의 대표 사진을 부르는 말로 사용

플래그

앞날을 암시하는 복선의 의미로 사용됨
(예시: 가지 말라는데 꼭 가네? 사망 플래그다!)

플렉스

자신의 성공, 돈 또는 어떤 물건을 자랑한다는 의미로 젊은 층 사이에서 유행하는 말로 처음에는 주로 힙합에서 많이 사용함

플로깅

조깅을 하며 쓰레기를 줍는 활동을 의미함

핀스타

'가짜 계정'이라는 의미로 Fake Instagram의 줄임말

핑프

핑거프린세스/핑거프린스의 줄임말로 검색을 통해 바로 찾을 수 있는 정모를 카톡에 물어보는 행동을 할 때 '핑프냐?'라고 주로 이야기함

하드캐리

팀 전투 게임에서 한 사람이 뛰어난 활약으로 팀의 승리를 이끄는 것을 의미하며 최근에는 의미가 확장되어 게임 이외의 분야에서도 쓰임

하이라이트

인스타 스토리를 프로필란에 고정할 수 있는 기능을 말함

하지만꽃

벚꽃을 다르게 부르는 말로 벚꽃=But꽃=하지만꽃으로 바꿔 부른 카카오톡 짤에서 유래

하차감

차에서 내릴 때 주변 사람들이 쳐다보는 시선에서 받는 느낌을 이르는 말

한줌단

다 모아도 한줌이 될 것 같은 적은 수의 집단을 부르는 말로 MZ세대들이 비주류를 지칭할 때 사용함

할말하않

'할 말은 많지만 하지 않겠다'의 줄임말로 사용

할매니얼

할매+밀레니얼의 합성어로 레트로 취향의 음식과 패션을 선호하는 밀레니얼 세대를 의미함

합방

'합동방송'의 줄임말로 주로 인터넷 방송에서 합동 콘텐츠를 찍는 것을 부르는 말

헤메코

헤어+메이크업+코디의 합성어로 세 가지를 합쳐서 부르는 말로 주로 사용

현질

유료 게임에서 아이템을 현금을 주고 사는 행위를 뜻함

현활

'Sns에서 현재 활동중'이라는 뜻으로 사용

혼놀로그

'혼자 노는 브이로그찍기'라는 뜻으로 줄여서 부르는 말

혼생네컷

'혼자 찍는 인생네컷'이라는 뜻으로 줄여서 부르는 말

혼영

'혼자서 영화보기'의 줄임말로 사용

혼코노

'혼자서 코인 노래방 가는 사람'을 줄여서 부르는 말

혼틈

'혼란을 틈타'를 줄여서 부르는 말

홀리몰리과카몰리

감탄사로 사용되며 '와우!'라는 의미와 같이 사용함

홈루덴스족

홈(Home)+놀이(Ludens)의 합성어로 자신의 주거공간 안에서 휴가를 즐기는 사람을 가리키는 신조어

홈트

홈(Home)+트레이닝의 합성어로 집에서 하는 운동하는 것을 뜻함

확신의~상

특정 집단을 대표하는 외모를 가진 사람을 뜻하는 말

홧김비용

스트레스를 받아 충동적으로 옷, 화장품 등을 구매하면서 계획에 없던 소비를 하는 것을 뜻함

홧김비용 제로화 포스터(사진=부천시)

욜로

나홀로+YOLO의 합성어로 나의 현재 행복을 우선시하는 트렌드를 의미함

후렌드

Who(누구)+Friend(친구)의 합성어로 SNS를 중심으로 온라인에서 누구와도 친구가 될 수 있다는 의미로 사용함

휘게

덴마크어로 '편안함'을 뜻하며 신조어 '소확행'과 비슷하게 자주 쓰이는 말

흠좀무

'흠 이게 사실이라면 좀 무섭군'의 줄임말로 믿을 수 없는 이야기나 놀랄 만한 이야기를 들었을 때 사용함

희얼사

'희귀한 얼굴 사진'의 줄임말로 연예인이 아닌 일반인이나 인플루언서의 사진 중에 유명하지 않은 희귀한 얼굴사진을 말함

희연사

'희귀한 연예인 사진'의 줄임말로 누구나 보고나 가지고 있지 않은 미공개 컷 같은 연예인 사진을 칭할 때 사용함

힘순찐

'힘을 숨긴 찐따'의 줄임말로 사용

힙

유행에 민감하고 인기가 많음을 의미하는 단어
'힙하다' 또는 '힙한**'로 사용(유사어: 트렌디하다)

힙찔이

힙합+찌질이의 합성어로 힙합 문화를 잘 모르는 사람을 일컫는 말로 사용함

H워얼V

'사랑해'라는 뜻으로 사랑해라는 한글을 거꾸로 놓고 읽으면 영어와 한글이 섞인 모양으로 나타나는 데서 유래

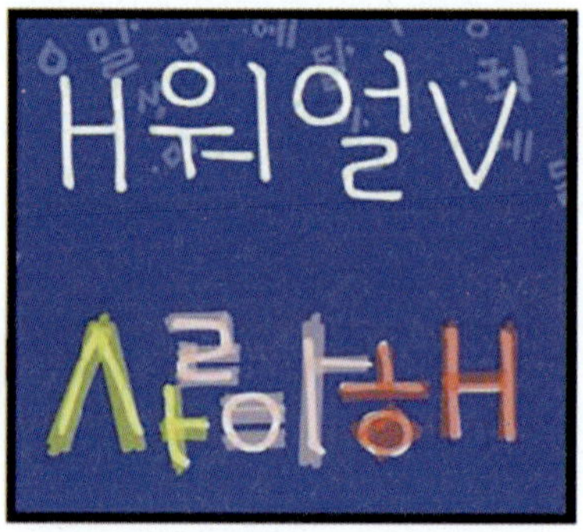

교육공학자가 제안하는

ChatGPT활용 메타버스기반 혁신교수법

2023년 12월 25일 1판 1쇄 인쇄
2023년 12월 30일 1판 1쇄 발행

저　자 • 허정필
발행인 • 한정주
발행처 • 교육과학사

경기도 파주시 광인사길 71
전화 • 031)955-6956~8 / 팩스 031)955-6037
Home-page • http://www.kyoyookbook.co.kr
E-mail • kyoyookbook@daum.net, kyoyook@chol.com
등록 • 1970년 5월 18일 제2-73호

정가 25,000원

ISBN 978-89-254-1845-2

UDEC
대학원격교육 지원센터

2023
대학원격교육지원센터
릴레이 포럼

제2회 대학 원격교육 우수사례 공모전 수상자
초청을 통한 대학 원격교육 우수사례 전파

2023. 2. 8.

수요일 10:00-12:00

온라인 진행

대학 원격교육에 관심 있는 국민 모두 참여 가능(선착순 100명)

시 간	내 용		비 고
10:00~10:20 (20')	참석자 안내		KERIS
10:20~11:20 (60')	증강현실 기반 하이브리드 생물학 실험교육	최우수상 수상자	박영균 교수(KAIST)
	메타버스를 활용한 협력 및 활동형 원격수업 사례	우수상 수상자	이문영 교수(호남대)
	메타혁신교수법 Flipped Learning 운영사례	장려상 수상자	허정필 교수(울산대)
11:20~11:50 (30')	종합토론 및 질의응답		박영균 교수(KAIST), 이문영 교수(호남대), 허정필 교수(울산대)
11:50~12:00 (10')	만족도 조사 및 마무리		만족도 조사 참여자 중 추첨을 통해 스타벅스 음료 쿠폰 제공

실시간 발표영상보기

교육부 KERIS 한국교육학술정보원